Volker Diekert | Karsten Weicker | Nicole Weicker (Hrsg.)

Informatik als Dialog zwischen Theorie und Anwendung

AF211238

VIEWEG+TEUBNER RESEARCH

Volker Diekert | Karsten Weicker |
Nicole Weicker (Hrsg.)

Informatik als Dialog zwischen Theorie und Anwendung

Festschrift für Volker Claus zum 65. Geburtstag

VIEWEG+TEUBNER RESEARCH

Bibliografische Information der Deutschen Nationalbibliothek
Die Deutsche Nationalbibliothek verzeichnet diese Publikation in der
Deutschen Nationalbibliografie; detaillierte bibliografische Daten sind im Internet über
<http://dnb.d-nb.de> abrufbar.

1. Auflage 2009

Alle Rechte vorbehalten
© Vieweg+Teubner | GWV Fachverlage GmbH, Wiesbaden 2009

Lektorat: Christel A. Roß

Vieweg+Teubner ist Teil der Fachverlagsgruppe Springer Science+Business Media.
www.viewegteubner.de

Das Werk einschließlich aller seiner Teile ist urheberrechtlich geschützt.
Jede Verwertung außerhalb der engen Grenzen des Urheberrechtsgeset-
zes ist ohne Zustimmung des Verlags unzulässig und strafbar. Das gilt
insbesondere für Vervielfältigungen, Übersetzungen, Mikroverfilmungen
und die Einspeicherung und Verarbeitung in elektronischen Systemen.

Die Wiedergabe von Gebrauchsnamen, Handelsnamen, Warenbezeichnungen usw. in diesem Werk berechtigt auch ohne besondere Kennzeichnung nicht zu der Annahme, dass
solche Namen im Sinne der Warenzeichen- und Markenschutz-Gesetzgebung als frei zu betrachten wären und daher von jedermann benutzt werden dürften.

Umschlaggestaltung: KünkelLopka Medienentwicklung, Heidelberg
Gedruckt auf säurefreiem und chlorfrei gebleichtem Papier.
Printed in Germany

ISBN 978-3-8348-0824-0

Geleitwort

Allein schon die Anzahl der Beiträge in diesem Band zum 65. Geburtstag von Volker Claus und ihre so unterschiedliche Thematik weist auf die Breite seines Wirkens und die Anerkennung hin, die er in seinem Wirkungsfeld erfährt. Ich kenne ihn seit er zusammen mit Heidemone Böhle, zu mir kam, um sich darüber zu erkundigen, was man in der Prüfung zum Vordiplom in angewandter Mathematik alles zu wissen habe. Beide legten diese Prüfung noch vor dem vierten Semester ab. Beide verband aber mehr: Sie wurden später über lange Jahre ein glückliches Ehepaar. Die Diplomarbeit von Herrn Claus, seine Dissertation und die Publikationen, aufgrund deren er 1972 seine Habilitation angestoßen wurde, betrafen Probleme der theoretischen Informatik. Bevor aber das Verfahren abgeschlossen war, die Gutachten lagen bereits vor, folgte er einem Ruf an die Universität Dortmund. Über seine Tätigkeit dort wird in einem der Beiträge in diesem Band ausführlicher berichtet.

Herr Claus engagierte sich in Saarbrücken auch stark in hochschulpolitischen Fragen. Meine damalige Einschätzung seiner Person spiegelt sich wieder in verschiedenen Gutachten, die ich über ihn schreiben musste und aus denen ich zitiere:

- „Herr Claus erweist sich aufgrund seiner Arbeiten als vielseitiger Informatiker. Seine Arbeiten betreffen wesentliche Fragen der Informatik. Die Arbeiten sind sehr klar geschrieben, die Beweise exakt und seine Literaturkenntnis ist hervorragend."

- „Er ist didaktisch sehr geschickt. Er ist ein sehr ausdauernder und sehr schneller Arbeiter."

- „Er ist neuen Fragestellungen gegenüber sehr aufgeschlossen, und er arbeitet sich rasch in neue Fragestellungen ein. Es ist diese Schnelligkeit in Verbindung mit großer Sorgfalt und Fairness neben seinem sehr stark ausgeprägten Willen Verantwortung zu übernehmen, was ihn besonders auszeichnet."

Diese Einschätzung wird bestätigt durch sein Engagement beim Aufbau der Informatik in Dortmund und Oldenburg, durch die Übernahme des Vorsitzes des Herausgeberkreises der „Leitfäden und Monographien der Informatik" des Teubner Verlages, die er in Zusammenarbeit mit Dr. Spuhler stark geprägt hat. Er hat intensiv mitgewirkt in einer frühen Phase zur Gründung eines Oberwolfachs für die Informatik. Der Versuch dazu scheiterte wie der äquivalente Versuch der Physiker an der Käferkrise von VW, führte aber zur Gründung des Vortragszentrums der Physiker in Bad Honnef, an dem die Informatik vor der Gründung des IBFI oder Leibniz Zentrum in Dagstuhl beteiligt war. Er war Vorsitzender des Fakultätentages Informatik, Initiator und Vorsitzender des bundesweiten Schülerwettbewerbes Informatik, Mitwirkender bei der Evaluierung von Exzellenzcluster und Akkreditierungen, um einige dieser Aktivitäten zu nennen. Ich bin überzeugt, dass Volker Claus auch nach diesem Geburtstag weiter in diesem Sinne aktiv sein wird.

Saarbrücken, im März 2009   Günter Hotz

Vorwort

Im Titel diese Buches, „Informatik als Dialog zwischen Theorie und Anwendung", wird die besondere Rolle der Informatik als Grundlagenwissenschaft deutlich, zu der sie sich seit den 1970er Jahren entwickelt hat.

Volker Claus, dem die Beiträge in diesem Festband gewidmet sind, hat sich in den vergangenen 40 Jahren nicht nur als Theoretiker verstanden, sondern sich auch immer wieder anwendungsorientierten Themen zugewandt – sei es beispielhaft die Aufwärtsübersetzung, Optimierung mit evolutionären Algorithmen oder die Mitbegründung des *Oldenburger Forschungs- und Entwicklungsinstitut für Informatik-Werkzeuge und -Systeme* (OFFIS). Ebenso lagen ihm die Fragen der Ausbildung, also der Didaktik der Informatik, von Anfang an am Herzen. Die Begeisterung für die Lehre hält bis heute an und am 1. April 2009 hat Volker Claus auf den Beginn seines 75. Semesters als Hochschullehrer mit Kollegen angestoßen.

Blicken wir zurück. Seine Dissertation an der Universität des Saarlandes befasste sich mit dem Thema „Ebene Realisierungen von Schaltkreisen" und in seinem ersten Lehrbuch „Stochastische Automaten" im Jahr 1971 schrieb Herr Claus prägnant: „In der reinen Mathematik vergißt man oft die ursprüngliche Motivierung der Theorien [..]. Hierdurch wird der Mathematik ein belebendes Element genommen, und Ziel und Interpretation der Theorien bleiben dem Nicht-Fachmann unverständlich. Obwohl die Automatentheorie sehr jung ist und zu ihrer Durchsetzung und Anerkennung die ausführliche Begründung ihrer Forschungsgegenstände benötigt, ist auch bei ihr bereits dieser Trend zu sehen".

Bereits in diesem frühen Zitat erkennt man sein Interesse für die Aspekte der „Theorie", der „Anwendung" und der „Didaktik" – das *Claus'sche Dreieck der Informatik*. Um seinen vielfältigen weiteren Interessen, wie der „Geschichte" der Informatik, gerecht zu werden, müssen wir das planare Dreieck verlassen und versuchen der *Claus'schen Mehrdimensinionalität* durch einen Tetraeder näher zu kommen. Wir haben die Beiträge in vier Themengebiete eingeordnet, wie es sich durch eine Projektion auf die nächste Seitenfläche ergeben würde. Die Gliederung des Festbandes orientiert sich damit an den Seiten des Tetraeders:

- „Im Dialog" umfasst die Beiträge, die theoretische, anwendungsbezogene und geschichtliche Aspekte vereinen.

- „Pragmatisches" beinhaltet die Beiträge, die Anwendung, Didaktik und Geschichte zusammenbringen.

- „Grundlegendes" stellt die Seite des Tetraeders mit den Eckpunkten Theorie, Didaktik und Geschichte dar.

- Im Abschnitt „Neue Richtungen" sind die Beiträge der Seite mit den Eckpunkten Theorie, Anwendung und Didaktik gesammelt.

Unser Dank gilt neben den Autoren noch den vielen anderen Personen, die uns unterstützt oder weiter geholfen haben. Wir bedanken uns insbesondere bei unserer Lektorin Christel Roß, und den Herren Stefan Lewandowski, Botond Draskoszy, Horst Prote, Heinz Zemanek, Otfried Cheong, Bernard Levrat und Horst Zuse, dem Sohn des Informatikpioniers Konrad Zuse.

Stuttgart und Leipzig, im April 2009

Volker Diekert
Nicole Weicker
Karsten Weicker

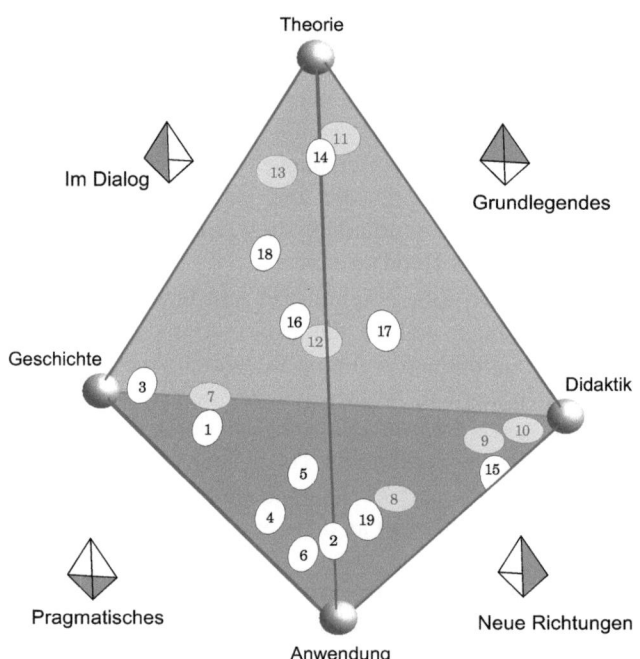

Inhaltsverzeichnis

Teil I
Im Dialog

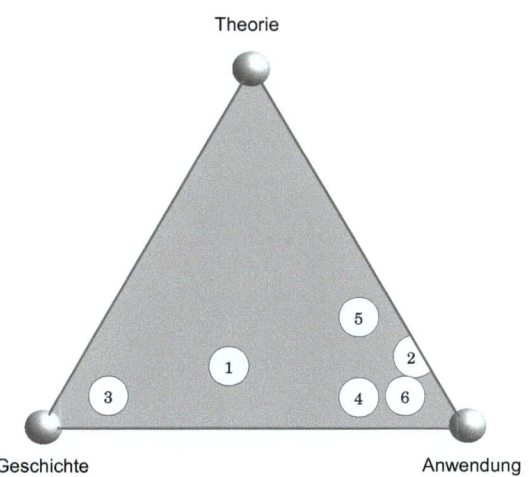

Theorie

Geschichte

Anwendung

1 Assoziativspeicher und eine erste Skizze von Konrad Zuse aus dem Jahre 1943

Klaus Waldschmidt, Goethe-Universität Frankfurt am Main

Zusammenfassung. In dem Beitrag wird eine Handskizze von Konrad Zuse aus dem Jahre 1943 eines assoziativen Speichers in Relaistechnik diskutiert. Die Diskussion ist eingebettet in die Grundlagen des assoziativen Speicherproblems. Zum Schluss des Beitrages werden einige Vorschläge zu MOS-Realisierung der Zuse-Schaltung unterbreitet.

1.1 Einleitung

In der Informatik befinden wir uns mehr und mehr in der Zeit bedeutender Jubiläen. Aus der großen Zahl der Jubiläen von Personen, die in enger Beziehung zu unserer modernen Informationstechnik stehen, möchte ich hier zwei Geburtstage besonders herausgreifen.

Im Jahr 2010 begehen wir den 100. Geburtstag von Prof. Dr. Konrad Zuse.

Konrad Zuse war ein großartiger Ingenieur und Visionär, der in vielen Dingen seiner Zeit weit voraus war. Heute im Zeitalter der Informationsgesellschaft können wir seine Arbeiten adäquat würdigen und einordnen. Er ist der Erfinder und Konstrukteur der ersten vollautomatischen, programmgesteuerten und frei programmierbaren Rechenanlage der Welt und zählt damit zu einem der wichtigsten Begründer der modernen Informationstechnik, da der Rechner gewissermaßen die Basis aller modernen Informatik-Anwendungen ist.

Mit diesen modernen Informatik-Anwendungen in enger Beziehung steht auch Prof. Dr. Volker Claus, der im Jahr 2009 seinen 65. Geburtstag feiert.

Volker Claus, ein Schüler von Prof. Dr. Dr. h.c. G. Hotz aus Saarbrücken, begleitete die moderne Informatik von Anfang an. Er ist ein ausgewiesener Wissenschaftler der theoretischen und angewandten Informatik, der sich aber auch ganz besondere Verdienste um die Lehre und Ausbildung erworben hat. In den Jahren als Vorsitzender des Fakultätentages Informatik hat er das Bild dieser jungen

Disziplin entscheidend mit geprägt. Darüberhinaus war er über ein Jahrzehnt Mitherausgeber der renommierten „Leitfäden der Informatik" des Teubner-Verlages in Stuttgart.

Ich möchte daher die Gelegenheit seines 65. Geburtstages wahrnehmen und auf eine Rarität hinweisen, die in dem Buch: „Der Computer – Mein Lebenswerk" von Konrad Zuse [Zus86] zu finden ist. Es ist die Skizze eines assoziativen Speichers aus dem Jahre 1943. Es ist meines Wissens die erste Schaltung eines Assoziativspeichers in Relais-Technik, die wichtige assoziative Grundfunktionen enthält. Eine Würdigung dieser grundlegenden Schaltung findet bisher in der Literatur kaum statt.

Ich möchte daher die Diskussion dieser Schaltung und der zugehörigen assoziativen Grundlagen Herrn Prof. Dr. Claus zum 65. Geburtstag widmen.

1.2 Assoziative Speicher

Assoziative Speicher finden wir heute in der Rechnerarchitektur in vielfältiger Form. Sie finden ihre Anwendung vorwiegend in den Caches der verschiedenen Hierarchieebenen und in den zahlreichen Tabellen der Speicherverwaltung. Neben den „voll-assoziativen Caches" kennen wir die „direkt-abbildenden Caches" und insbesondere die „satz-assoziativen Caches", die mehr Ersetzungsflexibilität als die direkt-abbildenden Caches aufweisen.

Neben dem Einsatz in der Speicherverwaltung und den Cachespeichern kommen assoziative Mechanismen in der Rechnerarchitektur auch in Datenflusskonzepten zur Unterstützung des Matching-Mechanismus zur Anwendung.

Ein weiteres wichtiges Anwendungsgebiet stellt die Verwaltung von Rechnernetzwerken, insbesondere zur Unterstützung des Routing in diesen Netzwerken, dar.

1.2.1 Formale Definition assoziativer Operationen

Grundsätzlich sind assoziative Operationen durch die Eigenschaften

- Mengenwertige Operanden
- Adressfreie Identifikation (Selektion) der Operanden

gekennzeichnet [Wal95].

Eine assoziative Operation $AO = (\sigma, \alpha)$ besteht aus einer Selektionsphase σ und einer Aktionsphase α. In der Selektionsphase wird aus einer Basismenge Ω eine Teilmenge ω ($\omega \subseteq \Omega$) als Operand für die Aktionsphase ausgewählt. In der

Aktionsphase wird eine beliebige Operation auf der Menge ω ausgeführt. Als Operationen werden typischerweise weitere assoziative Operationen (Verfeinerung), logische und arithmetische Operationen (Manipulation) und Ein-Ausgabe-Operationen (Kommunikation) angewendet. Auf eine Selektionsphase können mehrere Aktionsphasen folgen.

1.2.1.1 Die Selektionsphase σ

In der Selektionsphase σ wird eine Bewertungsfunktion $Q(q_1 \ldots q_n, o)$ auf alle Elemente o der Basismenge Ω angewendet. Die Funktion Q berücksichtigt bei der Bewertung der einzelnen Objekte o ($o \in \Omega$) die Suchargumente $q_1 \ldots q_n$ als aktuelle Parameter zur Steuerung der Bewertung. Das Ergebnis der Bewertungsfunktion ist eine Maßzahl, die als Qualitätsmaß für die Auswahl der Objekte verwendet wird.

Eine Selektionsfunktion S entscheidet anhand der Maßzahl und der Argumente $s_1 \ldots s_m$, ob ein Objekt o aus Ω in der zu selektierenden Teilmenge ω enthalten ist. Typische Selektionsfunktionen sind die Thresholdfunktion, die alle Objekte auswählt, deren Qualität jenseits eines bestimmten Grenzwertes liegt und die $MINIMUM(x)$ und $MAXIMUM(x)$ Funktionen, die die x besten (schlechtesten) Objekte selektieren. ω wird in der relevanten Literatur auch als Treffermenge bezeichnet. Die Menge ω wird demnach wie folgt beschrieben:

$$\omega = \{ o \mid o \in \Omega, S(Q(q_1 \ldots q_n, o), s_1 \ldots s_m) = 1 \}$$

.

Als Selektionsfunktion S kann die identische Funktion *id* gewählt werden, wenn die Bewertungsfunktion Q bereits Ergebnisse aus dem Wertebereich $\{0,1\}$ liefert. Die Äquivalenzfunktion z.B. bewertet ein Objekt o mit 1, falls o mit einem Suchargument q bitweise übereinstimmt $o \equiv q$, mit 0 sonst. Qualitätsfunktionen, wie z.B. der Hamming-Abstand erfordern separate Selektionsfunktionen, die anhand des Qualitätsmaßes entscheiden, ob ein Objekt für die Aktionsphase qualifiziert ist.

1.2.1.2 Die Aktionsphase α

In der Aktionsphase α wird die Aktionsfunktion $A(a_1 \ldots a_l, o)$ auf alle in der Selektionsphase ausgewählten Objekte $o \in \Omega$ angewendet. Die typischen Funktionen, die in der Aktionsphase zur Anwendung kommen, lassen sich in die Klassen *Verfeinerung, Manipulation und Kommunikation* unterteilen.

Bei der *Verfeinerung* werden auf eine bereits selektierte Teilmenge ω weitere Selektionsphasen angewendet, die ω weiter einschränken können.

Bei der *Manipulation* werden die Elemente von ω durch beliebige logische oder arithmetische Operationen verändert.

Funktionen aus dem Bereich der *Kommunikation* ermöglichen z.B. in assoziativen Speichern und Prozessoren die Ein- und Ausgabe von Objekten.

1.2.1.3 Das assoziative Speicherproblem

Die Phasen α und σ beschreiben das funktionale Verhalten assoziativer Speicher und Prozessoren. Die Basismenge Ω wurde intuitiv verwendet, um den Speicherinhalt zu beschreiben. Eine Definition des assoziativen Speicherproblems erfordert eine Erweiterung der Beschreibung um den Begriff der Frage. Das assoziative Speicherproblem enthält neben der Verhaltensbeschreibung des Selektionsmechanismus einer assoziativen Architektur zusätzlich die Beschreibung eines Suchproblems, das auf der Architektur in der Selektionsphase zu berechnen ist.

Das Tupel $f = (q_1 \ldots q_n, s_1 \ldots s_m)$ wird als Frage bezeichnet. Es enthält alle Argumente der Funktionen Q und S. Eine Menge F aus Fragen f bildet zusammen mit einer Basismenge Ω, einer Bewertungsfunktion Q, und einer Selektionsfunktion S das assoziative Speicherproblem:

$$ASP \;\; = \;\; (\Omega, S, Q, F).$$

1.2.2 Prinzipieller Aufbau inhaltsadressierbarer Speicher mit lokaler Speicherung

Assoziative Speicher mit lokaler Speicherung ähneln adressorientierten Speichern. Die meisten Implementierungen basieren auf adressorientierten Speichern, die um eine inhaltsorientierte Zugriffslogik erweitert sind. In Abb. 1.1 ist die Struktur eines einfachen assoziativen Speichers dargestellt, der neben adressorientierten Zugriffen auch die inhaltsorientierte maskierte Identitätsfunktion zur Identifikation von Speicherzellen ermöglicht.

Die maskierte Identität ist eine Bewertungsfunktion, die als Ergebnis einen booleschen Wert liefert. Auf eine separate Selektionsfunktion kann daher verzichtet werden.

Als Suchargumente konsumiert die Funktion ein Such- und ein Maskenwort. Sie markiert in einem Treffervektor alle Datenwörter des Speichers, die unter Vernachlässigung der maskierten Bits mit dem Suchwort bitweise übereinstimmen. In der Aktionsphase unterstützt dieser Speicher lediglich die Ausgabe der selektierten

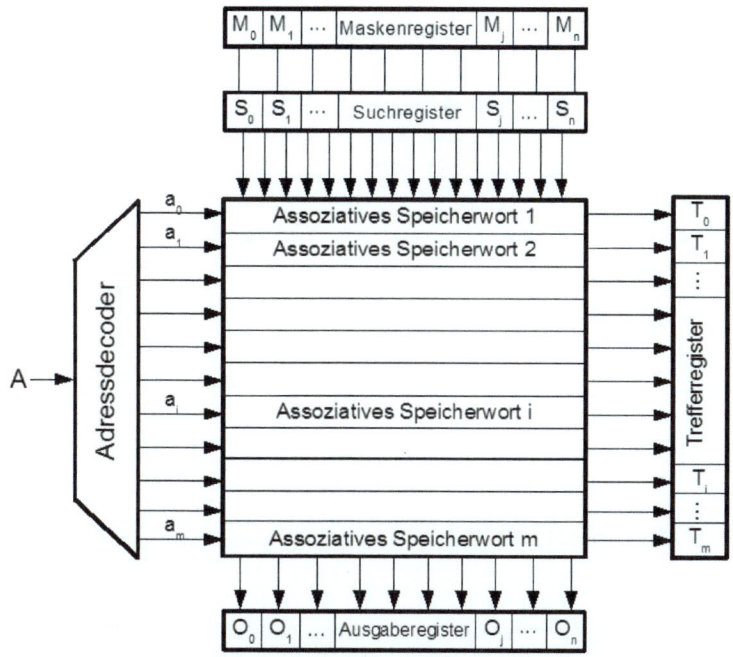

Abbildung 1.1: Der Aufbau eines einfachen vollparallelen assoziativen Speichers

Daten. Der Speicher verfügt zur Realisierung der assoziativen Funktionalität über zusätzliche Logikkomponenten. In Abb. 1.2 ist eine Zeile (Wort) des assoziativen Speicherfeldes aus Abb. 1.1 verfeinert dargestellt.

Die einzelnen Speicherzellen speichern ein Datenwort, das ohne Maskierung als Suchargument angelegt wurde, indem die Wortleitung aktiviert wird. Die Zellen prüfen ihren Inhalt auf übereinstimmung mit dem Suchargument, wenn das Suchargument am Eingang D und der zum Suchargument inverse Wert am Eingang $\overline{D}$ anliegt. Die einzelnen Zellen antworteten mit einem Treffer $t = 1$, falls das Suchargument mit dem Inhalt der Speicherzelle übereinstimmt oder D und $\overline{D}$ beide mit dem Wert 0 belegt werden. Diese Eingabe entspricht einer Maskierung und wird stets mit einem Treffersignal $t = 1$ beantwortet.

Die beiden NOR Gatter am Kopf einer Spalte des Feldes sorgen dafür, dass die Eingänge der Zellen mit den Werten D und $\overline{D}$ versorgt werden, falls die Maskierung nicht aktiviert ist. Falls die Maskierung aktiv ist, dann ist der Inhalt der gesamten Spalte irrelevant. Das Signal T_i wird aktiviert, wenn alle Zellen eines

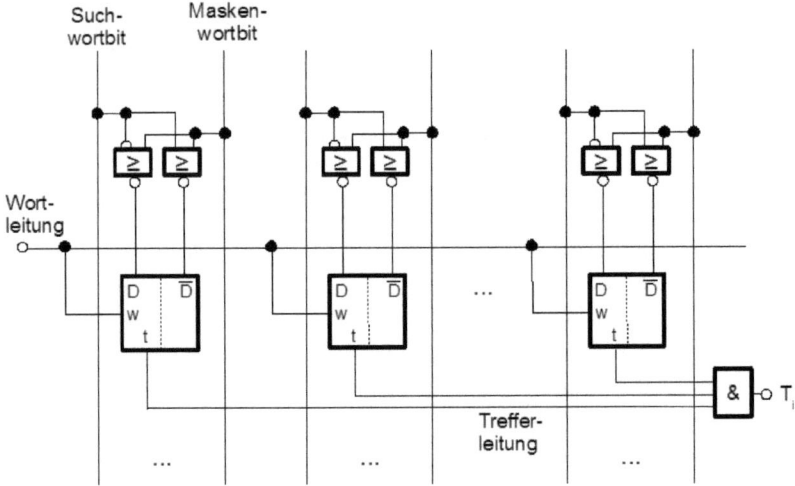

Abbildung 1.2: Logisches Schaltbild eines Wortes (Zeile) eines assoziativen Speicherfeldes

Wortes (einer Zeile) entweder durch die übereinstimmung der Daten oder durch eine Maskierung einen Treffer anzeigen. Die Treffer werden für weitere Verarbeitungsschritte in ein Trefferregister übernommen.

1.2.3 Implementierung assoziativer Speicher

Die verschiedenen Implementierungsformen assoziativer Funktionen unterscheiden sich aus theoretischer Sicht durch unterschiedliche Verteilungen der Funktionen auf die Ressourcen Fläche, Speicherplatz und Zeit. Die Elemente der Basismenge Ω belegen bei allen Implementierungsformen die Ressource Speicherplatz. Durch die unterschiedlichen Verteilungen ergeben sich die verschiedenen Formen des Parallelismus, die kennzeichnend für die unterschiedlichen Implementierungsformen assoziativer Methoden sind.

Für assoziative Speicher mit lokaler Speicherung werden die Objekte in Form von Daten auf die Speicherzellen, die dann als Datenwörter bezeichnet werden, verteilt. Für die Speicherzelle selbst kommt heute meist das CMOS-Flipflop mit einfacher Vergleichslogik zur Anwendung (Abb. 1.3).

Die Zelle enthält 10 Transistoren und besteht aus den kreuzgekoppelten Invertern, den Abfragetransistoren für die Bitleitungen und der Vergleichslogik als EXOR.

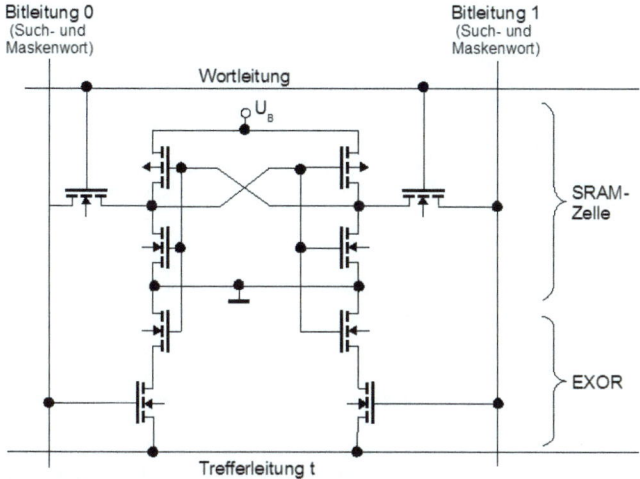

Abbildung 1.3: Blockschaltbild und Realisierung einer Zelle in statischer CMOS Technologie

Die Trefferleitung wird typischerweise im precharge-Modus betrieben. Vor einem assoziativen Vergleich der betreffenden Zeile mit dem Suchwort wird die Trefferleitung auf boolesch „1" aufgeladen. Nur wenn die Zelle einen Treffer (hit) zeigt, wird die Leitung nicht entladen, also nicht auf boolesch „0" gesetzt. Für den Fall, dass die Bitleitungen den gleichen Wert aufweisen (boolesch „0") ist die Zelle maskiert, d.h. sie liefert in jedem Fall einen Treffer. Nur wenn alle Zellen eines Speicherwortes einen Treffer zeigen, bleibt die Trefferleitung auf boolesch „1". Dies entspricht dem logischen „UND" aller Zellen.

1.3 Schaltungsskizze eines assoziativen Speichers von Konrad Zuse

Gehen wir zurück in das Jahr 1943, in dem Konrad Zuse erstmals den Vorschlag eines assoziativen Speichers in Schalterlogik skizzierte. Die Skizze ist in seinem Buch „Mein Lebenswerk" [Zus86, S. 77] zu finden (Abb. 1.4). Leider sind keine weiteren Erläuterungen im Buch hierzu angegeben. Eine genaue Analyse der Relaisschaltung zeigt jedoch, dass sie wesentliche Merkmale assoziativer Operationen enthält.

Die Kernzelle des Speichers besteht aus 3 Schaltern (Abb. 1.5).

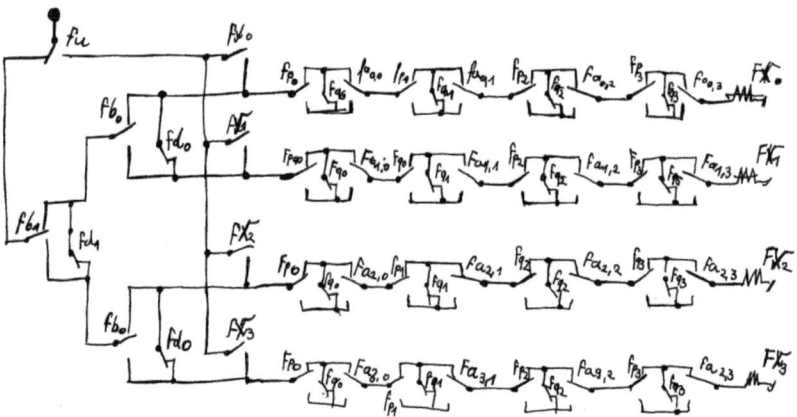

Abbildung 1.4: Skizze eines assoziativen Speichers von Konrad Zuse aus dem Jahre 1943 (aus [Zus86] mit freundlicher Genehmigung des Verlags)

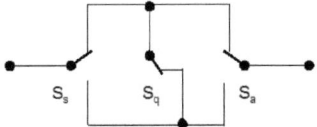

Abbildung 1.5: Kernzelle des assoziativen Relaisspeichers von Konrad Zuse

Der Schalter S_s möge durch seine Stellung das Speicherbit repräsentieren und der Schalter S_a das entsprechende Suchbit. Der Schalter S_q erfüllt die Funktion einer Maskierung der Zelle. Haben das Speicherbit und das Suchbit den gleichen booleschen Wert so ist entweder der obere oder der untere Weg verbunden. Der Schalter S_q des Maskenbits maskiert die Zelle unabhängig von der Stellung der Schalter S_s und S_a, d.h. die Zelle ist in diesem Falle immer durchverbunden. Die Zellen werden sequentiell in einer Zeile verknüpft und bilden somit das logische „UND" aller Zellen (Abb.1.6).

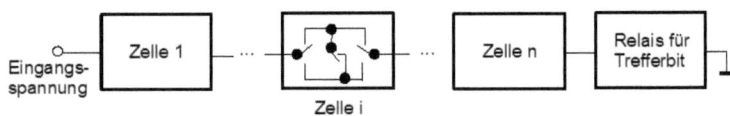

Abbildung 1.6: Ein Speicherwort (Zeile) des assoziativen Speichers von Konrad Zuse

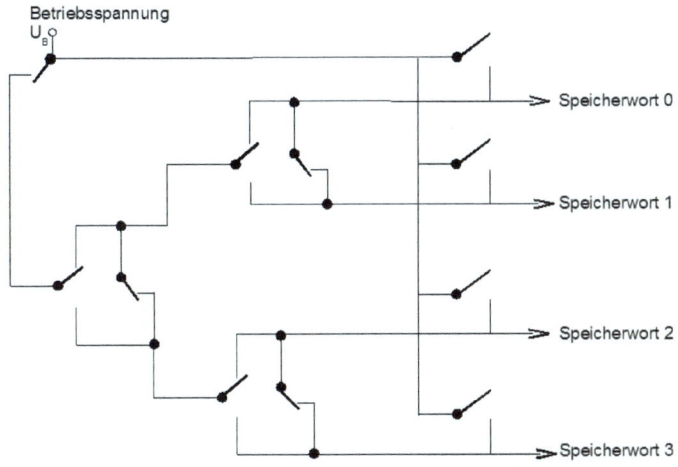

Abbildung 1.7: Decoderbaum des assoziativen Speichers von Konrad Zuse

Wird an den Anfang einer verketteten Zeile (Speicherwort) eine Spannung angelegt (z.B. Betriebsspannung U) so fließt nur dann Strom nach Masse, wenn in allen Zellen Such- und Speicherbit übereinstimmen, oder die entsprechenden Zellen maskiert sind. In diesem Falle liegt ein Trefferbit (hit) vor. Das Vorliegen eines Treffers wird in der vorliegenden Schaltung durch die Wicklung des Treffer-Relais markiert.

Die Skizze von Konrad Zuse enthält noch eine weitere Besonderheit. Durch einen Decoderbaum (Abb. 1.7) können gezielt diejenigen Speicherworte ausgewählt werden, die an einem assoziativen Vergleich teilnehmen sollen. ähnliches erfolgt bei den heutigen „direkt-abgebildeten Caches" oder den „satz-assoziativen Caches", bei denen selektiv durch einen Indexteil der Adresse diejenigen Zeilen ausgewählt werden, die am assoziativen Vergleich teilnehmen sollen. Diese Vorgehensweise entspricht einer zusätzlichen Ortsadressierung.

1.4 Vorschlag zur Realisierung der Kernzelle von Zuse in MOS-Technik

Konrad Zuse hat mit seiner Skizze aus dem Jahre 1943 eine sehr effiziente Lösung eines assoziativen Speichers vorgeschlagen. Sie ist in Schalterlogik dargestellt und durch Relais unmittelbar realisierbar.

In der heutigen Zeit steht uns auf der Basis der MOS- resp. CMOS-Technik ein unipolarer Transistor zur Verfügung, der sich ebenfalls zur unmittelbaren Realisierung von Schalterlogik eignet. Die CMOS-Technik stellt heute die grundlegende Technologie zur Herstellung von VLSI-Chips dar.

Es liegt daher nahe, sich einmal Gedanken über eine mögliche Realisierung der Zuse-Schaltung in moderner CMOS-Technik zu machen.

Die Kernzelle aus Abb. 1.5 könnte demnach die folgende Struktur in CMOS-Technik aufweisen.

Das Speicherbit p wird in einem D-Latch gespeichert. Durch die Verwendung von Komplementärtransistoren ist keine Invertierung nötig. Das Abfragebit a und das Maskenbit q werden aus den Such- und Maskenregistern geliefert. Die Kernzellen werden gemäß des Zuse Vorschlages sequentiell verkettet. Die Erkennung der Trefferbits aus dem Querstrom durch die verketteten Zellen kann mittels eines Leseverstärkers erfolgen, wie er in den heutigen SRAMs Verwendung findet. Dies gilt analog für das Einschreiben der Speicherbits in die D-Latches.

Auf der Basis der vorgeschlagenen Kernzelle in Abb. 1.8 ließe sich auch ein assoziativer Festwertspeicher mit nichtflüchtigen Eigenschaften realisieren, der als

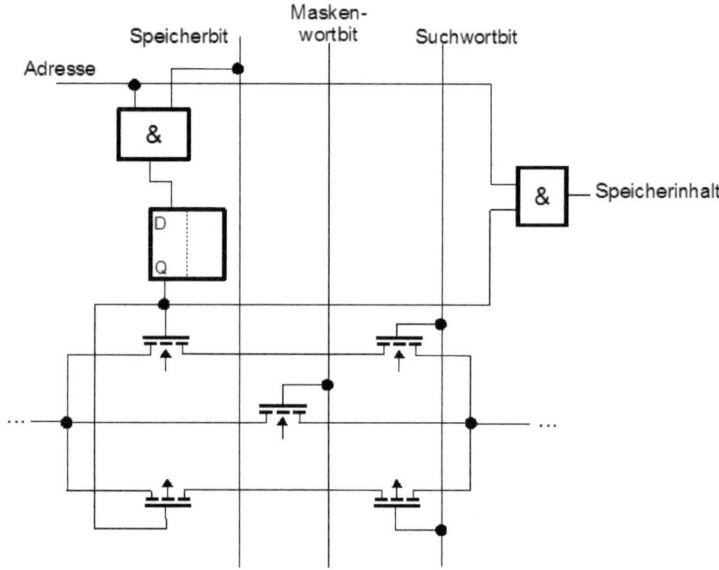

Abbildung 1.8: Vorschlag einer Kernzelle des Assoziativspeichers von Konrad Zuse in statischer CMOS-Technik

assoziatives EEPROM (AEEPROM) bezeichnet werden könnte. Hierzu sind lediglich das D-Latch und die Schalttransistoren S jeweils durch einen Floating-Gate-
Transistor (Flotox-Transistor) zu ersetzen [RF92] (Abb. 1.9). Dieser wird durch
die Programmierwortleitung mit dem jeweiligen Speicherbit programmiert. Der
gespeicherte Wert bleibt auch ohne Versorgungsspannung erhalten und kann über
die Programmierleitung elektrisch geändert werden.

Die dargestellten MOS-Schaltungen stellen erste Entwürfe dar und müssen daher noch einer sorgfältigen Simulation unterzogen werden, um ihre Funktions-
fähigkeit zu evaluieren. Interessante Parameter sind die erreichbare Wortlänge,
Antwort- und Verzögerungszeiten sowie der Leistungsverbrauch.

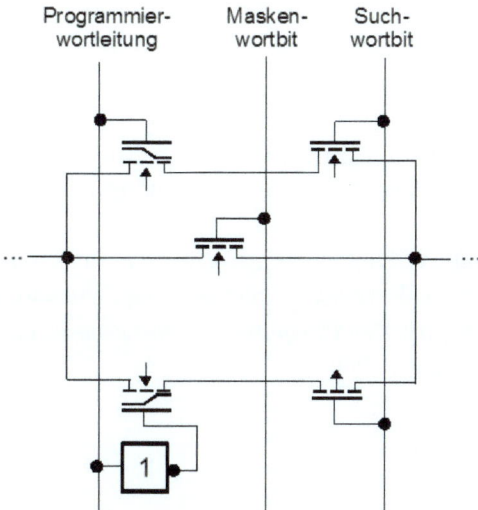

Abbildung 1.9: Vorschlag einer Kernzelle des Assoziativspeichers von Konrad Zuse als
Festwertspeicher (Speicherung mit EEPROM Transistoren)

1.5 Zusammenfassung

Das frühe Entstehungsdatum und die Vollständigkeit der assoziativen Funktionalität in der Handskizze von Konrad Zuse ist bewundernswert.

Eine Umsetzung in die moderne CMOS-Technik scheint durchaus noch realis-
tisch.

Von besonderem Interesse für die Rechnerarchitektur ist heute eine möglichst leistungseffiziente Realisierung aller Komponenten, bedingt durch die zunehmende Portabilität der Geräte. Eine MOS-Umsetzung der Skizze von Zuse aus dem Jahre 1943 verspricht eine derartige effiziente Lösung im Hinblick auf den Leistungsverbrauch.

Nur im Falle des assoziativen Vergleichs wird ggf. Leistung verbraucht, wenn man von der Leistungsaufnahme der Speicherglieder einmal absieht.

In diesem Artikel wurde der Vorschlag eines assoziativen Speichers von Konrad Zuse aus dem Jahre 1943 in den Formalismus des assoziativen Speicherproblems eingebettet und mögliche Umsetzungen in moderne MOS-Technologien diskutiert.

In der Zusammenfassung steht die Bewunderung vor der Genialität des großen Ingenieurs und Konstrukteurs Konrad Zuse.

Literaturverzeichnis

[RF92]   RHEIN, DIETRICH und HEINZ FREITAG: *Mikroelektronische Speicher – Speicherzellen, Schaltkreise, Systeme.* Springer Verlag, Wien, New York, 1992.

[Wal95] WALDSCHMIDT, KLAUS (Herausgeber): *Parallelrechner – Architekturen – Systeme – Werkzeuge.* Teubner Verlag, Stuttgart, 1995.

[Zus86] ZUSE, KONRAD: *Der Computer – mein Lebenswerk.* Springer Verlag, Berlin, 2. Auflage, 1986.

2 Epidemiologische Krebsregister

Hans-Jürgen Appelrath, Universität Oldenburg, Department für Informatik
Wilfried Thoben, OFFIS Oldenburg, Bereich Gesundheit
Martin Rohde, OFFIS Oldenburg, Bereich Gesundheit
Joachim Kieschke, Epidemiologisches Krebsregister Niedersachsen

Zusammenfassung. Epidemiologische Krebsregister haben den Zweck, anhand des Registerdatenbestands die Trendentwicklung von Krebserkrankungen und -sterbefällen zu beobachten und statistisch-epidemiologisch auszuwerten. Hierzu haben die Register eine Vielzahl von Aufgaben zu erfüllen, beginnend mit der Datenintegration und -qualitätssicherung, über den Abgleich mit vorhandenen Datensätzen bis hin zur konkreten Auswertung des Datenbestandes. Die Realisierung der Aufgaben wird durch verschiedene Software-Werkzeuge unterstützt, die in diesem Beitrag skizziert werden.

2.1 Epidemiologisches Krebsregister Niedersachsen

Die zentralen Aufgaben eines epidemiologischen Krebsregisters bestehen in der bevölkerungsbezogenen Registrierung von Krebserkrankungen, einem differenzierten Monitoring von krebserzeugenden Neuerkrankungen und Sterbefällen, der Analyse zeitlicher und räumlicher Entwicklungstrends, der Ermittlung von Risikogruppen und -faktoren sowie der Bereitstellung von Daten für Studien und die Qualitätssicherung der Versorgung [RKI08].

Die Grundlage für die Erfüllung dieser Aufgaben bildet eine möglichst vollständige und valide Sammlung von Krebsfällen, wobei jeder „Krebsfall" nur einmal im Register geführt werden darf, auch wenn er von verschiedenen Stellen (Ärzten, Kliniken, Nachsorgeleitstellen, Gesundheitsämtern, Pathologen etc.) mehrfach gemeldet wird. Bei der Erfassung, Verarbeitung und Übermittlung dieser Daten sind hohe Datenschutzanforderungen zu beachten. Die Konzepte und Verfahren zum Aufbau und zur Ablauforganisation epidemiologischer Krebsregister der meisten Landeskrebsregistergesetze orientieren sich am Gesetz über Krebsregister (KRG) [KRG94]. Das KRG sieht ein Registrierungsmodell vor, welches auf zwei, aus

Gründen des Datenschutzes unabhängigen, institutionell getrennten Stellen basiert [AMST96]:

- Die *Vertrauensstelle* sammelt patientenbezogene Krebsmeldungen, chiffriert die personenidentifizierenden Daten (wie Name, Anschrift, ...) und übermittelt diese verschlüsselte Information anschließend – zusammen mit den im Klartext verbleibenden epidemiologischen Daten – an die Registerstelle.

- Die *Registerstelle* speichert die chiffrierten personenidentifzierenden und die epidemiologischen Meldungsdaten dauerhaft. Beziehen sich mehrere, zeitlich oft deutlich auseinanderliegende Meldungen auf denselben Krebsfall, so werden sie mittels Kontrollnummern zusammengeführt und zu einem epidemiologisch auswertbaren Datensatz verdichtet.

Als Beispiel für die bei der Krebsregistrierung anfallenden Mengengerüste sei das Epidemiologische Krebsregister Niedersachsen (*EKN*) genannt. In seinem Meldebereich leben ca. 8,0 Mio. Personen und werden jährlich ca. 42.000 Neuerkrankungen erwartet. Das *EKN* hat pro Jahr ca. 40.000 klinische Meldungen, 100.000 Meldungen von Pathologen und 85.000 Todesbescheinigungen zu verarbeiten. Dies entspricht einer sogenannten Mehrfachmeldequote von 3,5, d.h. pro Krebsfall gehen durchschnittliche 3,5 Meldungen hierzu ein, hinzu kommen noch die Todesbescheinigungen.

Vereinfacht kann die Gesamtfunktionalität eines epidemiologischen Krebsregisters als eine möglichst effektive und effiziente Abbildung von „Input" (zeitnahe, möglichst vollständige und qualitativ hochwertige Krebsmeldungen) auf „Output" (aussagekräftige Berichte, angemessenes Monitoring) gesehen werden, die außerdem eine Fülle von Intraprozessen innerhalb des Registers zwischen Vertrauens- und Registerstelle erfordert. Für alle Input-, Intra- und Output-Prozesse sind adäquate Software-Systeme zur rechnergestützten Informationsverarbeitung notwendig, die in den folgenden Abschnitten genauer erläutert werden [AFH⁺96]:

- *Datenintegration*: effiziente Integration der heterogenen Meldewege (Ärzte, Klinische Register, Nachsorgeleitstellen, Pathologien, Gesundheitsämter etc.), medizinisch fundierte Codierung unter Berücksichtigung aktueller Standards, Richtlinien und Qualitätsanforderungen.

- *Datenabgleich*: Zusammenführung der Meldungen zu einem Gesamtdatenbestand unter transparenter Einhaltung der gesetzlichen, insbesondere datenschutzrechtlichen Auflagen (z. B. durch Verschlüsselung personenidentifizierender Daten).

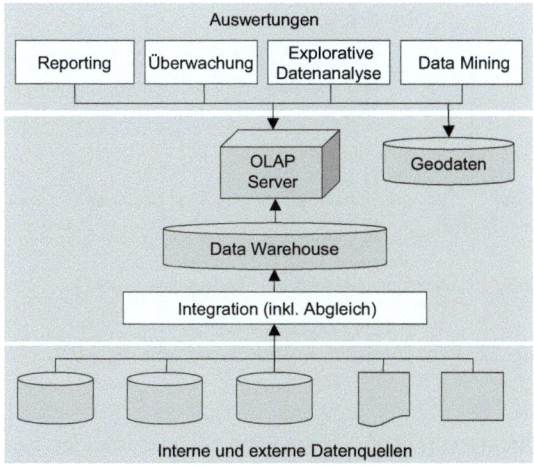

Abbildung 2.1: Systemarchitektur des *EKN*

- *Datenauswertung*: ergebnisorientierte epidemiologische Forschung, die wissenschaftlichen Standards in Statistik, Epidemiologie und Informatik genügt.

Aufgrund der Datenvolumina und Komplexität der Datenbearbeitung benötigen epidemiologische Krebsregister zwingend eine durchgängige Unterstützung ihrer Dokumentations-, Kommunikations- und Auswertungsprozesse durch adäquate Software-Werkzeuge. In Abb. 2.1 ist die grundsätzliche Systemarchitektur eines solchen datenbankbasierten Informationssystems dargestellt. Konkret erkennt man bottom-up die Integration verschiedener Datenquellen in ein zentrales Data Warehouse sowie darauf aufbauend eine Vielzahl unterschiedlicher Auswertungsmöglichkeiten. Diese gehen vom klassischen Reporting, über ein kontinuierliches Monitoring und explorative, oft interaktiv gestaltete Datenanalysen bis hin zu anspruchsvollen Data Mining-Verfahren. Alle Auswertungskonzepte nutzen multidimensionale Datenstrukturen auf Basis eines OLAP-Systems (Online Analytical Processing) und raumbezogene Daten, die durch eine Geodatenbank bereitgestellt werden.

2.2 Datenintegration

Um eine qualitativ und quantitativ hochwertige Datenbasis für die Registerstelle aufbauen zu können, werden möglichst viele Meldungen unterschiedlicher Mel-

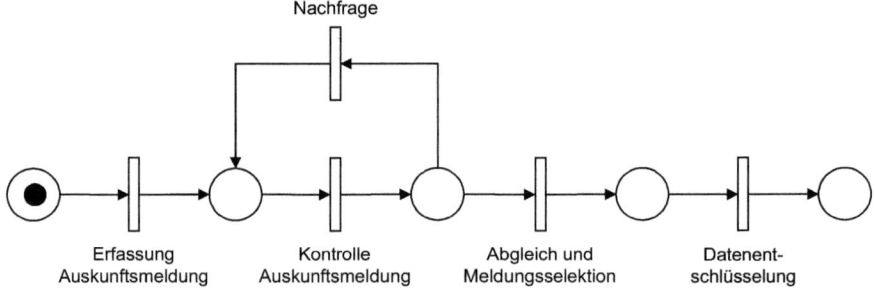

Abbildung 2.2: Petri-Netz der Auskunftsbearbeitung (stark vereinfacht)

der in das *EKN* integriert [BR06]. Neben den Standardmeldewegen muss das *EKN* aber auch weitere Datenprozesse unterstützen, die in einem spezifischen Krebsregistergesetz geregelt sind [GVB99]: die Bearbeitung von Auskunfts- und Widerspruchsbegehren von bereits gemeldeten Patienten, die Vorbereitung von epidemiologischen Studien, der Informationsrückfluss an die meldenden Einrichtungen sowie die Meldung an das Robert-Koch-Institut (RKI) zur Durchführung eines Abgleichs aller deutschen Krebsregister untereinander.

Wichtig dabei ist, dass in allen Prozessen „hoch sensible" Informationen verarbeitet werden und somit spezielle Datenschutzanforderungen zu berücksichtigen sind. Als Beispiel sei hier der Arbeitsablauf „Auskunftsbearbeitung" dargestellt (siehe vereinfachter Ablauf in Abb. 2.2).

In dem Arbeitsablauf ist zu sehen, dass zunächst die Angaben des Patienten über den Melder erfasst und auf Vollständigkeit geprüft werden. Ist die Auskunftsanfrage nicht vollständig, so wird eine Nachfrage an den Melder geschickt und auf dessen Antwort gewartet. Bei vollständigen Patientendaten werden anonymisierte Daten an die Registerstelle übermittelt. Diese sucht mittels eines Abgleichs alle potentiellen Meldungen aus dem Register-Datenbestand zusammen und sendet sie zurück an die Vertrauensstelle. Dort werden die verschlüsselten Patientenangaben unter Verwendung eines asymmetrischen Verschlüsselungssystems (konkret einem RSA-Verfahren [RSA78]) dechiffriert und anhand der Klartexte eine Abschlusskontrolle vorgenommen. Wie man der Abbildung entnehmen kann, wird zur Modellierung der Arbeitsabläufe eine formale Beschreibungsmethode (in diesem Fall wurden Petri-Netze genutzt) eingesetzt. Die Verwendung einer Formalisierung bietet die Basis, konkrete Anforderungen an die Arbeitsabläufe zu spezifizieren und durch den Einsatz von Analysesystemen auch zu kontrollieren.

2.3 Datenabgleich

2.3.1 Überblick

Eine zentrale Aufgabe der Registerstelle liegt im Abgleich der Neumeldungen mit dem bereits vorhandenen Datenbestand, um eine Zusammenführung von Mehrfachmeldungen (Meldungen zum gleichen Patienten) bzw. eine Erkennung von neuen Patienten im Register zu garantieren. Dies scheint angesichts des gewählten indeterministischen Chiffrierverfahrens (d.h. wenn man einen Text zweimal verschlüsselt, entstehen unterschiedliche Chiffrate) ausgeschlossen. Um diese doch zu ermöglichen, werden pro Meldung mehrere sogenannte Kontrollnummern (Verschlüsselungen von patientenbezogenen Daten wie Name, Geburtsdatum oder Anschrift) mit Hilfe eines Einwegverschlüsselungsverfahrens (z. B. MD5) und einer anschließenden symmetrischen Verschlüsselung (z. B. IDEA) generiert und mit den Kontrollnummern der bereits im Register vorhandenen Patienten verglichen.

Hierzu wird ein stochastisches Record Linkage-Verfahren [Jar94] verwendet, welches in die bestehenden Strukturen der Registerstelle integriert wird und den eigentlichen Abgleich der Neumeldungen automatisiert durchführt. Zudem ist ein Ergebnisaufbereitungssystem konzipiert und implementiert worden, das den Anwendern in der Registerstelle die beim Abgleich ermittelten Ergebnisse graphisch in ergonomisch ansprechender Form präsentiert. Der Anwender hat letztlich eine Entscheidung (bekannter oder neuer Patient bzw. Tumor) für die jeweilige Meldung zu treffen und eine mögliche Patienten- und Tumorzuordnung vorzunehmen, wobei ihn das Ergebnisaufbereitungssystem durch Darstellung der epidemiologischen Angaben der Meldungen weitgehend und verlässlich unterstützt.

2.3.2 Stochastischer Abgleich

In der Phase des Abgleichs werden zwei Mengen von Datensätzen aus dem Transformationsbereich N (Neumeldungen) und dem Zielbereich M (vorhandene Registermeldungen) paarweise auf gleiche Datensätze überprüft. Die Datensätze sind aus mehreren Attributen und den oben erwähnten Kontrollnummern zusammengesetzt. Durch den paarweisen Vergleich der Datensätze wird ein Wahrscheinlichkeitswert errechnet, mit dem zwei Datensätze $x \in M$, $y \in N$ übereinstimmen.

Im Routinebetrieb werden jeweils Pakete mit ungefähr 10.000 Neumeldungen mit den aktuell etwa 2 Mio. vorhandenen Registermeldungen verglichen. Zukünftig wird das *EKN* auch Herausforderungen wie den Abgleich von etwa 1 Mio. teilnahmeberechtigten niedersächsischen Frauen im Rahmen des Mammographiescreenings [UK08] mit dem Registerdatenbestand bewältigen müssen.

Insgesamt muss jeder Datensatz in N mit jedem anderen Datensatz in N sowie mit allen Datensätzen in M verglichen werden, was einer in der Praxis inakzeptablen Anzahl von $n(n+m-1)$ Vergleichen entspricht (bei $|N| = n$ und $|M| = m$). Deshalb wird im *EKN* das Konzept des Blockings angewandt. Anhand einer Teilmenge aller Attribute der Datensätze (den Blockvariablen) werden N und M in Blöcke geteilt, wobei zu einem aktuellen Datensatz $y \in N$ die Blöcke aus N und M herangezogen werden, deren Ausprägungen der Blockvariablen mit den entsprechenden Ausprägungen von y übereinstimmen. Wenn z. B. das Geschlecht von Patienten als Blockvariable gewählt wird, dann reduziert sich bei einer angenommenen Gleichverteilung der Geschlechter in den Datensätzen die Anzahl der Vergleiche durch das Blocking um ca. 50%.

Durch das Blocking wird allerdings auch die Fehleranfälligkeit erhöht, da durch eine falsche Ausprägung in einer Blockvariable (z. B. die fehlerhafte Zuordnung eines männlichen Patienten auf weiblich) die Vergleiche auf einen falschen Teilbereich der Daten eingeschränkt werden. Hierdurch entstehen ggf. eine große Anzahl falscher „non-matches". Aus diesem Grund wird im *EKN* das Blocking in neun Umläufen realisiert, in denen die Matchvariablen teilweise disjunkt sind. Die Blockvariablen sind dabei so gewählt, dass sie einerseits eine hohe Fehlertoleranz gegen auftretende Abweichungen der Angaben besitzen und trotzdem der Anteil nur potentiell zusammengehörender Meldungen möglichst klein ist. Solche fraglichen Matches nur potentiell zusammengehörender Meldungen müssen dann interaktiv nachbearbeitet werden. Die jahrelange Praxis im *EKN* hat gezeigt, dass ihr Anteil je nach Größe der Datenbank und abzugleichender Datenquelle zwischen 10–75 % variieren kann, wobei dieser Wert vor allem von der Größe der gewünschten Fehlertoleranz abhängt.

2.3.3 Komplexitätsabschätzungen

Seien $|N| = n$ und $|M| = m$. Bei einem Blocking mit k Umläufen, wobei die Blockvariablen im j-ten Umlauf i_j unterschiedliche Ausprägungen annehmen können, verringert sich die Zahl der Tupelvergleiche von $n(n+m-1)$ unter der vereinfachenden Annahme einer Gleichverteilung von Ausprägungen (best case) zu:

$$n \sum_{j=1}^{k} \frac{n+m-1}{i_j} \quad \approx \quad nk\frac{n+m}{i_{avg}} \tag{2.1}$$

da im j-ten Umlauf nur $\frac{1}{i_j}$-tel der Tupel in den Blockvariablen übereinstimmt und damit in die Betrachtung eingeht. Die Näherung ergibt sich aus der Annahme, dass die Wertebereiche der Blockvariablen ungefähr gleich groß sind und eine durchschnittliche Kardinalität von i_{avg} aufweisen. Bei geeigneter Spezifizierung von Umläufen und Blockvariablen sollte k sehr klein gegenüber i_{avg} sein und $n + m \approx i_{avg}$ gelten, was den Einfluss von $n + m$ erheblich reduziert und eine signifikante Effizienzsteigerung bedeutet. Bei wachsendem m sind die Blockvariablen dynamisch so anzupassen, dass i_{avg} ebenfalls entsprechend größer wird. Eine allgemeine Aussage zur Laufzeitkomplexität lässt sich aufgrund zahlreicher Einflussfaktoren schwer abschätzen, bei geeigneter Prozesskonfiguration verhält sich die Laufzeit aber nach Erfahrungswerten im *EKN* näherungsweise linear zu n.

2.4 Datenauswertung

2.4.1 Überblick

Die Register-Datenbank des *EKN* bietet die Grundlage für epidemiologische Untersuchungen der räumlichen und zeitlichen Verteilung von Krebserkrankungen und -sterbefällen in Niedersachsen [MRAK03]. Anhand der Betrachtung verschiedener, die Erkrankungshäufigkeiten beschreibender Maßzahlen, die mit unterschiedlichen Techniken in Diagrammen, Graphiken, Tabellen und thematischen Karten visualisiert werden, können Hypothesen über Auffälligkeiten aufgestellt und in anschließenden gezielten Studien näher untersucht werden, z.B. in Fall-Kontroll-Studien, bei denen Umweltexpositionen individuell gemessen werden.

2.4.2 Räumliche Statistik

Die regelmäßige kleinräumige Untersuchung der Inzidenz (Neuerkrankungen) und Mortalität (Sterbefälle) einzelner Krebslokalisationen über kartographische Darstellungen geeigneter Maßzahlen stellt einen wichtigen Bestandteil der Krebsregisteranalysen dar. Im Vordergrund steht hier die Beschreibung raumbezogener Unterschiede. Außerdem dient sie der Generierung spezifischer Hypothesen zu möglichen Ursachen. Wenn Hypothesen vorliegen, werden verschiedene räumlich-statistische Verfahren eingesetzt, um kleinräumige Cluster zu identifizieren. Ein Clusterverfahren, das universell einsetzbar wäre und dabei überall gute Ergebnisse zeigt, ist nicht bekannt. Die einzusetzenden Verfahren hängen von der Datenlage und der Fragestellung ab. Bei den Verfahren der globalen Clusteranalyse wird die Homogenität der Inzidenz oder Mortalität im gesamten Untersuchungsgebiet untersucht, bei der lokalen Clusteranalyse werden einzelne Regionen der Clusterung identifiziert. Der Clusterindex Moran's I stellt ein Beispielverfahren der globalen Clusteranalyse zur Beschreibung räumlicher Korrelation dar [Mor48]. Der

Index berechnet die Kovarianz von beliebigen Maßzahlen benachbarter Regionen im Verhältnis zur Gesamtvarianz:

$$I \;=\; N \cdot \frac{\sum_{i=1}^{N} \sum_{j=1}^{N} \left(w_{ij} \cdot (x_i - \bar{x}) \cdot (x_j - \bar{x}) \right)}{w_{\bullet\bullet} \sum_{i=1}^{N} (x_i - \bar{x})^2}. \tag{2.2}$$

Dabei ist N die Anzahl der betrachteten Regionen, x_i die Maßzahl für die Region r_i, $\bar{x}$ das arithmetische Mittel der Maßzahlen über alle Gebiete. w_{ij} ist ein Element der Adjazenzmatrix ($w_{ij} = 1$, wenn die Regionen r_i und r_j benachbart sind, sonst $w_{ij} = 0$) und $w_{\bullet\bullet}$ die Anzahl von benachbarten Regionen. „Nachbarschaft" bedeutet in diesem Zusammenhang, dass die Regionen r_i und r_j mindestens einen gemeinsamen Punkt in ihren Grenzen haben.

Bei Verfahren der lokalen Clusteranalyse wie dem Verfahren von Besag & Newell [BN91] wird nicht nur die Homogenität der Daten untersucht, sondern es werden lokale Cluster identifiziert.

Für diese räumlich-statistischen Datenanalysen werden umfangreiche, algorithmisch anspruchsvolle Informationssysteme benötigt. In Abb. 2.3 ist beispielhaft die Auswertung des Clusterindexes Moran's I unter Verwendung des epidemiologischen Informationssystems CARESS [MRAK03] dargestellt, das auf Basis der Analyseplattform MUSTANG (Multidimensional Data Exploration System) [KMR03] entwickelt worden ist. Konkret erkennt man in dem Beispiel, dass der Clusterindex Moran's I für Mortalitätsrate (Fälle pro 100.000 Einwohner) über alle Krebsdiagnosen in den Landkreisen Niedersachsens für den untersuchten Zeitraum auffällig hoch ist. Dieses Clusteranalyseergebnis spiegelt aber keine unterschiedlichen und damit möglicherweise relevanten Erkrankungsrisiken, sondern nur die unterschiedliche Altersverteilung in den Landkreisen Niedersachsens wieder. Deshalb sind vor einer „endgültigen" Ergebnisdarstellung verschiedene Standardisierungen, wie die Altersstandardisierung, die unterschiedliche Altersstrukturen ausgleicht, durchzuführen.

2.4.3 Räumlich zeitliche Clusteranalysen

Ein Test, ob Fälle, die räumlich benachbart sind, auch zeitlich nahe beieinander liegen, ist speziell für die Betrachtung von Infektionskrankheiten wichtig, wird aber auch im Rahmen der Ursachenforschung in der Krebsepidemiologie genutzt.

Die klassische Methode von Knox quantifiziert Raum-Zeit-Interaktionen basierend auf kritischen Raum- und Zeit-Abständen [Kno64]. Die Teststatistik X ist ein Zähler für die Paare von Fällen, die in einem kritischen Raum-Zeitabstand liegen. Wenn eine Raum-Zeit-Interaktion vorliegt, dann werden viele Fälle bezüglich des

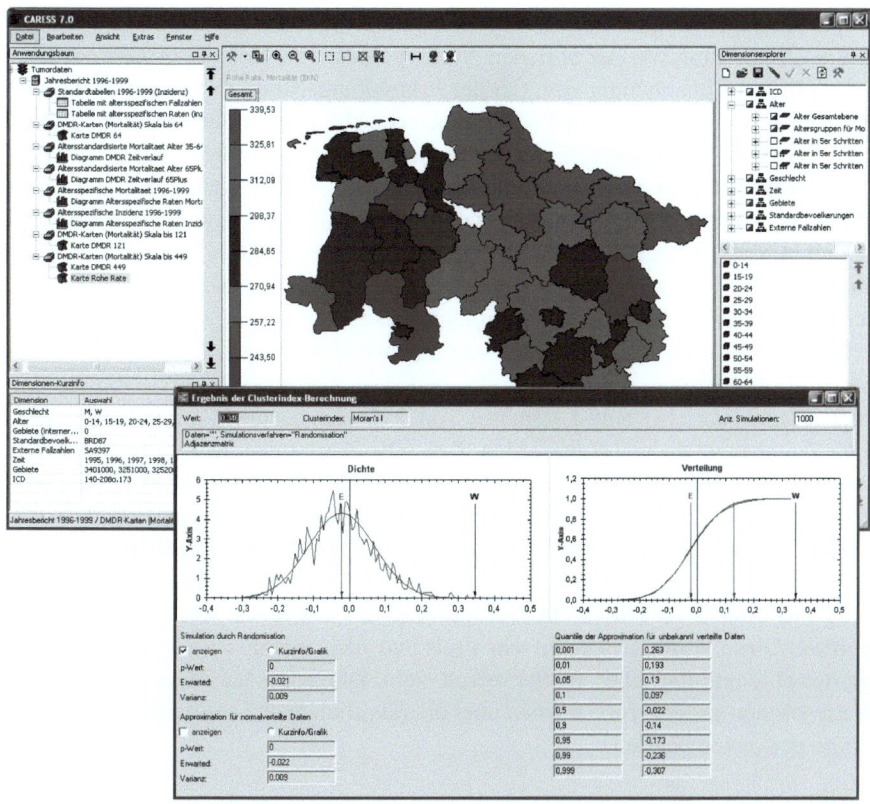

Abbildung 2.3: Clusterindex „Moran's I" in der Analyseplattform MUSTANG

Raumzeitabstandes nahe beieinander liegen und somit wird der Wert von X groß sein:

$$\delta \quad = \quad \text{kritischer Raumabstand}$$

$$\tau \quad = \quad \text{kritischer Zeitabstand}$$

$$s_{ij} \quad = \quad \begin{cases} 1 & \text{wenn die Distanz zwischen Fall } i \text{ und } j \text{ kleiner als } \delta \text{ ist} \\ 0 & \text{sonst} \end{cases}$$

$$t_{ij} \quad = \quad \begin{cases} 1 & \text{wenn der Zeitraum zwischen Fall } i \text{ und } j \text{ kleiner als } \tau \text{ ist} \\ 0 & \text{sonst} \end{cases}$$

$$X \quad = \quad \sum_{i=1}^{N_{\text{Fall}}} \sum_{j=1 \wedge i \neq j}^{N_{\text{Fall}}} s_{ij} t_{ij}$$

Die Aussagekraft des Wertes von X wird durch Simulation bestimmt, wobei die Art der Simulation von der üblichen Nullhypothese (die Zeit des Auftretens einer Erkrankung ist unabhängig vom Ort der Erkrankung) abweicht. Damit ist die zeitliche Distanz zwischen zwei Erkankungen unabhängig von der räumlichen Distanz. Zufällige Permutationen der Erkrankungszeitpunkte dürfen somit im Mittel keinen anderen Wert für X liefern als der Wert mit den Testdaten. Bei der Simulation werden somit alle Erkrankungszeitpunkte zufällig permutiert, während die Erkrankungsorte jeweils erhalten bleiben und somit fest sind. Je mehr zeitliche und räumliche Nachbarschaft besteht, desto größer ist der Wert von X in Relation zu den simulierten Werten unter der Nullhypothese.

Knox hat diesen Test basierend auf Latenzzeiten entworfen. Die Latenzzeit ist die Zeit, die zwischen der Ursache und dem Auftreten der ersten Symptome liegt. Wenn man also eine Latenzzeit von 3 Tagen vermutet, so sollte der kritische Zeitabstand so gewählt werden, dass alle Symptome auch aufgetreten sein müssten, also etwa 4 oder 5 Tage. Bei infektiösen Krankheiten spiegelt die kritische geographische Distanz die durchschnittliche Distanz zwischen zwei Personen wieder, die sich gegenseitig infiziert haben. Wenn Informationen über den Krankheitsprozess fehlen, dann kann der mittlere Zeitabstand und die mittlere Entfernung zwischen zwei Fällen zur Bestimmung der kritischen Werte herangezogen werden. Diese Wahl ist jedoch sehr grob und nicht empfehlenswert, wenn gesichertes epidemiologisches Wissen bereit steht. Durch die Variation der kritischen Werte können somit Informationen über die räumlichen und zeitlichen Zusammenhänge gewonnen werden.

2.5 Danksagung

Dieser Beitrag über epidemiologische Krebsregister hat einen engen Bezug zum „Oldenburger Lebensabschnitt" 1985–1992 von Herrn Prof. Claus. Herr Claus war der wichtigste Motor für die 1991 erfolgte Gründung des OFFIS, des ersten An-Instituts der Universität Oldenburg, das zu Beginn des Jahres 2009 rund 230 Mitarbeiterinnen und Mitarbeiter beschäftigt. OFFIS zielt seit seiner Gründung als anwendungs- und transferorientiertes Informatik-Institut auf eine

- seriöse und effiziente Akquisition,
- wissenschaftlich fundierte Durchführung und
- für Partner/Auftraggeber verlässliche und praxisrelevante Abwicklung

von Projekten.

Ein besonders erfolgreiches und sich in verschiedenen Stufen entwickelndes OFFIS-Langzeitprojekt war und ist das „Epidemiologische Krebsregister Niedersachsen". Noch zur Oldenburger Zeit von Herrn Claus begannen die Vorarbeiten zum *EKN* in der Universität Oldenburg, dort konkret in der vom Erstautor geleiteten Abteilung „Informationssysteme". In den Aufbaujahren des OFFIS ab 1991 war das EKN dessen umfangreichstes Projekt. Es ist bis heute ein ideales Beispiel für den angestrebten „Dreiklang" von

- universitärer Grundlagenforschung,
- Prototypentwicklung im OFFIS und
- Transfer in den laufenden Betrieb einer OFFIS-Ausgründung,

eine Vision, die auch Herr Claus als OFFIS-Gründungsvorsitzender bereits forciert hat. Deshalb möchten wir ihm diesen Beitrag zum *EKN* als gelungenes Beispiel seiner Vision, die wir auch heute noch verfolgen, widmen.

Den Dreiklang der beteiligten Akteure

- Universität (Abteilung Informationssysteme),
- OFFIS (Bereich Gesundheit) und
- Ausgründung (EKN, OFFIS CARE GmbH)

repräsentieren auch die Autoren dieses Beitrages, die Herrn Claus im Namen der gesamten Oldenburger Informatik für seinen Einsatz in Universität und OFFIS danken und für den nächsten Lebensabschnitt nach seiner Emeritierung alles erdenklich Gute wünschen!

Literaturverzeichnis

[AFH⁺96] APPELRATH, H.-J., J. FRIEBE, H. HINRICHS, V. KAMP, J. RETTIG, W. THOBEN und F. WIETEK: *Softwarewerkzeuge für (epidemiologische) Krebsregister*. In: BAUR, M. P., R. FIMMERS und M. BLETTNER (Herausgeber): *Medizinische Informatik, Biometrie und Epidemiologie*, Seiten 470–474, Bonn, 1996. Medizin Verlag München.

[AMST96] APPELRATH, H.-J., J. MICHAELIS, I. SCHMIDTMANN und W. THOBEN: *Empfehlung an die Bundesländer zur technischen Umsetzung der Verfahrensweisen gemäß Gesetz über Krebsregister (KRG)*. Informatik, Biometrie und Epidemiologie in Medizin und Biologie, 27(2):101–110, 1996.

[BN91]   BESAG, J. und J. NEWELL: *The detection of clusters in rare diseases.* Journal of the Royal Statistical Society, 154(1):143–155, 1991.

[BR06]   BRÜGGEMANN, S. und M. ROHDE: *CARAMEL: A plugin-architecture for the secure integration of standards in medical information systems.* In: JORDANOVA, M. und F. LIEVENS (Herausgeber): *Proceedings of Med-e-Tel 2006 (E-Health)*, Seiten 165–170, 2006.

[GVB99] *Gesetz über das epidemiologische Krebsregister Niedersachsen (GE-KN)*. Nds. GVBl. S. 390, 1999.

[Jar94] JARO, M. A.: *AutoMatch – Generalized Record Linkage System – Version 2.9c.* MatchWare Technologies, Inc., Silver Spring, MD, 1994.

[KMR03] KOCH, S., J. MEISTER und M. ROHDE: *MUSTANG – A framework for statistical analyses of multidimensional data in public health.* In: GNAUCK, A. und R. HEINRICH (Herausgeber): *17th International Conference Informatics for Environment Protection*, Seiten 635–642, 2003.

[Kno64] KNOX, E. G.: *The detection of space-time interactions.* Applied Statistics, 13:25–29, 1964.

[KRG94] *Gesetz über Krebsregister (Krebsregistergesetz KRG).* Bundesgesetzblatt, 79:3351–3355, 1994.

[Mor48] MORAN, P. A. P.: *The interpretation of statistical maps.* Royal Statist. Soc. Ser. B, 10:243–251, 1948.

[MRAK03] MEISTER, J., M. ROHDE, H.-J. APPELRATH und V. KAMP: *Data-Warehousing im Gesundheitswesen.* it – Information Technology, 45(4):179–185, 2003.

[RKI08] *Krebs in Deutschland 2003–2004. Häufigkeiten und Trends. 6. überarbeitete Auflage.* Robert Koch-Institut und die Gesellschaft der epidemiolgischen Krebsregister in Deutschland e.V., Berlin, 2008.

[RSA78] RIVEST, R. L., A. SHAMIR und L. ADLEMAN: *A method for obtaining digital signatures and public-key cryptosystems.* Communication of the ACM, 21(2):120–126, 1978.

[UK08]   URBSCHAT, I. und J. KIESCHKE: *Stage-specific breast cancer incidence after implementation of the pilot project mammography screening in the Weser-Ems Region (Lower Saxony).* International Journal for Cancer Research and Treatment, 31(S1 XII + 212):68, 2008.

3 Geschichten der Informatik

Walter Knödel, Universität Stuttgart, Institut für Formale Methoden der Informatik

Zusammenfassung. Dieser Artikel handelt von Informatik – vorwiegend im deutschen Sprachraum – als das Wort Informatik noch nicht erfunden war. Er enthält Fakten und Ereignisse, die bekannt waren und zumeist wieder vergessen wurden, nach meiner Meinung aber verdienen, nicht vergessen zu werden.

Zuerst: Warum musste das Wort „Informatik" erfunden werden? Die vorhandenen Aktivitäten in den Gebieten Elektrotechnik, Mathematik, Physik, teilweise auch in Linguistik, begannen sich in den 60er Jahren zu verselbständigen und an den Hochschulen eigene Einheiten anzustreben. Als Name für diese Einheiten standen mit Rücksicht auf bereits bestehende Studiengänge in anderen Ländern die Übersetzungen von „computer science" und „informatique" zur Wahl. Die Entscheidung für Informatik verletzte bestehende Namensrechte: Standard Elektrik Lorenz betrieb in Stuttgart-Zuffenhausen ein Informatik-Werk unter der Leitung von K. Steinbuch. SEL hielt aber still und machte keine Prioritäten geltend.

Konrad Zuse (1910–1995)

Wer über Informatik im deutschen Sprachraum spricht, muss über Konrad Zuse reden. Zuse begann in den 30er Jahren, Rechenanlagen zu bauen, und zwar aus jedem Material, das ihm in die Hände fiel. So besitzt die Z1 als mechanische Schaltelemente ovale Aluminiumplättchen mit zwei stabilen Zuständen. Die Plättchen schnitt Zuse

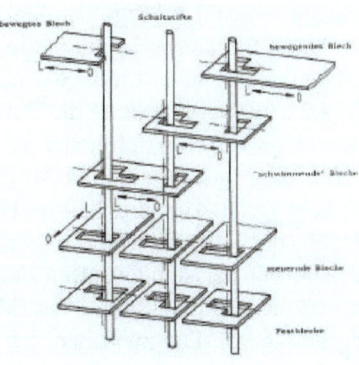

Abbildung 3.1: Schaltelemente der Z1 (aus [SS88])

mit der Laubsäge aus Aluminiumblech aus. Bei der Z4 sind die Schaltelemente elektromagnetische Relais, die Zuse von der Reichspost geschenkt bekam. Nach dem zweiten Weltkrieg beschaffte der Schweizer Mathematiker E. Stiefel Mittel für den Bau einer Rechenanlage und beauftragte Zuse mit dem Bau der ERMETH (Elektronische Rechen-Maschine der Eidgenössischen Technischen Hochschule – in der Schweiz gab es damals nur die ETH in Zürich). Diesmal verwendete Zuse Elektronenröhren (gittergesteuerte Trioden).

Später gründete Zuse eine eigene Firma, die Ziffernrechner und rechnergesteuerte Zeichentische hoher Präzision herstellte. Während die Ideen von Zuse aus der Informatik nicht wegzudenken sind und auch nicht mehr verschwinden werden, hat die Firma Zuse K.G. den Wettbewerb auf dem Computermarkt nicht überlebt.

Die meisten wissen, dass Zuse Bauingenieur war, kaum einer kann aber die Frage beantworten, warum die ersten Computer gerade von einem Bauingenieur entworfen wurden. Zuse hat diese Frage so beantwortet: „Ich hatte viele Interessen und habe daher mehrmals die Studienrichtung gewechselt. Eines Tages sagte mein Vater, ein Postbeamter, er gedenke nicht, mir noch einen Studienwechsel zu finanzieren. Ich solle mein Studium mit Examen abschließen. Damals studierte ich mehr oder weniger zufällig Bauingenieurwesen, also wurde ich Bauingenieur."

In den Vereinigten Staaten gilt der August 1944 als Geburtsmonat der programmgesteuerten Rechenautomaten. Da ging an der Harvard-Universität die Relaismaschine Mark I in Betrieb, die H. Aiken geplant und die IBM finanziert hatte. Das übersieht die Leistungen der Vorgänger. Zuse war 1944 möglicherweise nicht bekannt, obwohl er lange vor dem Krieg mit dem Bau von Rechenanlagen begonnen hatte. Bekannt sein musste in den Vereinigten Staaten eine Gruppe in Großbritannien. Sie hatte die Colossus gebaut, mit deren Hilfe A. Turing Funksprüche entschlüsselte, welche die Deutsche Wehrmacht mit (mechanischen) Enigma-Maschinen verschlüsselt hatte.

Was die Mark I für sich in Anspruch nehmen kann, ist die Entstehung des Wortes debugging. Harvard Fellow Hilda Geiringer, eine emigrierte Österreicherin, erzählt, dass die Maschine unbeaufsichtigt eine Nacht in Betrieb gelassen wurde. Die Fenster standen offen und das Licht brannte. Insekten (bugs) kamen in Schwärmen in den Raum. Die Morgenmannschaft fand unbrauchbare Rechenergebnisse vor. Die zwischen den Relais der Mark I zerquetschten Insekten hatten die Schaltfunktionen lahmgelegt. Das debugging war eine zeitraubende Arbeit.

Heinz Zemanek (1920)

1950 bekam ich an der Technischen Hochschule Wien eine Assistentenstelle am Mathematischen Institut von Rudolf Inzinger. An einem Elektrotechnischen Institut arbeitete H. Zemanek als Assistent. Er hatte gerade eine elektronische Schildkröte mit sekundären Reflexen gebaut: Fuhr die Schildkröte auf ein Hindernis, blieb sie stecken. Pfiff Zemanek, bevor sie an das Hindernis stieß, dann begann sie nach einigen Malen auszuweichen. War sie längere Zeit nicht in Betrieb, dann hatte sie alles wieder vergessen. Das entscheidende Bauelement der Schildkröte war ein temperaturabhängiger Widerstand, der sich bei jedem Pfiff aufheizte und bei hinreichend hoher Temperatur die Ausweichbewegung einleitete. Kühlte der Widerstand in einer Ruhepause aus, begann alles von Neuem.

Abbildung 3.2: Heinz Zemanek

Zu meinen Aufgaben gehörte die Berechnung einer Staumauer für die Draukraftwerke und von Stahlträgern für die Europabrücke der Brennerautobahn. Ich benutzte den extern (Schalttafel-)programmierten Rechner E604 der IBM. Der Arbeitsspeicher des Rechners bestand aus 32 Dezimalziffern. Gab es mehr Daten, dann mussten sie auf Lochkarten ausgegeben und bei Bedarf wieder eingelesen werden. Für ein Gleichungssystem mit 35 Unbekannten benötigte ich einen Ostersonntag, weil mir da der Rechner ungestört zur Verfügung stand. Ich hielt Zemanek für einen Elektrotechniker und mich für einen Mathematiker. Erst sehr viel später kam ich darauf, dass wir beide in verschiedenen Bereichen der Informatik tätig waren.

Für Professoren begann damals die Elektrotechnik bei 100 Ampere. Von Schwachstrom- und Nachrichtentechnik hielten sie nichts und die Kenntnisse von H. Zemanek waren nicht gefragt. Also schaffte er die Habilitation erst im zweiten Anlauf. Geschadet hat ihm dieser Misserfolg nicht auf Dauer. Er arbeitete mit einer 12-köpfigen Studentengruppe an der weltweit ersten volltransistorisierten Rechenanlage. Darüber berichtete er 1959 auf dem IFIP-Kongress in Paris. Er schloss in Anspielung auf ein Prestigeobjekt des MIT: „Ein whirlwind wird die Maschine nicht werden, aber ein österreichisches Mailüfterl wird sie allemal." Der Name ist der Maschine geblieben [Zem01]. IBM hat die Maschine gekauft und für Zemanek und seine Mithelfer die IBM-Laboratorien Wien eingerichtet. Später wurde Zemanek selbst Präsident der IFIP (International Federation of Information Processing) und Professor ist er auch schon lange.

Heinz Rutishauser (1918–1970)

Rutishauser hat sich 1951 an der ETH habilitiert und hat die Habilitationsschrift 1 Jahr später bei Birkhäuser unter dem Titel „Automatische Rechenplanfertigung bei programmgesteuerten Rechenmaschinen" [Rut52] veröffentlicht. Diese Schrift wurde die Urmutter aller prozeduralen Programmiersprachen.

Rutishauser wurde 1962 o.Prof. an der ETH und 1968 Leiter der Fachgruppe Computerwissenschaften, aus der das Institut für Informatik und dann das Departement Informatik hervorgegangen ist.

Auch bei mathematischen Algorithmen hat er Wesentliches geleistet. Sein Quotienten-Differenzen-Algorithmus von 1957 ermöglicht es, algebraische Gleichungen so zu lösen, dass Genauigkeitsverlust durch Auslöschung vermieden wird.

Abbildung 3.3: Habilitationsschrift von Heinz Rutishauser (Nachdruck 1961)

Die großen Beginner

Bisher war von Pionieren die Rede, die von Beginn ihrer Karriere an mit Ziffernrechnung und Programmierung zu tun hatten, und das begonnen haben, was wir heute Informatik nennen. Jetzt ist noch über Persönlichkeiten zu sprechen, die nach dem Ende des zweiten Weltkriegs bereits den Gipfel ihrer Laufbahn erreicht hatten und durch deren aktive Unterstützung die Pioniere erst jene Bedeutung erlangten, die man ihnen heute mit Recht zuschreibt. Die Rede ist von

- Eduard Stiefel, 1909–1984
- Robert Sauer, 1898–1970
- Alwin Walther, 1898–1967
- Rudolf Inzinger, 1907–1980

Allen Genannten ist gemeinsam: Sie waren Professoren an Technischen Hochschulen, Stiefel in Zürich, Sauer in München, Walther in Darmstadt und Inzinger in Wien. Alle Genannten waren Mathematiker, hatten nie die Absicht, etwas anderes zu sein, und waren aktiv mit Rechentechnik befasst. Stiefel, Sauer und Walther bauten oder förderten den Bau von programmgesteuerten Ziffernrechenanlagen, alle Rechenanlagen in Deutschland waren Einzelfertigungen und jede Hochschule hatte bestenfalls Mittel für *ein* Gerät: Bei Sauer war das die PERM (Programmgesteuerter elektronischer Rechenautomat München), bei Walther die DERA-Serie (Darmstädter elektronischer Rechen-Automat). Inzinger mietete bei IBM Maschinen, zuerst die bereits genannte 604, die erst später durch die programmgesteuerte und seriengefertigte IBM 650 ersetzt wurde. Stiefel setzte sich für den Bau der schon genannten ERMETH ein. Als Teubner-Autor verfasste er das Buch „Einführung in die numerische Mathematik" [Sti61], das in den 60er-Jahren des vorigen Jahrhunderts viel gelesen wurde und in dem unter anderem der Quotienten-Differenzen-Algorithmus von Rutishauser beschrieben wird. Stiefel war wie die anderen genannten „nur" Mathematiker, gehörte aber einer besonderen Elite an: Als Reserveoffizier war er Obrist der Schweizerischen Armee. Die Obristen trafen sich regelmäßig zu Waffenübungen. Alle hatten hervorragende Positionen in der Wirtschaft und der Wissenschaft in so gut wie allen Disziplinen. Sie redeten daher nicht nur über Waffen, sondern über die Belange der Schweiz. Den anderen deutschsprachigen Ländern fehlt ein derartiges kompetentes und fachübergreifendes Gremium.

Literaturverzeichnis

[Rut52] RUTISHAUSER, HEINZ: *Automatische Rechenplanfertigung bei programmgesteuerten Rechenmaschinen.* Birkhäuser, Basel, 1952.

[SS88] SCHWEIER, URSULA und DIETMAR SAUPE: *Funktions- und Konstruktionsprinzipien der programmgesteuerten mechanischen Rechenmaschine Z1.* Technischer Bericht 321 der Arbeitspapiere der GMD, Gesellschaft für Mathematik und Datenverarbeitung MBH, 1988.

[Sti61] STIEFEL, EDUARD: *Einführung in die numerische Mathematik.* Nummer 2 in *Leitfäden der angewandten Mathematik und Mechanik.* Teubner, Stuttgart, 1961.

[Zem01] ZEMANEK, HEINZ: *Vom „Mailüfterl" zum Internet.* Picus Verlag, Wien, 2001.

4 Auf der Suche nach dem Codierungs-Gral für genetische Algorithmen

Karsten Weicker, Hochschule für Technik, Wirtschaft und Kultur Leipzig, Fakultät Mathematik, Informatik und Naturwissenschaft

Zusammenfassung. Die umstrittene Frage nach dem „wichtigsten" Operator im genetischen Algorithmus – Mutation oder Crossover – hängt eng zusammen mit der Frage nach der richtigen binären Codierung. Gray- und standardbinärer Code bringen unterschiedliche Vor- und Nachteile in einen genetischen Algorithmus ein. Diese Arbeit beschäftigt sich mit der Suche nach einer Codierung, welche die Vorteile beider Codes vereinbart, und berichtet von einem Teilerfolg für mit 4 Bits encodierten Zahlen.

4.1 Motivation

In dieser Arbeit betrachten wir den klassischen (oder kanonischen) *genetischen Algorithmus*, der sich durch binär codierte Lösungskandidaten, die sog. *Individuen*, auszeichnet. Mehrere solche Individuen, die sog. *Population*, werden einem iterierten, der natürlichen Evolution nachempfundenen Ablauf unterworfen, in welchem mehrere Individuen gemäß ihrer Güte zur Lösung des Problems, der sog. *Fitness*, miteinander durch einen Crossover-Operator kombiniert sowie einzelne Individuen leicht verändert (mutiert) werden.

Warum genetische Algorithmen (so gut) optimieren, ist in der Literatur nicht unumstritten. So argumentieren die Personen um den ursprünglichen Erfinder John Holland [Hol73], dass die binäre Codierung und die Bewahrung von Hyperebenen (Schemata) bei der Rekombination von besonderer Bedeutung ist [Gol89]. Andere Autoren argumentieren allerdings, dass die treibende Kraft die Mutation und ein darauf aufbauendes Hillclimbing ist [Müh92].

Eng damit ist auch die Diskussion um die „richtige" Codierung verknüpft. So haben [CS88] bereits 1988 gezeigt, dass der Gray-Code die sog. Hamming-Klippen entfernt – sprich: zwei im Integerraum benachbarte Werte sind auch in der codierten Form nur ein invertiertes Bit voneinander entfernt –, was vorteilhaft für die Mutation ist. Bereits in der Folgearbeit [CSE89] haben sie experimentell gezeigt, dass der Crossover-Operator nicht so gut mit der Gray-Codierung zurecht kommt. Als Konsequenz haben sie multiple Repräsentationen vorgeschlagen. Darrell Whitley hat in den Folgejahren eine ganze Reihe an Untersuchungen zum Gray-Code vorgestellt, die sich häufig mit der Anzahl der durch die Codierung induzierten lokalen Optima befassen [WR97]. Zur Verbesserung einer rein Gray-Code basierten Repräsentation wurde in [RW97] vorgeschlagen, während der Optimierung zwischen 2^{ℓ} verschiedenen Gray-Codes (bei ℓ Bits) zu wechseln. Dieses Wechseln wird als Shifting bezeichnet und ändert die Zuordnung der Zahlen durch die Verschiebung $(x+1) \mod 2^{\ell}$.

Zwei jüngere Untersuchungen haben die Klasse der Funktionen für $\ell = 3$ untersucht: [Rot02] zeigt experimentell, dass die standardbinäre Codierung in einem GA ohne Mutation das Integer-One-Max-Problem zuverlässiger löst – dies wird in der Analyse auf die mangelhafte Schema-Verarbeitung des Gray-Code zurückgeführt. [CJ03] analysiert den GA und den stochastischen Hillclimber mit einer Markov-Kette und beweist, dass einerseits die standardbinäre Codierung über alle Probleme gesehen dem Gray-Code überlegen ist und dass es insbesondere auch dann, wenn der Gray-Code tatsächlich weniger lokale Minima induziert als die Standardcodierung, einige Probleme gibt, die mit einer binären Codierung schneller gelöst werden – auch wenn in dieser Klasse die Gray-Codierung im Mittel besser ist.

In diesem Beitrag möchten wir uns auf die Suche begeben, ob es nicht eine ganz andere binäre Codierung gibt, die evtl. die Eigenschaften des Gray-Codes und der standardbinären Codierung besser miteinander vereinbart – den Codierungs-Gral.

4.2 Anforderungen an eine Codierung

Es gibt 2^{ℓ} Bitstrings der Länge ℓ und damit $(2^{\ell})!$ mögliche Codierungen, diese Bitstrings auf die Werte $0, \ldots, 2^{\ell} - 1$ abzubilden, denn jede solche Codierung kann als eine Permutation der Zahlen von 0 bis $(2^{\ell} - 1)$ aufgefasst werden. Die standardbinäre Codierung und der übliche reflected Gray-Code zeichnen sich nun insbesondere dadurch aus, dass sie leicht und vor allem skalierend algorithmisch umsetzbar sind.

Nun ist es aber bekannt, dass darüber hinaus noch viele andere Gray-Codes existieren [Gil58]. Insbesondere wenn wir davon Abstand nehmen, dass auch die Werte 0 und $2^{\ell} - 1$ durch einen einzelnen Bitflip ineinander überführbar sind, erhält man als Gray-Code nicht nur die Hamiltonkreise sondern auch die Hamiltonpfade im Hypercube (vgl. Abb. 4.1).

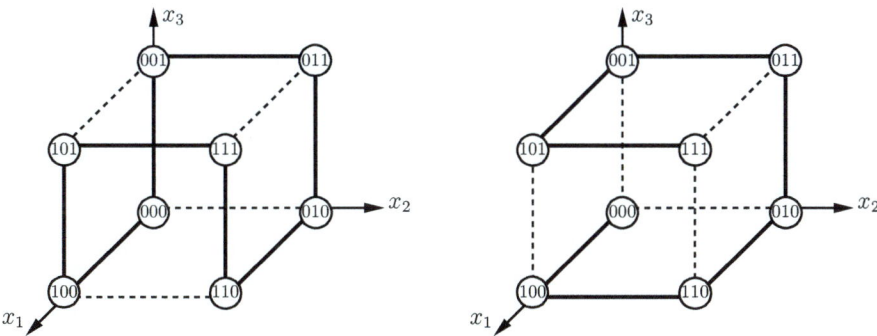

Abbildung 4.1: Links ist der reflected Gray-Code als Hamiltonkreis und rechts ein willkürlich gewählter Gray-Code als Hamiltonpfad dargestellt.

Wenn wir zunächst einmal Fragen der effizienten und skalierenden Berechnung einer Codierung außen vor lassen, können wir prinzipiell alle $(2^\ell)!$ Codierungen heranziehen und prüfen, inwieweit sie die Gray-Code-Eigenschaft und eine Schema-Unterstützung bietet. Diese beide Kriterien formulieren wir wie folgt:

- Für den Grad der Gray-Codierung berechnen wir den zu minimierenden Wert

$$graygrad(kod) = \frac{1}{2^\ell} \cdot \sum_{i=0}^{2^\ell-1} (\chi(i,i-1) + \chi(i,i+1))$$

$$\text{mit } \chi(a,b) = \begin{cases} 0, & \text{falls } dist_{Hamming}(kod(a),kod(b)) = 1 \\ 1, & \text{sonst.} \end{cases}$$

Die möglichen Werte sind aus dem Intervall $[\frac{1}{2^{\ell-1}}, 2]$. Die untere Grenze folgt aus $\chi(0,-1) = 1$ und $\chi(15,16) = 1$ wegen Uncodierbarkeit der Werte -1 und 16. Konkret ist für $\ell = 4$ der Wert 0.125 minimal.

- Für den Grad der Schema-Unterstützung berechnen wir den zu minimierenden Wert

$$schemagrad(kod) = \frac{1}{\ell} \cdot \sum_{k=0}^{l} \left(-\left| \frac{1}{2^{\ell-1}} \cdot \sum_{i=0}^{2^\ell-1} \psi(i,k) \right| \right)$$

$$\text{mit } \psi(i,k) = \begin{cases} i, & \text{falls } (\lfloor \frac{i}{2^k} \rfloor) = 1(mod2) \\ -i, & \text{sonst.} \end{cases}$$

Diese Maßzahl ist umso größer, je ähnlicher sich die Durchschnittswerte der komplementären Schemata mit Ordnung 1 sind. Ist also z.B. kaum ein Unterschied zwischen den Fitnesswerten in *1** und *0**, geht nur ein sehr kleiner Betrag negativ in die Berechnung ein. Die Werte kommen aus dem Intervall $[-2^{\ell-1}, 0]$, wobei die untere Grenze so durch eine Codierung nie erreicht wird.

Um den Berechnungsaufwand akzeptabel zu halten, haben wir hier nur Bitstrings der Länge $l = 4$ betrachtet. Ferner haben wir die Codierung des Werts 0 mit dem Bitstring 0000 festgelegt. Dadurch werden auch alle Codierungen, die sich durch das oben angesprochene Shifting [RW97] ergeben, ausgeschlossen.

4.3 Resultierende Codierungen

In diesem Abschnitt präsentieren wir die Ergebnisse unserer Bewertung von $(2^4 - 1)! = 15!$ Codierungen, die alle bezüglich der Kriterien aus dem vorherigen Abschnitt untersucht wurden. Die Messlatte wird durch die beiden üblichen Codierungen vorgegeben (siehe Tab. 4.1).
Daher hat uns zunächst interessiert, ob eine Codierung mit $graygrad(kod) = 0.125$ und $schemagrad(kod) = -3.75$ möglich ist.
Und tatsächlich wurden genau 48 Codierungen mit dieser Eigenschaft gefunden. Eine genauere Analyse zeigt, dass in allen der Bitstring 0001 auf einen ungeraden Wert abgebildet wird und dass der letzte Bitstring 1111 immer für die 14 steht.
Eher wahllos haben wir uns einen der 48 Kandidaten herausgegriffen, um ihn genauer zu untersuchen. Seine Wertezuordnung ist in Tab. 4.2 dargestellt.

Tabelle 4.1: Werte der Metriken für die beiden üblichen Codierungen.

	graygrad	*schemagrad*
Standardbinär	1.0	-3.75
Gray-Code	0.125	-2.0

Tabelle 4.2: Zuordnung der Werte in einer der gefundenen Codierungen.

0000=0	0100=7	1000=5	1100=6
0001=1	0101=10	1001=12	1101=11
0010=3	0110=8	1010=4	1110=15
0011=2	0111=9	1011=13	1111=14

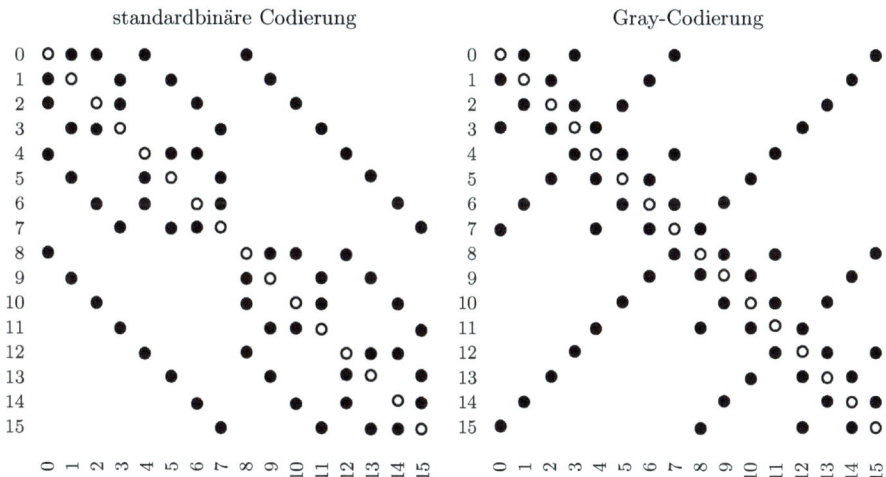

Abbildung 4.2: Nachbarschaft der Lösungskandidaten induziert durch eine Ein-Bit-Mutation für die standardbinäre Codierung und den Gray-Code (aus [Wei07]).

Analysieren wir zunächst die Gray-Code-Eigenschaft. Abb. 4.2 zeigt die durch eine Ein-Bit-Mutation induzierte Nachbarschaft bei den üblichen Codierungen. Deutlich erkennt man die Einbettung der phänotypischen Nachbarn an den besetzten Nebendiagonalen im Falle des Gray-Codes (rechts) und die Hamming-Klippen bei der Standardcodierung (links). Die neue Codierung ist in Abb. 4.3 dargestellt und zeichnet sich durchaus auch durch eine regelmäßige Struktur aus. Deutlich erkennt man, dass die besetzten Nebendiagonalen wie gefordert vorhanden sind. Die im reflected Gray-Code auffälligen Querdiagonalen wurden durch eher schlaufenförmige Strukturen ersetzt.

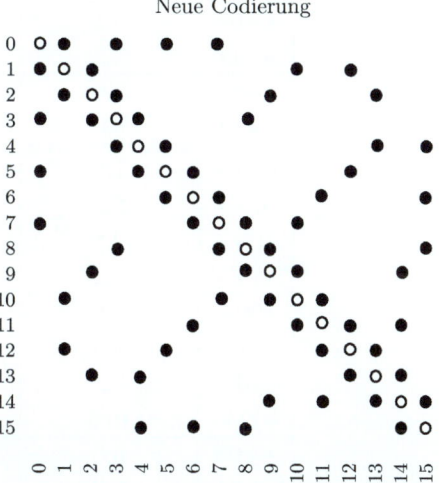

Abbildung 4.3: Nachbarschaft der Lösungskandidaten induziert durch eine Ein-Bit-Mutation für die standardbinäre Codierung und den Gray-Code.

Um die Schema-Verarbeitung der neuen Codierung zu beurteilen, betrachten wir die durchschnittliche Fitness der Schemata erster und zweiter Ordnung (Tab. 4.3) – wobei als Fitness der decodierte Integerwert herangezogen wird. Wie man deutlich an den Fitnessunterschieden der komplementären Schemata (z.B. *0** und *1**) erkennt, sind bei der standardbinären Codierung an allen Positionen Unterschiede in verschiedenen Abstufungen vorhanden. Beim Gray-Code gilt dies nur für die führenden Bits – gerade bei den Schemata zweiter Ordnung nivellieren sich die Fitnesswerte im Schema aufgrund der gespiegelten Konstruktion des Gray-Codes. Im neuen Code sind die Unterschiede vorhanden – wenn auch nicht so deutlich wie in der standardbinären Codierung.

Tabelle 4.3: Durchschnittliche Fitness für die Schemata mit Ordnung 1 und 2, wobei der decodierte Wert als Fitnesswert herangezogen wird.

	standardbinär	Gray-Code	neuer Code
0***	3.5	3.5	5.0
1***	11.5	11.5	10
*0**	5.5	7.5	5.0
*1**	9.5	7.5	10.0
**0*	6.5	7.5	6.5
**1*	8.5	7.5	8.5
***0	7.0	7.0	6.0
***1	8.0	8.0	9.0
00**	1.5	1.5	1.5
01**	5.5	5.5	8.5
10**	9.5	13.5	8.5
11**	13.5	9.5	11.5
00	4.5	7.5	4.5
01	6.5	7.5	5.5
10	8.5	7.5	8.5
11	10.5	7.5	11.5
**00	6.0	7.5	4.5
**01	7.0	7.5	8.5
**10	8.0	7.5	7.5
**11	9.0	7.5	9.5

4.4 Experimente

Abschließend wird die neuen Codierung experimentell untersucht. Wir führen Optimierungen für drei unterschiedliche Fitnessfunktionen durch.

- ein *IntegerMin*-Problem, bei dem 30 (bzw. 10) wie oben kodierte Werte $\{0, \ldots, 15\}$ minimiert werden sollen. Die Fitness ist die Summe der Werte.

$$f_1(x_1, \ldots, x_{dim}) = \sum_{i=1}^{dim} x_i \qquad \text{für } dim \in \{10, 30\}$$

- die *Sphäre*, bei der die Summe der Quadratzahlen von 30 Werten aus $\{-7, \ldots, 8\}$ minimiert wird.

$$f_2(x_1, \ldots, x_{30}) = \sum_{i=1}^{30} x_i^2$$

- eine Variante der *Rosenbrock*-Funktion, bei der 30 Suchraumdimensionen mit Werten aus $\{-2, -1.5, -1, \ldots, 5.5\}$ optimiert werden. Das Minimum liegt bei $(1, \ldots, 1)$.

$$f_3(x_1, \ldots, x_{30}) = \sum_{i=1}^{29} \left(100 \cdot (x_i^2 - x_{i+1})^2 + (1 - x_i)^2\right)$$

Alle betrachteten Funktionen sind unimodal. Das IntegerMin-Problem sollte von der standardbinären Codierung besonders gut gelöst werden, da die Schema-Abstufung sich dort direkt in den Fitnesswerten wiederfindet. Die Sphäre ist eher für mutationsorientierte Algorithmen geeignet, was die Gray-Codierung begünstigen sollte. Die Rosenbrock-Funktion ist als einzige nicht separierbar, d. h. es bestehen Abhängigkeiten zwischen den Suchraumdimensionen, was keine der Codierungen bevorzugt und das Problem schwieriger macht.

Bei der experimentellen Untersuchung haben wir jedes Optimierungsszenario 200 Mal durchgeführt und ein Maximum an 10000 Generationen erlaubt. Die Populationsgröße war auf 100 Individuen festgelegt. Wir stoppen jeweils einen Optimierungslauf, sobald das Optimum zum ersten Mal gefunden wurde. Über die 200 Experimente messen wir, wie viele das Optimum gefunden haben, sowie wie lange diese im Durchschnitt dafür gebraucht haben. Die Ergebnisse sind in Tab. 4.4 aufgelistet.

Wie man sieht ist die standardbinäre Codierung dem Gray-Code in allen getesteten GA-Parametrisierungen auf dem IntegerMin-Problem überlegen. Die neue Codierung erreicht zwar beim GA mit Mutation und Rekombination sowie beim GA

Tabelle 4.4: Ergebnisse der Experimente

	Standardbinär		Gray-Code		Neuer Code	
	Erfolg	Dauer	Erfolg	Dauer	Erfolg	Dauer
IntegerMin (30-dim.) Mutation, 70% Crossover	200	85	200	115	200	104
IntegerMin (30-dim.) nur Mutation	200	203	200	259	200	250
IntegerMin (10-dim.) nur Crossover	28	15	6	13	29	14
Sphäre (30-dim.) mit Mutation, 70% Crossover	0	–	200	106	200	115
Sphäre (30-dim.) nur Mutation	0	–	200	226	200	236
Rosenbrock (30-dim.) mit Mutation, 70% Crossover	8	7382	108	4769	39	5910

nur mit Mutation nicht die Geschwindigkeit der standardbinären Codierung, liefert aber Ergebnisse zwischen den beiden üblichen Codierungen. Bezüglich eines rein crossoverbasierten GA sind die Ergebnisse sogar vergleichbar zur standardbinären Codierung.

Die Sphäre ist für die standardbinäre Codierung schwierig, weil die komplementären Schemata jeweils eine sehr ähnliche durchschnittliche Fitness besitzen. Ebenfalls wird die nicht-separierbare Rosenbrock-Funktion durch die standardbinäre Codierung schlechter gelöst als durch den Gray-Code. Auch bei diesen Funktionen liegen die Ergebnisse der neuen Codierung eher in der Nähe der besseren Codierung – bei der Sphäre sogar recht nah, bei der Rosenbrock-Funktion waren wenigstens 39 Optimierungen erfolgreich.

Deutlich erkennt man, dass die Codierung tatsächlich beide Anwendungsspektren der Codierungen miteinander vereint, womit das grundsätzliche Ziel dieses Artikels erreicht wurde.

4.5 Fazit und Ausblick

Bei der Suche nach dem Codierungs-Gral sind wir ein kleines Stückchen voran gekommen: Wir haben gezeigt, dass es zumindest für mit 4 Bit encodierte Zahlen eine Codierung gibt, die die extremen Ausfälle der beiden anderen Codierungen jeweils vermeidet bzw. abschwächt.

Inwieweit eine solche Suche überhaupt erfolgsversprechend ist, hängt von vielen Faktoren ab. Ein zu diskutierender Punkt ist sicherlich das „No Free Lunch"-Theorem [WM97; Cul98], welches natürlich auch hier übertragen besagt, dass gemittelt über alle möglichen Probleme alle Codierungen gleich gut sind. Vor diesem Hintergrund muss man allerdings sehen, dass nicht alle Probleme „interessant" sind: Da wir auf eine Einbettung benachbarter Punkte wert legen, schränken wir das gesamte Spektrum auf eher „glatte" Funktionen ein. So haben beispielsweise auch [WR97; Whi99] gezeigt, dass auf Problemen mit beschränkter Komplexität (bzgl. der Anzahl der induzierten lokalen Optima) der Gray-Code im Mittel besser ist als der standardbinäre Code.

Desweiteren stellt sich die Frage, inwieweit die Ergebnisse verallgemeinerbar sind. Einerseits sind andere Fitnessfunktionen zu berücksichtigen, wie z. B. auch multimodale Probleme. Andererseits liefern wir hier keinen allgemeinen Decodieralgorithmus für mit beliebiger Genauigkeit encodierte Integerwerte. Darauf werden wir uns in einer Folgearbeit konzentrieren – die Suche nach dem Codierungs-Gral dauert also an.

Literaturverzeichnis

[CJ03] CHAKRABORTY, UDAY K. und CEZARY Z. JANIKOW: *An analysis of Gray versus binary encoding in genetic search.* Information Sciences, 156:253–269, 2003.

[CS88] CARUANA, R. A. und J. D. SCHAFFER: *Representation and hidden bias: Gray versus binary coding in genetic algorithms.* In: LEARD, J. (Herausgeber): *Proc. of the 5th Int. Conf. on Machine Learning*, Seiten 153–161, San Mateo, CA, 1988. Morgan Kaufmann.

[CSE89] CARUANA, RICHARD A., J. DAVID SCHAFFER und LARRY J. ESHELMAN: *Using Multiple Representations to Improve Inductive Bias: Gray and Binary Coding for Genetic Algorithms.* In: SEGRE, ALBERTO MARIA (Herausgeber): *Proc. of the Sixth Int. Workshop on Machine Learning*, Seiten 375–378, San Mateo, CA, 1989. Morgan Kaufmann.

[Cul98] CULBERSON, JOSEPH C.: *On the futility of blind search: An algorithmic view of "No free lunch".* Evolutionary Computation, 6(2):109–127, 1998.

[Gil58] GILBERT, E. N.: *Gray codes and paths on the n-cube.* Bell Systems Technical Journal, 37:815–826, 1958.

[Gol89] GOLDBERG, DAVID E.: *Zen and the art of genetic algorithms*. In:
         SCHAFFER, J. D. (Herausgeber): *Proc. of the Third Int. Conf. on Gene-
         tic Algorithms*, Seiten 80–85, San Mateo, CA, 1989. Morgan Kaufmann.

[Hol73] HOLLAND, JOHN H.: *Genetic algorithms and the optimal allocation of
         trials*. SIAM Journal on Computing, 2(2):88–105, 1973.

[Müh92] MÜHLENBEIN, HEINZ: *How genetic algorithms really work: I. Muta-
         tion and hillclimbing*. In: MÄNNER, R. und B. MANDERICK (Heraus-
         geber): *Parallel Problem Solving from Nature 2*, Seiten 15–25, Amster-
         dam, 1992. Elsevier Science.

[Rot02] ROTHLAUF, FRANZ: *Binary representations of integers and the perfor-
         mance of selectorecombinative genetic algorithms*. In: MERELO GUER-
         VÓS, JUAN JULIÁN, PANAGIOTIS ADAMIDIS, HANS-GEORG BEYER,
         JOSÉ-LUIS FERNÁNDEZ-VILLACAÑAS und HANS-PAUL SCHWEFEL
         (Herausgeber): *Parallel Problem Solving from Nature – PPSN VII*, Sei-
         ten 99–108, Berlin, 2002. Springer.

[RW97]   RANA, SORAYA B. und L. DARRELL WHITLEY: *Bit representations
         with a twist*. In: BÄCK, THOMAS (Herausgeber): *Proc. of the Seventh
         Int. Conf. on Genetic Algorithms*, Seiten 188–195, San Francisco, CA,
         1997. Morgan Kaufmann.

[Wei07] WEICKER, KARSTEN: *Evolutionäre Algorithmen*. Teubner, 2 Auflage,
         2007.

[Whi99] WHITLEY, D.: *A free lunch proof for Gray versus binary encodings*.
         In: BANZHAF, WOLFGANG, JASON DAIDA, AGOSTON E. EIBEN,
         MAX H. GARZON, VASANT HONAVAR, MARK JAKIELA und RO-
         BERT E. SMITH (Herausgeber): *Proc. of the Genetic and Evolutionary
         Computation Conf. GECCO-99*, Seiten 726–733, San Francisco, CA,
         1999. Morgan Kaufmann.

[WM97]   WOLPERT, DAVID H. und WILLIAM G. MACREADY: *No free lunch
         theorems for optimization*. IEEE Trans. on Evolutionary Computation,
         1(1):67–82, 1997.

[WR97]   WHITLEY, DARRELL und SORAYA RANA: *Representation, search and
         genetic algorithms*. In: *AAAI–97: 14th National Conf. on Artificial In-
         telligence*, Seiten 497–502. AAAI Press/MIT Press, 1997.

5 Computerunterstütztes Modellieren mit Musiknetzen

Ulla Levens, Carl von Ossietzky Universität Oldenburg, Institut für Musik.

Zusammenfassung. In der folgenden Ausführung geht es um eine Anwendung von Petri-Netzen im Bereich Musik. Ausgehend von der Implementierung einer speziellen Anwendung, dem Programmsystem ScoreSynth, wird das zugrundeliegende Konzept erläutert und anschließend an einem kleinen Beispiel veranschaulicht. Dieser Beitrag ist ein Auszug aus [Lev95b].

5.1 Einleitung

Petri-Netze, eine Methode aus dem Bereich der theoretischen Informatik, haben in den 90er Jahren zunehmend an Bedeutung gewonnen, einerseits zur Beschreibung und Analyse formaler Prozesse, andererseits zur graphischen Darstellung und Ausführung dieser Prozesse. Auch in der Praxis erweisen sich Petri-Netze als geeignet zur Modellierung und Bewertung komplexer Prozessabläufe in realen Systemen. So reichen Petri-Netz-Anwendungen von Betriebssystemen und Rechnerkopplung zu Verwaltung und Fertigungstechnik.

Nach langjähriger Forschung in der Anwendung von Petri-Netzen im Bereich Musik wurde an der Universität Mailand im Laboratorio di Informatica Musicale (LIM) Ende der 80er Jahre von Prof. Dr. Goffredo Haus und Alberto Sametti ein spezielles Konzept zur Anwendung von Petri-Netzen für die Beschreibung, Darstellung und Ausführung von Musikstücken entwickelt. Das Arbeiten nach diesem Konzept, das im folgenden als das „Mailänder Konzept" bezeichnet wird, erfolgt in zwei Arbeitsphasen: dem Erzeugen spezieller Petri-Netze und dem Ausführen dieser Netze. Diese Arbeitsphasen können beliebig oft durchlaufen werden, bis nach endlich vielen Arbeitsschritten ein Musikstück als Ergebnis vorliegt. Bei dem Prototypen ScoreSynth handelt es sich um eine Implementierung des Mailänder Konzeptes für einen Macintosh-Computer, bei der der Computer zur Unterstützung von Arbeitsprozessen eingesetzt wird. Mit dem Programmsystem ScoreSynth ist es möglich, komponierte Musikstücke entsprechend einer vorausgehenden Analyse der Stücke bezüglich ihrer musikalischen Struktur computerunterstützt zu modellieren (vgl. [HS92], [HR93] und [DH96]). Darüber hinaus kann ScoreSynth zum Entwerfen, Erzeugen und Gestalten von Musikstücken entsprechend einer musikalischen Idee eingesetzt werden (vgl. [Hau89]). Beim Entwerfen, Erzeugen und Gestalten von Musikstücken handelt es sich hier um einen interaktiven Prozess zwischen Mensch und Computer, in dem nach dem trial-and-error Verfahren ein Musikstück entsteht. Die Kontrolle der computerunterstützten Entstehungsprozesse liegt beim Menschen. Es handelt sich daher bei der Implementierung um ein Werkzeug für Musikerinnen und Musiker zum computerunterstützten Komponieren.

Das Modellieren von Musikstücken mit Petri-Netzen ist sowohl für Informatikerinnen und Informatiker als auch für Musikerinnen und Musiker interessant. Stellen sich für Musikerinnen und Musiker Fragen wie: „Welche Möglichkeiten bieten Anwendungen der formalen Methode der Petri-Netze für Entwurf, Erzeugen und Gestalten von Musikstücken mit Hilfe eines Computers?" und „Inwieweit ist es möglich, musikalische Strukturen und Formen als Prozessabläufe darzustellen und auszuführen?", sind für Informatikerinnen und Informatiker Fragen von Bedeutung wie: „Welche Modifikationen und Erweiterungen der Standarddefinition von Petri-Netzen und ihrer Schaltregel sind notwendig, um die Netze zur Erzeugung von Musikstücken einsetzen zu können?", „Ist ein bestimmter Netztyp zur Modellierung von Musikstücken mehr geeignet als ein anderer?", „Welche Eigenschaften von Musikstücken müssen bei der Modellierung unbedingt berücksichtigt werden?" und „Welchen Kriterien müssen die eingesetzten Netze genügen?".

Musik ist eine Zeitkunst. Daher muss einer Modellierung von Musikstücken mit Hilfe von Petri-Netzen eine Zeitbewertung zugrundegelegt werden. Eine Zeitbewertung für Petri-Netze bedeutet eine Zeitbewertung der Netzelemente. In [Sta90] sind die verschiedenen Zeitbewertungen überblickartig beschrieben und definiert. Im Mailänder Konzept werden Zeitabläufe durch zeitbewertete Marken dargestellt, d.h. Musikstücke werden in Stellen abgespielt. Die Definition der Schaltregel zeitbewerteter Musiknetze erfolgte in Anlehnung an die Definition zeitbewerteter Marken bei [Sif80]. Durch eine Hierarchisierung von Musiknetzen wird der hierarchische Entwurf von Musikstücken unterstützt. Die Formalisierung hierarchischer Netzstrukturen siehe [Lev95b; Lev95a]. Die Ausführung hierarchischer Musiknetze entspricht der Ausführung zeitbewerteter Musiknetze, da hierarchische Musiknetze durch Einsetzen von Unternetzen in sogenannte flache Musiknetze übergehen.

Ein Konzept auf der Basis einer Implementierung zu formalisieren, bringt gewisse Probleme mit sich. In der Regel wird in umgekehrter Reihenfolge vorgegangen. Da mir größtenteils umgangssprachliche Beschreibungen mit wenigen Beispielen vorlagen, musste ich nach dem trial-and-error Verfahren vieles mit dem Programm selbst ausprobieren. Die Schwierigkeit bestand darin, durch geeignete Beispiele das zugrundeliegende Konzept in allen Einzelheiten zu erfassen, diese in mathematisch korrekten Definitionen festzuhalten und dabei verständlich zu bleiben (d.h. die Menge der benutzten Symbole nicht zu groß werden zu lassen, hochund tiefgestellte Indizes sparsam und sinnvoll einzusetzen sowie mnemotechnische Bezeichnungen zu wählen). Besonders kompliziert war die Formalisierung der Schaltregel für zeitbewertete Musiknetze. Ihre Komplexität spiegelt sich in den zahlreichen Fallunterscheidungen wider (siehe [Lev95b; Lev95a]).

5.2 Überblick über das Konzept

Im Mailänder Konzept werden Petri-Netze (PN) zur Darstellung und Ausführung von Ablaufstrukturen in Musikstücken eingesetzt und für die Verarbeitung von musikalischem Material mit algorithmischen Kompositionstechniken kombiniert. Die für die Anwendung benötigte Musikinformation, d.h. *musikalisches Material* einerseits und *auf diesem musikalischen Material ausführbare Manipulationen* andererseits, wird als *MIDI-orientierte*[1] *Musikobjekte und Algorithmen* definiert. Diese Musikinformation wird während des interaktiven Erzeugungs- und Gestaltungsprozesses per Benutzerin oder Benutzer festgelegt. Das Mailänder Konzept basiert auf *S/T-Netzen*. Aufgrund *anwendungsbedingter Modifikationen* werden S/T-Netze zu *Musiknetzen* erweitert, d.h. es wird eine Zuordnungsvorschrift von Musikobjekten und Algorithmen zu Netzelementen definiert. Durch diese Zuordnungsvorschrift können *Musikobjekte an Stellen* (hier bezeichnet als *Musikobjektanbindung*) und *Algorithmen an Transitionen* (hier bezeichnet als *Algorithmenanbindung*) angebunden werden. Das während der Ausführung von Musiknetzen erzeugte Musikstück wird in eine Datei kopiert, so dass nach Beendigung des Netzablaufes das Musikstück als Partitur in dieser Datei (hier bezeichnet als *Partitur-Datei*) gespeichert ist und akustisch dargestellt werden kann. Durch das Musiknetz fließen *Marken*, die die *Ablaufsteuerung* übernehmen. Das Eintreffen von Marken auf Stellen kann Kopiervorgänge von Musikobjekten sowie Schaltvorgänge von Transitionen auslösen. Da Musik immer einen Ablauf in der Zeit impliziert, wird eine *Zeitbewertung für Musiknetze* definiert und die allgemeine Schaltregel für PN zu einer *Schaltregel für zeitbewertete Musiknetze* erweitert. Durch diese Schalt-

---

[1] Die MIDI-Norm (Musical Instruments Digital Interface) wurde 1983 entwickelt zur zentralen Steuerbarkeit eines Computermusiksystems sowie zur Kommunikation der einzelnen Geräte (elektronische und akustische Klangerzeuger) untereinander (vgl. [Int88] und [Phi86]). Sie ist zur Zeit die einzige digitale Standard-Schnittstelle für Musikinstrumente.

regel wird auch die Verarbeitung der angebundenen Musikinformation definiert. Die im Mailänder Konzept eingeführte Zeitbewertung legt fest, dass *nur das Kopieren von Musikobjekten in die Partitur-Datei musikalisch relevante Zeit benötigt*[2]. Der Zeitverbrauch der Schaltvorgänge von Transitionen sowie der Zeitverbrauch der auf den Musikobjekten durchgeführten Manipulationen fällt musikalisch nicht ins Gewicht. Es gilt die Vereinbarung, dass immer, wenn eine Transition schalten kann, sie es ohne Zeitverzögerung tun muss, d.h. es gilt die *Sofortschaltregel*. Weiterhin wird vereinbart, dass der Kopiervorgang eines Musikobjektes unmittelbar nach dem Belegen der entsprechenden Stelle mit einer Marke durchgeführt wird und dass erst anschließend die Transition im Nachbereich dieser Stelle aktiviert ist und ihren Schaltvorgang durchführen kann. Durch diese beiden Vereinbarungen werden alle Kopiervorgänge von Musikobjekten im Netz zeitlich exakt in Beziehung gesetzt, d.h. getaktet. Ein an eine Transition angebundener Algorithmus wird während des Schaltvorgangs dieser Transition auf dem Musikobjekt ihres Vorbereiches bzw. bei mehreren Musikobjekten im Vorbereich auf dem zuvor parallelisierten Musikobjekt ausgeführt. Während der Netzausführung können aufgrund bestimmter Netzstrukturen und Markenbelegungen *Konflikte* auftreten. Sie werden im Mailänder Konzept *nach dem Prinzip der Gleichverteilung* als Wahrscheinlichkeitsverteilung von Zufallsvariablen *gelöst*. Musiknetze können sowohl *deterministisch* sein, d.h. der Ablauf des Netzes wird vor der Netzausführung genau festgelegt, als auch *nichtdeterministisch* sein, d.h. der Ablauf des Netzes wird erst während der Netzausführung bestimmt.

Einen Einblick in die Definition des Mailänder Konzeptes geben die folgenden beiden Definitionen von Musiknetzen. Auf die Definition der umfangreichen Schaltregel für zeitbewertete Musiknetze wurde aus Platzgründen in diesem Beitrag verzichtet. Sie ist in [Lev95b; Lev95a] nachzulesen.

Definition 1 *Ein* Musiknetz[3] *ist definiert als Tupel* $MN = (S, T, F, K, W, A, I_0, M_0)$ *mit:*

---

[2] Diese Zeit entspricht dem realen Zeitverbrauch der akustischen Darstellung von Musikobjekten (d.h. der Dauer des Abspielens der Musikobjekte).

[3] In der Literatur ist die Definition der Musiknetze folgendermaßen angegeben (vgl. [HS92], S. 3): (P, T, A) ist ein Petri-Netz mit $p := \langle identifier, tokens, capacity, MIDI\ channel, object, play, file \rangle$, $t := \langle identifier, algorithm \rangle$, $a := \langle node\text{-}from, node\text{-}to, multiplicity \rangle$ für alle $p \in P$, $t \in T$, $a \in A$.

Nach G. Cantor ist eine Menge definiert als Zusammenfassung M von bestimmten wohlunterschiedenen Objekten unserer Anschauung und unseres Denkens zu einem Ganzen. Daher ist es für die Definition der Musiknetze nicht notwendig, für Stellen und Transitionen „identifier" einzuführen. Für die Implementierung sind „identifier" zur Unterscheidung von Stellen (Transitionen) jedoch wichtig, da bei der Benutzung von Makro-Musiknetzen die Zuordnung von Attributen einer Modifikationsliste zu Netzelementen eines Makro-Musiknetzes mittels „identifier" erfolgt. Ebenso sind zur graphischen Darstellung von Musiknetzen „identifier" wichtig. In der vorliegenden Arbeit werden „identifier" sowohl zur Unterscheidung von Stellen (Transitionen) als auch zur Un-

1. $N = (S, T, F, K, W, M_0)$ *ist ein S/T-Netz mit* $|\bullet t| \geq 1$ *und* $|t \bullet| \geq 1$, *für* $\forall t \in T$.[4]
   Ein S/T-Netz besteht aus:
   $S = $ *endliche Menge ("Stellen"),*
   $T = $ *endliche Menge ("Transitionen"),*
   $F \subseteq (S \times T) \cup (T \times S)$ *Flussrelation,*
   $K : S \rightarrow \mathbb{N}$ *die Kapazitätsfunktion,*
   $W : F \rightarrow \mathbb{N}$ *die Kantengewichtsfunktion und*
   $M_0 : S \rightarrow \mathbb{N}_0$ *die Anfangsmarkierung.*

2. $I_0 : S \rightarrow \{0, ..., 15\} \times \Sigma_1^* \times \{true, false\} \times \{true, false\} \cup \{\bot\}$ *mit* Σ_1 *ist definiert als die Menge der terminalen Symbole der BNF-Grammatik für Musikobjekte. Durch* I_0 *wird jeder Stelle* $s \in S$ *entweder ein Musikobjekt mit weiteren Daten oder kein Musikobjekt* ($\bot$) *zugewiesen. Die weiteren Daten bedeuten im einzelnen: der MIDI-Kanal[5], auf dem das Musikobjekt übertragen wird, der codierte Inhalt des Musikobjektes, das Kopieren des Musikobjektes in die Partitur-Datei (ja/nein) und das Gespeichertsein[6] des Musikobjektes als Datei (ja/nein).* $I_0(s)$ *wird* Anfangs-Musikobjektanbindung *genannt.*

3. $A : T \rightarrow \Sigma_2^* \cup \{\bot\}$ *mit* Σ_2 *ist definiert als die Menge der terminalen Symbole der BNF-Grammatik für Algorithmen. Durch* A *wird jeder Transition* $t \in T$ *ein Algorithmus, der auf Musikobjekten auszuführende Operationen beschreibt, oder kein Algorithmus* ($\bot$) *zugewiesen.* $A(t)$ *wird* Algorithmenanbindung *genannt.*

Definition 2 *Sei* $MN = (S, T, F, K, W, A, I_0, M_0)$ *ein Musiknetz, dann heißt das Tupel* $NT = (MN, \delta)$ zeitbewertetes Musiknetz, *wobei* $\delta : MO_s \rightarrow \mathbb{Q}_0^+$ *die Abbildung ist, die jedem Musikobjekt* $mo \in MO_s$ *seine Dauer* $\delta(mo)$ *zuordnet.*

5.3 Darstellung und Ausführung eines nichtdeterministischen Musiknetzes

Seit der Avantgarde der zeitgenössischen Musik in der ersten Hälfte des 20. Jh. wird der Zufall in die Gestaltung von Klängen und der musikalischen Form von

---

terscheidung von Stellen mit und ohne angebundenem Musikobjekt (Transitionen mit und ohne angebundenem Algorithmus) eingeführt (vgl. Abschnitt 5.5).

[4] Durch diese Einschränkung wird sichergestellt, dass jede Transition mindestens je eine Stelle in ihrem Vor- und Nachbereich hat. In Musiknetzen ist das Vorhandensein von Ein-/Ausgabedaten für eine Verarbeitung von Musikobjekten in Transitionen notwendig.

[5] Die gesendeten MIDI-Daten können auf bis zu 16 MIDI-Kanäle gleichzeitig verteilt werden.

[6] Hierdurch wird festgelegt, ob das angebundene Musikobjekt als Standard MIDI File (SMF) gespeichert ist, d.h. ob es sich um ein beständiges oder ein unbeständiges Musikobjekt handelt.

Musikstücken einbezogen. Für die Modellierung von Musikstücken, denen aleatorische Kompositionsprinzipien zugrunde liegen, spielen die computerunterstützte Darstellung und Ausführung nichtdeterministischer Abläufe eine wichtige Rolle. Die Modellierung eines indeterministischen Musikstücks wird im folgenden Beispiel veranschaulicht.

In dem folgenden Beispiel wird *ein einziges vorgegebenes Musikobjekt mit Hilfe verschiedener Algorithmen manipuliert und diese Manipulationen zu verschiedenen Melodien zusammengesetzt.* Der Modellierung wird ein nichtdeterministisches S/T-Netz, eine Kombination der S/T-Netze SEQUENZ und AUSWAHL zugrunde gelegt. Es werden verschiedene Algorithmen als Rahmen vorgegeben, erst während der Netzausführung wird bezüglich der Algorithmen eine Auswahl getroffen und diese dann ausgeführt.

Ausgangspunkt der Modellierung sind sechs 8-taktige Melodien, die in Abb. 5.1–5.6 in traditioneller Notenschrift dargestellt sind. Eine Analyse dieser Melodien ergibt als musikalisches Basismaterial eine 4-taktige Phrase (vgl. Abb. 5.1, Takt 1–4), die auf vielfältige Weise verändert wird. Dabei handelt es sich im einzelnen um:

- die Bildung des Krebses aus dem Basismaterial (vgl. Abb. 5.1, Takt 5–8),
- das zyklische Verschieben des Basismaterials um drei Töne nach links (vgl. Abb. 5.2, Takt 5–8),

Abbildung 5.1: Eine Melodie bestehend aus der Phrase *A* (Takt 1–4) und ihrem Krebs (5–8)

Abbildung 5.2: Eine Melodie bestehend aus *A* und einer zyklischen Verschiebung von *A*

Abbildung 5.3: Eine Melodie bestehend aus einer Transposition von $A(A')$ und dem Krebs von A'

Abbildung 5.4: Eine Melodie bestehend aus A' und einer zyklischen Verschiebung von A'

Abbildung 5.5: Eine Melodie bestehend aus einer Spiegelung der Phrase $A(A')$ und dem Krebs von A'

Abbildung 5.6: Eine Melodie bestehend aus A' und einer zyklischen Verschiebung von A'

Abbildung 5.7: Das Musikobjekt *A* dargestellt in traditioneller Notenschrift

- die Transposition des Basismaterials um eine kleine Terz aufwärts (vgl. Abb. 5.3 und 5.4, jeweils Takt 1–4),
- die Bildung des Krebses dieser Transposition (vgl. Abb. 5.3, Takt 5–8),
- das zyklische Verschieben dieser Transposition um drei Töne nach links (vgl. Abb. 5.4, Takt 5–8),
- die Spiegelung des Basismaterials an der Tonhöhe g^1 (vgl. Abb. 5.5 und 5.6, jeweils Takt 1–4),
- die Bildung des Krebses dieser Spiegelung (vgl. Abb. 5.5, Takt 5–8),
- das zyklische Verschieben dieser Spiegelung um drei Töne (vgl. Abb. 5.6, Takt 5–8) nach links.

Für die Modellierung dieser sechs Melodien konstruieren wir das nichtdeterministische S/T-Netz SEQUENZ mit den Stellen $s1$, $s2$, $s3$, den Transitionen $t1$, $t2$, $t3$, $t4$ und der Anfangsmarkierung M_0, mit $M_0(s1) = 1$, $M_0(s2) = 0$ und $M_0(s3) = 0$. Das musikalische Basismaterial bestehend aus den Tönen d-g-a-h-c wird als Musikobjekt A vorgegeben (vgl. Abb. 5.7) und an die Stelle $s1$ im S/T-Netz angebunden. Dieses Musikobjekt soll während der Netzausführung nicht in die Partitur-Datei kopiert werden (graphisch dargestellt durch die helle Schattierung der Stelle $s1$). Zwei Musikobjekte A' und A'' werden als Platzhalter an die Stellen $s2$ und $s3$ angebunden. Erst während der Netzausführung werden sie mit aktuell berechnetem Inhalt versehen. Die Musikobjekte A' und A'' sollen während der Netzausführung in die Partitur-Datei kopiert werden (graphisch dargestellt durch die dunkle Schattierung der Stellen $s2$ und $s3$). Die Algorithmen $Alg1$, $Alg2$, $Alg3$, $Alg4$ und $Alg5$ werden an die Transitionen $t1$, $t2$, $t3$, $t4$, $t5$ angebunden. Durch die Anfangs-Musikobjektanbindung I_0 mit $I_0(s1) = A$, $I_0(s2) = A'$, $I_0(s3) = A''$ und die Algorithmenanbindung A mit $A(t1) = Alg1$, $A(t2) = Alg2$, $A(t3) = Alg3$, $A(t4) = Alg4$, $A(t5) = Alg5$ wird das S/T-Netz zu einem zeitbewerteten Musiknetz erweitert. Diese Musiknetz ist in Abb. 5.8 dargestellt.

Das vorgegebene Musikobjekt A wird durch die Ausführung dieses Musiknetzes entsprechend der Algorithmen $Alg1$ oder $Alg2$ oder $Alg3$ und $Alg4$ oder $Alg5$ in Tab. 5.1 manipuliert und zu einer der in Abb. 5.1–5.6 dargestellten 8-taktigen

Tabelle 5.1: Verbale Beschreibung der Algorithmen $Alg1$ bis $Alg5$

$Alg1$:= Lasse das Musikobjekt des Vorbereiches unverändert.

$Alg2$:= Transponiere die Tonhöhen des Musikobjektes aus dem Vorbereich jeweils um eine kleine Terz aufwärts.

$Alg3$:= Spiegele die Tonhöhen des Musikobjektes aus dem Vorbereich jeweils an der Tonhöhe g^1 unter Beibehaltung der Parameter Tondauer, Lautstärke, Klangfarbe.

$Alg4$:= Bilde den Krebs des Musikobjektes aus dem Vorbereich.

$Alg5$:= Verschiebe das Musikobjekt des Vorbereiches zyklisch um drei Töne nach links.

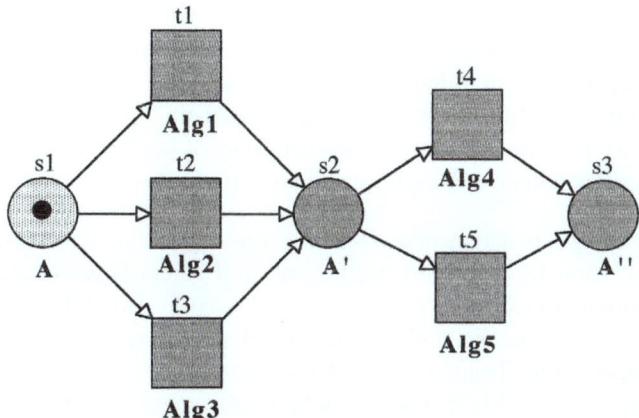

Abbildung 5.8: Ein nichtdeterministisches Musiknetz mit dem angebundenem Musikobjekt A, den angebundenen Algorithmen $Alg1$, $Alg2$, $Alg3$, $Alg4$, $Alg5$ und der Anfangsmarkierung M_0.

Melodien zusammengesetzt. D.h. bei jedem Netzablauf wird nach dem Wahrscheinlichkeitsprinzip der Gleichverteilung von den zur Verfügung stehenden Algorithmenkombinationen jeweils eine ausgewählt. Insgesamt ergeben sich durch das in Abb. 5.8 dargestellte Musiknetz sechs verschiedenen Versionen, die je mit einer Wahrscheinlichkeit von 1/6 erzeugt werden können.

Für das folgende Beispiel gelten folgende im Mailänder Konzept enthaltene Vereinbarungen:

- Jede Stelle im Netz kann höchstens eine Marke aufnehmen.
- Es fließt höchstens eine Marke zwischen zwei durch eine gerichtete Kante verbundenen Knoten.
- Als Musikobjekte werden Folgen von Tönen mit den Parametern MIDI-Kanal, Tonhöhe, Tondauer, Lautstärke und Pausen mit dem Parameter Pausendauer eingesetzt.
- Es gilt die Sofortschaltregel.
- Die Lösung von Konflikten erfolgt nach dem Prinzip der Gleichverteilung.
- Nur das Kopieren von Musikobjekten benötigt musikalisch relevante Zeit.
- Wird eine Stelle mit angebundenem und in die Partitur-Datei zu kopierendem Musikobjekt mit einer Marke belegt, so wird zuerst das Musikobjekt kopiert und dann die Transition aus dem Nachbereich dieser Stelle aktiviert. D.h. eine Transition mit angebundenem und zu kopierendem Musikobjekt im Vorbereich kann erst nach Beendigung des Kopiervorganges schalten.

Die Ausführung des dargestellten Musiknetzes beginnt, da das Musikobjekt A nicht in die Partitur-Datei kopiert werden soll, mit einem Schaltvorgang. Da alle drei Transitionen $t1$, $t2$ und $t3$ aktiviert sind, also ein Konflikt vorliegt, wird nach dem Wahrscheinlichkeitsprinzip der Gleichverteilung die schaltende Transition ausgewählt. Die Transition schaltet ohne Zeitverzögerung. Durch diesen Schaltvorgang wird eine Marke von der Stelle $s1$ abgezogen, der entsprechende Algorithmus auf dem Musikobjekt A ausgeführt und so das Musikobjekt A' erzeugt. Das Musikobjekt A' nimmt als konkretes Musikobjekt die Stelle des Platzhalters A' ein. Anschließend wird eine Marke auf die Stelle $s2$ gelegt. Das Musiknetz hat nun die Folgemarkierung M_1 angenommen, mit $M_1(s1) = 0$ und $M_1(s2) = 1$ und $M_1(s3) = 0$. Das Belegen der Stelle $s2$ mit einer Marke bewirkt das Kopieren des angebundenen und nun mit Inhalt gefüllten Musikobjektes A' in die Partitur-Datei. Nach Beendigung dieses Vorganges findet ein Schaltvorgang statt. Wiederum wird die schaltende Transition nach dem Prinzip der Gleichverteilung ausgewählt, da die Transitionen $t4$ und $t5$ gleichzeitig aktiviert sind. Die Transition schaltet ohne Zeitverzögerung. Durch diesen Schaltvorgang wird die Marke von $s2$ abgezogen, der entsprechende Algorithmus wird auf dem Musikobjekt A' ausgeführt und das Musikobjekt A'' erzeugt. Das Musikobjekt A'' nimmt als konkretes Musikobjekt die Stelle des Platzhalters A'' ein. Anschließend wird eine Marke auf die Stelle $s3$ gelegt. Das Musiknetz hat jetzt die Folgemarkierung M_2 angenommen, mit $M_2(s1) = 0$, $M_2(s2) = 0$ und $M_2(s3) = 1$. Das Belegen der Stelle $s3$ mit einer Marke bewirkt das Kopieren des angebundenen und nun mit Inhalt gefüllten Musikobjektes A'' in die Partitur-Datei. Da anschließend keine der Transitionen mehr schalten kann, ist die Netzausführung beendet. In der Partitur-Datei ist eines der gewünschten Musikstücke der Form $A'A''$ (vgl. Abb. 5.1–5.6) in speziellem ScoreSynth-Code gespeichert.

5.4 Ausblick

Das Mailänder Konzept eignet sich vor allem zur Modellierung traditionell komponierter Musikstücke wie die Fallstudien von Ravels Bolero und Strawinskys Sacre du Printemps gezeigt haben (vgl. [HR93] und [DH96]). Darüberhinaus sind durch den Einsatz nichtdeterministischer Musiknetze mit dem Mailänder Konzept auch Musikstücke, denen indeterministische Kompositionsprinzipien zugrundeliegen, modellierbar.

Grundsätzlich ist jedes als Standard-MIDI-File codierbare Musikstück nach dem Mailänder Konzept auf mindestens die beiden folgenden Arten modellierbar:

1. durch ein Musiknetz, das aus einer einzigen Stelle besteht, an die das gesamte Musikstück als ein Musikobjekt angebunden ist,
2. durch ein Musiknetz, in dem jeder Klang[7] und jede Pause durch ein Musikobjekt dargestellt wird und in dem die Transitionen als Verbindung der Musikobjekte ausschließlich der Ablaufsteuerung dienen.

Diese beiden Möglichkeiten einer trivialen Modellierung sind für Musikanwendungen jedoch nicht von Bedeutung. Im Bereich Musikwissenschaft ist der Einsatz von PN zur Beschreibung von Musikstücken, des zugrundeliegenden musikalischen Materials sowie des Beziehungsgeflechtes von Teilstrukturen von Interesse. PN liefern hierbei einerseits eine überschaubare graphische Darstellung einer Analyse und Synthese von Musikstücken für musikwissenschaftliche Auswertungen. Andererseits ermöglichen sie die Erzeugung vielfältiger Variationen eines einzigen Musikstückes durch Änderung der angebundenen Musikinformation und/oder der Anfangsmarkierung, während die Netzstruktur unverändert bleibt. Die auf nichttriviale Art nach dem Mailänder Konzept modellierbaren Kompositionen beschränken sich auf Musikstücke, deren musikalische Strukturen durch Netzstrukturen darstellbar sind und die Transformationen enthalten, die mit den im Konzept definierten Algorithmen beschreibbar sind.

---

[7] Unter Klang verstehen wir an dieser Stelle sowohl Töne im Sinne der traditionellen Kompositionsweise als auch komplexe Klangfarben- und Tonhöhenverläufe.

5.5 Graphische Symbole

Für die graphische Darstellung von Musiknetzen werden beschriftete Kreise und Quadrate verwendet, die durch Pfeile miteinander verbunden sind. Je nach Anbindung an den Knoten werden bei den Symbolen unterschiedliche Schattierungen gewählt.

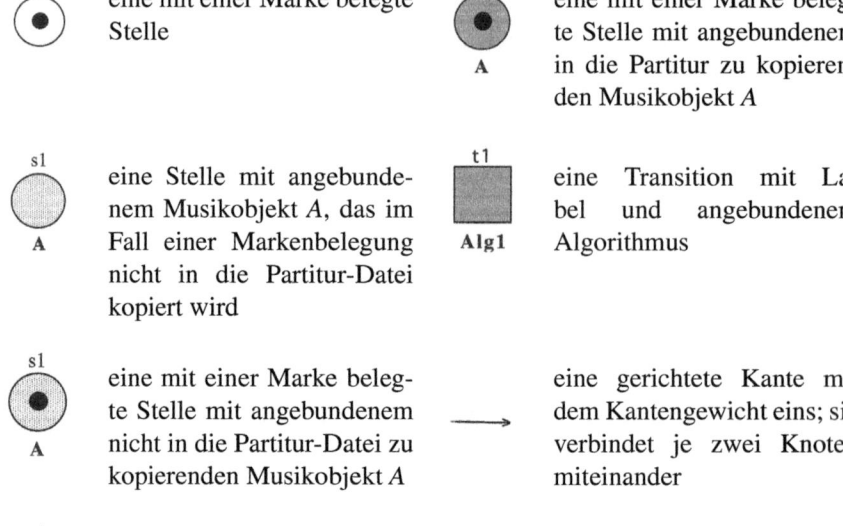

eine mit einer Marke belegte Stelle

eine mit einer Marke belegte Stelle mit angebundenem in die Partitur zu kopierenden Musikobjekt *A*

eine Stelle mit angebundenem Musikobjekt *A*, das im Fall einer Markenbelegung nicht in die Partitur-Datei kopiert wird

eine Transition mit Label und angebundenem Algorithmus

eine mit einer Marke belegte Stelle mit angebundenem nicht in die Partitur-Datei zu kopierenden Musikobjekt *A*

eine gerichtete Kante mit dem Kantengewicht eins; sie verbindet je zwei Knoten miteinander

eine Stelle mit angebundenem Musikobjekt *A*, das im Fall einer Markenbelegung in die Partitur-Datei kopiert wird

Literaturverzeichnis

[DH96] DE MATTEIS, A. und G. HAUS: *The formalization of generative structures in Stravinsky's „The Rite of Spring"*. Journal of New Music Research, 25:47–76, 1996.

[Hau89] HAUS, G.: *Musiche Per Poche Parti*. Stile libero SLCD 1012, Eufonia Series, 1989.

[HR93] HAUS, G. und A. RODRIGUEZ: *Formal music representation; a case study: The model of Ravel's Bolero by petri nets*. In: HAUS, G. (Herausgeber): *Music Processing*, Computer Music and Digital Audio Series, Seiten 165–232. A-R Editions, Madison (WI), 1993.

[HS92] HAUS, G. und A. SAMETTI: *SCORESYNTH a system for the synthesis of music scores based on petri nets and a music algebra (extended version)*. In: BAGGI, D. (Herausgeber): *Readings in Computer Generated Music*, Seiten 53–78. IEEE Computer Society Press, 1992.

[Int88] INTERNATIONAL MIDI ASSOCIATION, North Hollywood, CA: *MIDI 1.0 Detailled Specification, Document Version 4.0*, 1988.

[Lev95a] LEVENS, URSULA M.: *Computer-Aided Modelling of Music with Petri Nets: The Approach of Milan*. Technischer Bericht M/48 (Music Series), Italian National Research Council, 1995. Finalized Project „Computer Systems and Parallel Processing".

[Lev95b] LEVENS, URSULA M.: *Computerunterstütztes Modellieren von Musikstücken mit Petri-Netzen: Das Mailändere Konzept*. Technischer Bericht Bericht 4/95, Carl von Ossietzky Universität Oldenburg, 1995. Berichte aus dem Fachbereich Informatik, ISSN 0946-2910.

[Phi86] PHILIPP, SIEGFRIED: *MIDI-Kompendium 2*. Verlag Philipp, 1986.

[Sif80] SIFAKIS, J.: *Performance evaluation of systems using nets*. In: GOOS, G. (Herausgeber): *Net Theory and Applications*, LNCS 84, Seiten 307–319, Berlin, 1980. Springer Verlag.

[Sta90] STARKE, P. H.: *Analyse von Petri-Netz-Modellen*. Teubner Verlag, Stuttgart, 1990.

6 Das Informatik-Forum Stuttgart – mehr Dialog zwischen Theorie und Anwendung notwendig

Ludwig Hieber, Informatik-Forum Stuttgart, infos.

Zusammenfassung. Mit der Gründung des Informatik- Forum Stuttgart wird seit 1996 eine Plattform angeboten, die den Dialog zwischen der universitären Forschung, der Informatikausbildung und der IT-Wirtschaft in der Region Stuttgart intensivieren soll. In der Informatik hat sich eine Lücke zwischen Theorie und Anwendung entwickelt. Es ist nicht erkennbar, dass diese Lücke kleiner wird, eher das Gegenteil zeichnet sich ab. Verglichen mit anderen Branchen besteht die Gefahr, dass Anwender wesentlich später von Erkenntnissen aus der Forschung profitieren. Der entstandene Interaktionsstau zwischen Theorie und Anwendung der Informatik sollte abgebaut werden. An einigen Beispielen wird aufgezeigt, wo das besonders wichtig erscheint.

6.1 Gründungsinitiative und Aufbau im Überblick

Die Gründung des Informatik- Forum Stuttgart, **infos** im Jahre 1996 fiel in eine Zeit, in der sich die Informatik in stürmischer Entwicklung befand. Das Internetzeitalter hatte begonnen. Der Informations- und Kommunikationsmarkt erlebte die größte Dynamik, seit der Begriff Informatik den deutschen Sprachgebrauch erreichte. Der Engpass fehlender Fachkräfte im Informatik-Bereich wurde in die Öffentlichkeit getragen und gelangte mit der Greencard-Diskussion um ausländische Informatiker auf die politische Bühne. Die Stuttgarter Informatik reagierte auf dieses Szenario mit der Einführung des Studiengangs Softwaretechnik und gründete das Informatik-Forum Stuttgart.

Die Initiative zur Gründung von **infos** verdankt die Stuttgarter Informatik Herrn Prof. Claus. Er hat als Initiator die Gründungsversammlung einberufen und als Gründungsvorstand die Satzung ausgearbeitet, die bis auf wenige Änderungen heute noch Gültigkeit hat. Im Zentrum stand damals wie heute, eine Brücke zwischen der Informatik-Forschung und der anwendenden Industrie zu schlagen, also den Dialog zwischen der Theorie und der Praxis zu verbessern. In der Satzung sind die Ziele von **infos** wie folgt definiert:

- Stärkung der Wissenschaft Informatik und des wissenschaftlichen Nachwuchses, insbesondere an der Universität Stuttgart und in Baden-Württemberg,
- Förderung der allgemeinen Ausbildung und des Studiums im Bereich der Informatik,
- Stärkung der Beziehungen zwischen Wissenschaft und Praxis.

Herr Claus hat prägend die Ziele von **infos** formuliert, die **infos** Zeitung sowie die **infos** Broschüren auf den Weg und viele Initiativen ins Gespräch gebracht. Auch die mittlerweile schon traditionellen Absolventen-Feiern hat Herr Claus initiiert.

Ein besonderes Anliegen von **infos** wurde die Förderung des wissenschaftlichen Nachwuchses. Jährlich sind seit 1998 **infos**-Preise für hervorragende Diplomabschlüsse und für die besten Dissertationen vergeben worden. Mittlerweile ist eine stattliche Liste von nahezu 60 Preisträgern entstanden.

Öffentlichkeitswirksame Veranstaltungen wie die 5 Jahres-Feier in Räumen der Landesbank Baden-Württemberg oder die Festveranstaltung im Robert Bosch Zentrum „Am Feuerbach" anlässlich des 10-jährigen Bestehens von **infos** haben auch in der Tagespresse Beachtung gefunden. Die Einrichtung eines Kuratoriums zur Unterstützung der Aktivitäten des Vorstandes von **infos** hat sich sehr positiv ausgewirkt. Für das Kuratorium können immer wieder Persönlichkeiten aus der Wirtschaft, der Wissenschaft und der Verwaltung gewonnen werden, die sich für die Ziele von **infos** engagieren.

Ein wichtiges Ziel von **infos** ist, den Absolventen der Stuttgarter Informatik eine dauerhafte Bindung an ihre akademische Ausbildungsstätte anzubieten [Plö06]. Dabei unterstützt **infos** die Bemühungen der Universität Stuttgart zum Aufbau einer attraktiven ALUMNI Organisation [Alu]. Nach einem steilen Anstieg der Zahl der Mitglieder nach der Gründung von **infos** ist die Zahl der Firmenmitglieder und der persönlichen Mitglieder in den letzten Jahren nur noch leicht angestiegen. Die Marke von 400 Mitgliedern konnte bisher noch nicht ganz erreicht werden.

Einen ganz besonderen Akzent zur Belebung des Dialoges zwischen Theorie und Anwendung hat Herr Claus durch seine unvergessenen Nikolaus-Vorlesungen gesetzt. Die Resonanz war bei allen Veranstaltungen außerordentlich groß. Auch eigene Termine für **infos** Mitglieder haben den Hörsaal immer gefüllt. Seit der Gründung von **infos** hat Herr Claus immer wieder neue und aktuelle Themen aus der Informatik-Szene für die Nikolaus-Vorlesung aufgegriffen. Wer jemals ein

ernstes Thema aus der Informatik für eine publikumswirksame Darstellung aufgearbeitet hat, kann abschätzen, welch hoher Vorbereitungsaufwand dafür notwendig
ist. Die Nikolaus-Vorlesungen von Herrn Claus sind eine Legende – eine Fortset-
zung wäre sehr wünschenswert.

Bei der Festveranstaltung anlässlich des 10-jährigen Bestehens von **infos** wurde
Herr Claus zum Ehrenmitglied von **infos** ernannt.

6.2 Die Kontaktmessen der Stuttgarter Informatik

Der Mangel an gut ausgebildeten Informatikern hat bereits kurz nach der Gründung von **infos** dazu geführt, dass in den Räumen der Stuttgarter Informatik IT-
Firmen Gelegenheit geboten wurde, sich zu präsentieren und mit Studierenden und
Wissenschaftlern ins Gespräch zu kommen. Bald hat sich gezeigt, dass dazu eine
funktionierende Organisation notwendig ist. Mittlerweile sind die Kontaktmessen
zu einer ständigen Einrichtung geworden. Jeweils im Frühjahr und im Herbst werden Seminarräume und ein Hörsaal zu Messe-Räumen umfunktioniert. Das neue
Informatik-Gebäude bietet dazu ein repräsentatives Ambiente. Alle Informationen
zu den Kontaktmessen sind mittlerweile im Internet verfügbar. Auch die Buchung
von Firmenstandplätzen lässt sich über den Web-Auftritt von **infos** bequem voll-
ziehen.

Die Kontaktmessen beschränken sich in eine Art Nischenveranstaltung ganz bewusst auf den Bereich der Informatik. Im Mittelpunkt stehen die persönlichen Be-
gegnungen.

Die IT-Firmen aus der Umgebung der Fakultät schätzen die Kontaktmessen wegen der kurzen Anfahrtswege. Mittelständische Stammkunden berichten, dass sie
aus den Kontaktmessen über Jahre hinweg ihren Bedarf an qualifizierten Informatikern abdecken konnten.

Die Kontaktmessen sind für Studierende aber auch für die Mitarbeiter der Fakultät ein wichtiger Indikator des Stellenmarktes. Bereits an der Zahl der gebuch-
ten Firmenplätze kann auf die aktuelle Situation des Personalmarktes geschlossen
werden. Bei einem Messerundgang mit dem Dekan bei einer Kontaktmesse im
Jahr 2008 konnten mehr als doppelt so viel angebotene Stellen gezählt werden als
die Fakultät Absolventen pro Jahr hervorbringt.

6.3 Publikationen von infos

infos Zeitung wird vom Vorstand herausgegeben und berichtet regelmäßig über
aktuelle Themen der Stuttgarter Informatik. Das Editorial wird seit Jahren von

Prof. Bungartz geschrieben, die Redaktion liegt in den bewährten Händen von Dr. T. Schlegel. Jährlich erscheinen zwei Ausgaben. Das Archiv ist online verfügbar. Dort können alle bisherigen Ausgaben eingesehen werden. Im Jahr 2009 erscheint bereits der 13. Jahrgang.

Daneben werden von **infos** Broschüren zu aktuellen, eher wissenschaftlich orientierten Themen herausgegeben. Herr Claus ist nicht nur Initiator und verantwortlicher Autor des ersten Bandes. Er hat mit wesentlichen Beiträgen zur Geschichte und zu den Visionen der Stuttgarter Informatik das Profil der bisherigen **infos** Broschüren mitgeprägt. Bisher sind folgende Titel erschienen:

1. Akkreditierung von Studiengängen, 1999
2. Das Computermuseum der Stuttgarter Informatik, 2001
3. Wissenschaft und Wirtschaft, 2002
4. Die Geschichte der Stuttgarter Informatik, 2003
5. Visionen der Stuttgarter Informatik, 2006
6. Das Computermuseum der Stuttgarter Informatik (Neuauflage), 2007

Zu der im Herbst 2009 beginnenden Umstellung auf Bachelor- und Master-Studiengänge ist eine weitere Broschüre in Vorbereitung. Auch bei dieser Broschüre wird Herr Claus wichtige Beiträge einbringen.

6.4 Das Computer Museum der Stuttgarter Informatik

Seit der Gründung des Computermuseum der Stuttgarter Informatik wird es von **infos** unterstützt. Der Erfolg lässt sich besichtigen. Wer in der letzten Zeit das Computermuseum besucht hat, wird von den betriebsbereiten Exponaten und deren Präsentation angetan sein. Wer aber eine Führung mit Clemens Krause gemacht hat, dem wird der Stellenwert der Sammlung erst richtig erschlossen.

Alle Freunde und Gönner der Stuttgarter Informatik sind eingeladen, sich an der Komplettierung des Museums zu beteiligen. Fast in jeder Firma schlummern Teile aus der Pionierzeit der Informatik, die sich die Herren Krause und Corti gerne ansehen und prüfen, ob sie in die Sammlung passen. Vielleicht hat der eine oder andere gar eine private Sammlung und könnte mit einer Schenkung oder Leihgabe den Park der Exponate verbessern.

Mit der Ausrichtung der Festveranstaltung „10 Jahre Computermuseum der Stuttgarter Informatik" im November 2007 wurde auch das Ziel verfolgt, dieses Museum der Öffentlichkeit stärker bekannt zu machen.

6.5 Mehr Dialog zwischen Theorie und Anwendung notwendig

Im Folgenden werden einige Beispiele angesprochen, bei denen ein verstärkter Dialog zwischen der IT-Industrie, den Anwendern, der Wissenschaft und der Theorie der Informatik zu Vorteilen führen würde. Die aufgeführten Themen sind eher eine zufällige Auswahl. Die Beispiele lassen aber erkennen, dass andere Branchen den Spagat zwischen Theorie und Anwendung erfolgreicher beherrschen.

6.5.1 Umstellung auf Bachelor- und Master-Studiengänge

Die anstehende Umstellung der Studiengänge auf Bachelor und Master vollzieht sich bei der Informatik ohne wesentliche Mitwirkung der IT-Industrie. Gelegentlich kann man den Eindruck gewinnen, die Wirtschaft habe die Auswirkungen des Bologna-Prozesses einfach noch nicht wahrgenommen. Eine hohe Aktualität der universitären Lehre kann aber nur erreicht werden, wenn Anforderungen der Industrie mit in die Lehrinhalte einfließen. Ein intensiver Gedankenaustausch zwischen der Stuttgarter Informatik und den IT-Anwendern ist in der Region Stuttgart in diesem Bereich dringend erforderlich. Ein Blick auf den Stellenmarkt lässt leicht erkennen, dass überwiegend Informatiker mit einschlägiger Berufspraxis gesucht werden. Vermutet die IT- Industrie, dass Studierende in diesem Fach die Universitäten ohne jene Fähigkeiten verlassen, die für den unmittelbaren industriellen Einsatz notwendig sind?

6.5.2 Unklare Berufsbilder

Ein weiteres Beispiel für Hemmnisse zwischen Theorie und Anwendern der Informatik kann man in der fehlenden Abgrenzung der Berufsbilder der in der Praxis stehenden Informatiker erkennen. Nur zögerlich werden Einsatzfelder der praktischen „Neuen IT-Berufsbilder" wie Systemelektroniker, Fachinformatiker oder Informatikkaufmann in den Betrieben erkannt. Nicht selten werden auch solche betriebliche Aufgaben von Informatikern mit Hochschulausbildung wahrgenommen, die eigentlich den praktischen IT-Berufen zugeordnet werden können. Das wird noch verstärkt durch das Fehlen von „Informatik-Meistern", also über Lehrgänge weitergebildete Facharbeiter mit Meisterprüfung, wie sie in fast allen Branchen üblich sind.

Der Einsatz von Informatikern mit Hochschulausbildung in Bereichen mit weniger qualifizierten Aufgaben kann dazu führen, dass aktuelle Forschungsergebnisse nicht rechtzeitig wahrgenommen werden. Verglichen mit anderen Branchen besteht dann die Gefahr, dass Anwender erst relativ spät von den Erkenntnissen der Theorie und der Informatik-Forschung profitieren.

6.5.3 Anwender und Universität

Die Initiative des Landes Baden-Württemberg, BW-Connected, versucht mit großem Erfolg Netzwerke aufzubauen, auch um Erfahrungen im IT-Bereich auszutauschen. Bei diesem Konzept sind die Universitäten mit ihren Forschungsaktivitäten nur am Rande mit eingebunden. Neben BW-Connected hat sich die mittelständische IT-Industrie der Region Stuttgart mit einer eigenen Initiative zusammengefunden und mit der Industrie- und Handelskammer Aktivitäten gestartet, die die Attraktivität der IT-Region Stuttgart verbessern soll.

Man kann den Eindruck gewinnen, IT-Firmen und IT-Anwender hätten noch nicht den notwendige Zugang zur Wissenschaft Informatik gefunden, wenn es um die Bewältigung ungelöster Problem geht. Andere Branchen sind da besser aufgestellt. Man denke nur an die Konstruktion und Errichtung des Stuttgarter Fernsehturmes, die ohne die wissenschaftliche Unterstützung aus der Universität Stuttgart heraus zu diesem Zeitpunkt nicht möglich gewesen wären.

Vielleicht wäre es auch hilfreich, die Bezeichnung der Fakultät 5 der Universität Stuttgart, in der die Informatik beheimatet ist, zu ändern. Der sperrige Namen „Informatik, Elektrotechnik und Informationstechnik" lädt IT-Anwender nicht gerade zum Dialog mit der Stuttgarter Informatik ein.

6.5.4 Software Produkte mit Schwächen

Als ein besonderes Signal muss man die Tendenz von Anwendern sehen, eher an bestehenden Versionen von Softwarepaketen festzuhalten, als auf neue und modernere Versionen umzusteigen. Solche Beispiele kann man bei weit verbreiteten Produkten von Microsoft oder SAP finden. Als Grund dafür wird häufig angeführt, dass neue Versionen zu viele Fehler beinhalten und zusätzliche Kosten verursachen. Diese Abneigung von Anwendern wird durch die tatsächliche Anzahl der Fehler in neuen Versionen verständlich. Manche Anwender werten dies als Versagen der theoretischen Grundlagen der Informatik. Sie wenden sich den praktischen Beseitigungsmöglichkeiten zu, um die Unzulänglichkeiten zu überwinden.

Als Beispiel dafür, dass Anwender lieber auf alte und bewährte Technik setzen, wird gelegentlich über Projekte aus der Raumfahrt berichtet. Dort ist es offenbar vorgekommen, dass für langlebige Systeme auf dem Gebrauchtmarkt Ersatzteile gesucht werden mussten, deren Herstellung und Wartung längst der Geschichte angehörten.

Software-Produkte am Markt, mit einer Vielzahl von Funktionen, von denen Anwender aber nur einen Teil benutzen, bergen ebenfalls die Gefahr zur Kritik. Vorhandene aber nicht benutzte Funktionen können zu Mehrkosten, zu größerer Komplexität und zu einem größeren Einarbeitungsaufwand führen.

Über diese derzeit wohl nicht vermeidbaren Probleme sollte noch mehr mit den Anwendern gesprochen werden.

6.5.5 Schwierigkeiten mit großen IT-Projekten

Unbestritten ist, dass bei der Entwicklung großer IT-Projekte besondere Risiken den Erfolg gefährden können. Viele Erkenntnisse aus dem Bereich des Software Engineering haben zwar diese Situation in den letzten Jahren verbessert. Untersuchungen zeigen immer wieder, dass große IT-Projekte häufig abgebrochen oder die Ziele modifiziert werden müssen. Gescheiterte große IT-Projekte können dem Image von Firmen großen Schaden zufügen und werden oft unter Verschluss gehalten.

Große IT-Projekte der öffentlichen Verwaltung sind aber der Öffentlichkeit zugänglich. Inhalt, Ausschreibung und der Entscheidungsprozess über den Zuschlag können von der Presse aufgegriffen und bewertet werden. Falls solche Projekte scheitern, sind negative Kommentare die Regel und die Projektverantwortlichen werden mit Fragen nach den Ursachen konfrontiert.

Eine aktuelle Untersuchung, warum in Deutschland in den vergangenen Jahren immer wieder negative Schlagzeilen über IT Projekte in der öffentlichen Verwaltung bekannt geworden sind, ist in [Mer09] erschienen. Darin wird von einem Misstrauen der Auftraggeber gegenüber Kerninformatikern berichtet. Um die Hintergründe zu verstehen, sollte ein intensiver Dialog mit den Projektverantwortlichen geführt und geprüft werden, ob sich daraus auch Änderungen für die Lehrinhalte ableiten lassen.

6.5.6 Führungsfragen

Die Vergangenheit hat gezeigt, dass Aufwendungen für die Informationstechnik in Unternehmen die Gewinnmargen überschreiten können. Geschäftsführung und Vorstände fragen dann zu Recht nach dem unternehmerischen Stellenwert der eingesetzten Informationstechnik. Kommen Budget-Überschreitungen bei IT-Projekten oder nicht akzeptable Termin-Verzögerungen und Abstriche an angestrebten Funktionszielen noch dazu wird nach Alternativen bei der strategischen Ausrichtung des Unternehmens gesucht. Falls in der Unternehmensführung nicht der notwendige Sachverstand zur Verfügung steht, werden häufig Consulting-Unternehmen eingeschaltet. Ohne den nötigen Informatik-Sachverstand im Unternehmen lassen sich in der Regel deren Gutachten und Vorschläge aber nicht optimal umsetzen.

Wegen der zunehmenden Bedeutung der Ressource Informationstechnik wird sich die Notwendigkeit ergeben, Informatiker stärker in die Unternehmensleitung einzubeziehen. Wenn dies eintrifft, wird dies auch Auswirkungen auf die Lehrinhalte der Informatik-Stüudiengänge haben. Bei einigen Unternehmen ist die Verantwortung für den IT-Bereich bereits heute auf der Ebene der Geschäftsführung verankert.

6.5.7 Erschwernisse beim Dialog zwischen Theorie und Anwendung

Das Tempo von Innovationen und Fortschritten im Bereich von Hardware und Software sind bekanntermaßen ohne Beispiel in anderen Branchen.

Die Wellen von neuen IT-Technologien sind über die Anwender förmlich „hereingebrochen". Darunter waren auch Entwicklungen, deren Erfolge zunächst viel versprechend waren, die sich aber in der Anwendung nicht umsetzen ließen. Als Ergebnis hat sich daher bei den Anwendern eine gewisse Skepsis gegenüber neuen technologischen Entwicklungen im Bereich der Informationstechnik eingestellt.

Mit einer verbesserten Endkundenorientierung wird versucht, dieser Entwicklung entgegen zu wirken. Neue technische Möglichkeiten für Benutzerschnittstellen und der Einbezug der Kunden bei der Gestaltung dieser Schnittstellen haben zu deutlichen Verbesserungen geführt. Ein Erfolg stellt sich besonders dann ein, wenn es gelingt, die Endkundenwünsche zu bündeln.

Manche Erwartungen der Anwender an die theoretischen Grundlagen der Informatik, wie z. B. die Verfügbarkeit von soliden und belastbaren Verfahren für die Aufwands-Kalkulation von großen IT-Projekten, konnten bisher trotz vieler Fortschritte im Software Engineering nicht erfüllt werden. Dass sich bei solchen Projekten die zu bewältigenden Risiken allenfalls schätzen lassen, muss bei der Kritik gescheiterter IT-Projekte deutlicher herausgestellt werden. Ein weiteres Beispiel ist die berechtigte Forderung nach möglichst fehlerfreien IT-Systemen. Auch hier sind in den letzten Jahren große Verbesserungen erreicht worden. Es ist aber auch die Erkenntnis gewachsen, dass viele Unzulänglichkeiten auf Missverständnisse zwischen Erstellern von Software und Anwender zurückzuführen sind. Also muss der Dialog mit den Anwendern trotz ihren sehr unterschiedlichen Sichtweisen weiter verbessert werden.

6.6 Ausblick

Im Zusammenhang mit der Initiative zur Einrichtung von Exzellenz-Universitäten fragen die Anwender vermehrt, von welchen Universitäten die besten Forschungsergebnisse und die besten Informatik-Absolventen zu erwarten sind. Dabei sind die verwendeten Maßstäbe, wie wissenschaftliche Leistung im Bereich der Informatik zu messen ist, sicher diskussionswürdig. Für den IT-Anwender sind aber Bewertungen, die sich auf die bibliometrische Erfassung eines Wissenschaftlers oder einer Fakultät stützen, nur schwer erschließbar. Weit mehr Fragen nach den verwendeten Maßstäben ergeben sich aus den in der Tagespresse publizierten Evaluationen von Studiengängen. Es ist abzusehen, dass Evaluationen der Informatik-Forschung und der Informatik-Studiengänge den Wettbewerb besonders unter den Informatik-Fakultäten der Universitäten weiter verstärken werden.

Prof. Claus hat mit seiner Initiative zur Gründung von **infos** und mit seinen Beiträgen zum Aufbau und zur erfolgreichen Entwicklung von **infos** der Stuttgarter Informatik zu einer Einrichtung verholfen, deren Finanzkraft und Netzwerke als Instrumente genutzt werden können, um im Wettbewerb unter den Informatik-Fakultäten besser zu bestehen. Dafür ganz herzlichen Dank.

Literaturverzeichnis

[Alu] *Zehn Jahre infos e.V. – Drehscheibe für Industriekontakte und Freunde der Informatik*. alumniNews 06/07.

[Mer09] MERTENS, PETER: *Schwierigkeiten mit IT-Projekten in der öffentlichen Verwaltung*. Informatik Spektrum, 32(1):42–49, 2009.

[Plö06] PLÖDEREDER, ERHARD: *10 Jahre infos*. infos-Zeitung, 10(2), 2006.

Teil II

Pragmatisches

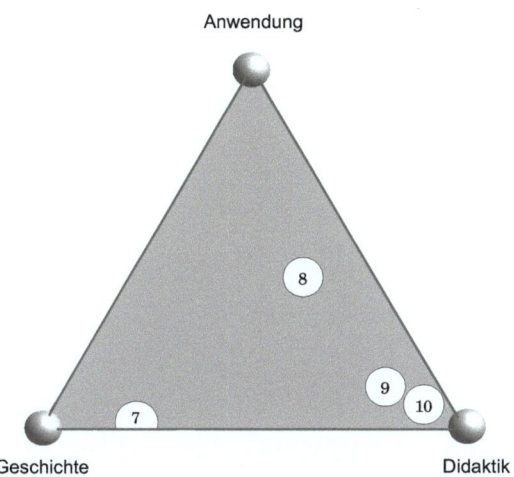

Anwendung

8

9 10

Geschichte   7   Didaktik

7 Die erste Dortmunder Projektgruppe – ein sehr persönlicher Rückblick

Reinhard Zumkeller, München

Zusammenfassung. Die Erinnerung an die erste Dortmunder Projektgruppe wird genutzt, um rückblickend Rechenschaft über die Zielerreichung abzulegen und dann nach der Praxisbewährung zu fragen.

7.1 Erinnerung

An der gerade gegründeten Abteilung Informatik der Universität Dortmund wurde im Wintersemester 1972/73 und Sommersemester 1973 eine neue Lehrform eingeführt: die Projektgruppe. Volker Claus hatte nicht nur die Idee dazu, sondern auch den Willen und die Einsatzbereitschaft, ihr eine reelle Chance zu verschaffen: *„Eine Projektgruppe bearbeitet im Laufe von etwa einem Jahr ein umfangreiches Problem. Anhand dieses Problems sollen die Teilnehmer der Projektgruppe in gewisse Gebiete selbständig vordringen und hierbei zugleich unter Arbeitsbedingungen stehen, die denen im späteren Berufsleben vergleichbar sind. Eine Projektgruppe umfasst in der Regel 5–12 Mitglieder. Sie wird von einem wissenschaftlichen Mitarbeiter betreut, . . . "* [Cla74; Dec97].

Ich kann mich gut erinnern, dass ich mich für diese Idee schnell habe begeistern lassen. Wie bei vielen anderen guten Ideen, kam neben dem Reiz des Neuen umgekehrt auch die Frage auf, warum es so etwas denn nicht schon längst gibt.

Zu jener Zeit war ich in der Saarbrücker Informatik beheimatet. Ich hatte ein gutes Jahr zuvor den Dipl.-Math. erworben und danach im Hochschulrechenzentrum als wissenschaftlichen Mitarbeiter quasi ein Praxisjahr angetreten. Aus dem Studium brachte ich dazu eine interessante theoretische Grundlage und wohl auch die Ermunterung mit, die Informatik „als Ganzes" zu erobern. Aber ohne den Wert des im Studium erworbenen Algol-Scheins unterschätzen zu wollen, war es doch so, dass ich zunächst die *Praxis des Programmierens* (und das Programmieren für die Praxis) von der Pike auf lernen musste. Die Zeit am Rechenzentrum war für mich genau das Richtige, weil dort, im Verbund mit einem blühendem Informatikinstitut, auf hohem Niveau gearbeitet werden konnte.

Erst viel später habe ich von Herrn Claus erfahren, dass er mich vor allem für die Mitarbeit in Dortmund gewinnen wollte, um meine frisch erworbene praktische Erfahrung sogleich für seine erste Projektgruppe zu nutzen [Cla07]. So galt mein Schritt nach Dortmund nicht nur einer interessanten Entwicklungsperspektive, sondern war gleichzeitig auch der Einstieg in ein faszinierendes Experiment, der Betreuung der ersten Projektgruppe!

7.1.1 Die Wahl des Themas

Im Grunde konnten wir aus dem Vollen schöpfen: die Informatik als junge Wissenschaft mit einer Fülle von interessanten Anwendungsdisziplinen bietet ja seit jeher einen wahren Schatz an herausfordernden Problemen. Aber gerade die Vielfalt des möglichen Angebots verpflichtet um so mehr, eine passende Auswahl zu treffen, um die beabsichtigen Ziele zu verfolgen:

1. Das Thema sollte so interessant sein, dass es alle Beteiligte mindestens ein Jahr zu fesseln vermag. Wenn sich Studenten auf ein Jahr verpflichten, sollte sich das auch im Hinblick auf die Planung des Studiums lohnen.
2. Das Thema sollte groß genug sein, die Notwendigkeit des kooperativen Vorgehens von vornherein vorauszusetzen. Ebenso sollten sowohl die Anforderungen zum Lernen, wie auch zum Programmieren hinreichend deutlich sein.
3. Das Thema sollte beherrschbar sein und hinsichtlich Umfang und Komplexität so geschnitten sein, dass innerhalb eines Jahres die Ziele erreicht werden können, auch wenn mal überraschenderweise mit einem Irrweg zu rechnen ist, oder unter Umständen vorher Ballast abgeworfen werden muss.

Unsere Wahl fiel auf das Thema „LR(k)-Analyse". Anfang der siebziger Jahre war Compilerbau für viele angehende Informatiker die motivierende Herausforderung schlechthin und allein die Vorstellung, einen Compiler-Compiler zu konstruieren, war von bestechender Faszination. LEX und YACC gab es zu dieser Zeit noch nicht, und es wurde ohne weiteres als anspruchsvolles Projekt angesehen, einen Generator für Syntaxanalysatoren zu entwickeln. Wir hatten also ein attraktives Thema gefunden, das obendrein bei nicht allzu optimistischer Einschätzung die Teilnehmer der Projektgruppe weder überfordern noch unterfordern sollte.

1971/72 war Thijs Zoethout von der Universität Utrecht in Saarbrücken zu Gast, um einen LR(k)-Analysator für *Simple LR(k) Grammars* nach DeRemer zu konstruieren [DeR71]. Es fügte sich, dass ich ihn im Rechenzentrum bei der Klärung einiger einfacher technischer Installations- bzw. Portierungsprobleme helfen konnte. Während die Probleme schnell erledigt waren, war aber mein Interesse für diesen Algorithmus und seine Implementierung geweckt worden [Zoe71]. Für die zu planende Projektgruppe lieferte mir dann diese noch ganz frische Erfahrung nicht nur die Idee, sondern ganz anschaulich vor allem die Sicherheit, dass das Ganze MACHBAR war – das war nicht zu unterschätzen, lag uns doch eine gewisse Risikominimierung in allseitigem Interesse am Herzen.

Ich verdanke Thijs Zoethout darüberhinaus einen richtigen Entwicklungsschub in Sachen Softwaretechnik. Der Begriff *Software Engineering* war zu dieser Zeit zwar schon bekannt, aber noch längst nicht etabliert und lehrreiche Beispiele für fortgeschrittene Programmiertechnik waren selten.

7.1.2 Die Auswahl der Teilnehmer

Das Wintersemester 1972/73 war das erste Semester mit regulärem Betrieb nach Studienplan. Im Semester davor wurde allerdings schon die Vorlesung *Grundlagen der Programmiersprachen* für die Studenten der ersten Stunde angeboten [Dec97]. Bei diesen Hörern handelte es sich teils um echte Anfänger und teils beispielsweise um Mathematikstudenten, die zunächst im neuen Studiengang nur mal schnuppern wollten. Unter dieser Voraussetzung war es relativ einfach, für die erste Projektgruppe zu werben. Problematisch war lediglich, dass wir stofflich praktisch bei Null beginnen mussten. Das hat zwar meinen didaktischen Ehrgeiz zusätzlich angespornt, machte aber doch eine gewissenhafte Auswahl nötig, um die nötigen Ausnahmegenehmigungen vertreten zu können. Die dazu geführten Beratungsgespräche waren aufwendig. Manchmal war es schwierig zu erklären, welchen Einsatz die Projektgruppe fordern wird und in welchem Maße Freizeit beansprucht werden kann. Niemand musste abgewiesen werden – oft war die gewonnene Einsicht befreiend, dass es eher ratsam sein könnte, noch ein oder zwei Semester zu warten. Im positiven Fall konnten die Aspiranten gleich noch individuell auf das Thema eingestimmt werden, wobei einige sogar forderten, möglichst umgehend mit Lesestoff und Hausaufgaben versehen zu werden.

Die Beratungsgespräche haben sich vor allem deshalb gelohnt, weil spätere Enttäuschungen weitgehend vermieden werden konnten. Nur zwei Teilnehmer von vierzehn ausgewählten Bewerbern sind nachträglich abgesprungen, weil die Mitarbeit in der Gruppe für sie nicht vertretbar war. Da dies noch in den ersten Wochen geschah, war dies für die Projektgruppe verkraftbar.

7.1.3 Durchführung

Wegen der geschilderten Anfängersituation, war es nötig, zunächst einigen Stoff aus dem sich gerade etablierenden Kanon von Informatikstammvorlesungen auszuwählen und zu vermitteln, insbesondere aus Automatentheorie, Formale Sprachen und Datenstrukturen. Schon nach einigen Stunden konnte ich diese Last teilweise auf die Gruppe verteilen: der Unterricht wurde reihum im Seminarstil fortgesetzt. Das Angebot von einschlägigen Lehrbüchern war 1972 noch knapp; wir hielten uns, ergänzt durch einige Originalartikel an das Buch von Hotz und Claus über *Formale Sprachen* [HC72], das sogar ein Kapitel über LR(k)-Analyse enthält.

Für die Projektgruppe war es ein gewaltiger Reifeprozess, zu lernen, Kritik zu üben und quasi gleichzeitig Kritik zu akzeptieren und zu verarbeiten. Das hat sich aber sofort ausgezahlt, wenn es in der Konstruktionsphase darum ging, zum Beispiel Schnittstellengespräche zu führen oder Testergebnisse zu „interpretieren".

Programmierung und Datenstrukturen wurden auf ähnliche Weise erarbeitet, wobei ich hier auf strenge gegenseitige Korrektur der Übungsaufgaben wert gelegt habe, weil nicht alle Lösungen aller Aufgaben in Gruppensitzungen behandelt werden sollten. Hier wurde in erster Linie das neu erschienene Buch von Wirth *Systematisches Programmieren* [Wir72] zugrunde gelegt. Das Schreiben und Testen von Programmen war, abgesehen von Batch-Betrieb mit Lochkarteneingabe, insofern quälend, als es in Dortmund zunächst noch keinen eigenen Großrechner gab (auch nach Gründung der Informatik!); die Leistung des Rechenzentrums musste sich also aus Nutzersicht darauf beschränken, den Transport von Lochkarten und Listen zu managen. Interessanterweise sind wir trotz dieses Handicaps gut vorangekommen; vielleicht waren wir sogar wegen der widrigen Arbeitsbedingungen gezwungen, besonders gründlich zu arbeiten – ein zugegebenermaßen altmodisch klingendes Argument.

Mit Beginn des dritten Blocks, noch deutlich vor Semesterende, konnte dann das eigentliche Ziel angegangen werden: die Arbeiten von Korenjak [Kor69] und DeRemer [DeR71] wurden, wieder in Gruppenarbeit, so aufgeschlossen, dass keine Frage offen blieb (die Resultate von Zoethout blieben aus didaktischen Gründen außen vor). Das alles hat viel Zeit und Nerven gekostet, war aber nötig um anschließend zu einer vernünftigen Arbeitsteilung kommen zu können. Bei diesem Prozess gab es kaum Rangeleien um die vermeintlich interessantesten Pakete. Die Gruppe hatte sich nämlich schon lange soweit gefunden, dass ich meine aktive Rolle weitgehend darauf beschränken konnte, lediglich auf ein gewisses Maß an Vollständigkeit zu achten.

Zur Gruppenarbeit ist allgemein anzumerken, dass mit viel Einsatz und Disziplin gearbeitet wurde. Die schnelleren, fortgeschritteneren Teilnehmer zeigten sich meist ausgesprochen hilfsbereit und waren sich bewusst, dass sie ohne die Ergebnisse ihrer Kollegen die gesetzten Ziele kaum in der verfügbaren Zeit schaffen konnten. Niemand musste verzagen, jeder konnte seine persönlichen Teilziele verfolgen und erreichen, und von jedem konnte jederzeit gefordert werden, sich auch darüberhinaus für die Gruppe nützlich zu machen. Letzteres ist auch deswegen erwähnenswert, weil wir auf eine tätigkeitsorientierte Arbeitsteilung verzichtet hatten.

Etwa alle vier Wochen hat Professor Claus die Projektgruppe besucht und sich über den Projektfortschritt informiert. Wichtiger und wohl auch beabsichtigt war, dass er auf diese Weise auch seine Aufmerksamkeit und Wertschätzung zeigen konnte. Das hat sicher dazu beigetragen, dass Wettbewerbssituationen nie ausgeartet sind.

Um ein sauber definiertes Ziel festzulegen, hat die Test-Gruppe einige Grammatiken entworfen, sodass gewisse Sätze ihrer Sprachen dem mit den Grammatiken gefütterten LR(k)-Analysator als Testfälle dienen konnten. Neben ganz einfachen Sprachen, die manchmal auch dazu dienen sollten, potentielle Analysefehler zu provozieren, enthielten die komplexeren Sprachen Klammerstrukturen und einfache arithmetische Ausdrücke ... Und eines Tages, fast termingerecht, war es geschafft: der LR(k)-Analysator lieferte zu den spezifizierten Testfällen die erwarteten Ableitungssequenzen bzw. Fehlermeldungen. Das Ziel war erreicht!

7.1.4 Erstes Fazit

Als die Projektgruppe LR(k)-Analysator ihr Ziel erreicht hatte, waren wir alle erschöpft, erleichtert und verhalten stolz. Rückblickend erscheint diese positive Stimmung in leicht getrübtem Licht, weil wir der Nachwelt über das Erreichte keinen Bericht hinterlassen haben. Für dieses unentschuldbare Versäumnis trage allein ich die Verantwortung. Die Zerknirschung darüber wird allerdings dadurch gemildert, als die Erfahrung lebendig blieb und die geleistete Pionierarbeit durchweg anerkannt wurde und darauf aufbauend fortgesetzt wurde. Denn es ging weiter!

Im Wintersemester 1973/74 starteten zwei neue Projektgruppen. Eine davon, zum Thema *Mikroprogrammierung*, NICHT am Lehrstuhl von Herrn Claus. Das war wohl der Beginn des Durchbruchs: nach wenigen Semestern waren die Projektgruppen nicht mehr wegzudenken.

Diese erfreuliche Entwicklung beruhte auf dem Engagement aller meiner Nachfolger und auch darauf, dass zwar der Rahmen feststand, aber der Freiraum für die Einzelheiten der Durchführung genutzt wurde. Erstarrung wurde vermieden und Verbesserungen waren jederzeit möglich: schlechte Erfahrungen brauchten nicht wiederholt zu werden, Neues konnte ausprobiert werden, um es dann zu verwerfen oder an die nächste Generation weiter zu reichen.

In Stuttgart gab es im Jahre 1994 sogar ein Pilot-Projekt zur Vorbereitung für eine Projektgruppe [GJM+94], das selbst in Form einer Projektgruppe durchgeführt

wurde. Schon allein aus formalen Gründen muss so etwas doch die Informatiker-
gemeinde erfreuen!

7.2 Rückblick

Die bisher geschilderten Erinnerungen sind nur die eine Seite der Medaille. Die
echte Bewährungsprobe einer praxisorientierten Lehrveranstaltung besteht ja nicht
darin, an der Uni eine gute Figur zu machen, sondern vielmehr im beruflichen
Alltag mit dem Ziel die gemachten Versprechungen einzulösen oder zumindest zu
überprüfen. Ich werde dazu einige persönliche Erfahrungen schildern, um dann
auch allgemein auf die Projektgruppen zurückzuschauen.

7.2.1 Erste Erfahrungen

Ende 1976 habe ich die Universität Dortmund verlassen, um zu Softlab nach München zu gehen. Softlab war damals ein noch kleines aufstrebendes Softwarehaus
mit weniger als hundert Mitarbeitern. Der erwartete Praxis-Schock blieb aus, im
Gegenteil: meine an der Universität gewonnenen Fertigkeiten wurden geschätzt
und mir wurde durchaus abverlangt, meine Projektgruppenerfahrungen aufgefrischt
nutzbar zu machen.

Besonders erfreulich war, dass es in den Softlab-Teams schon einige frischge-
backene, aufgeschlossene Informatiker gab, die begierig waren, das an der Uni
Gelernte in die Praxis umzusetzen – auch wenn sie sich der Kritik skeptischer
Praktiker stellen mussten. Die Zusammenarbeit mit Ernst Denert, dem späteren
Gründer und Vorstand von sd&m, war fruchtbar, befriedigend und erfolgreich. Er
hat ganz wesentlich moderne Softwaretechnikideen propagiert und für eine fort-
schrittliche Projektkultur gesorgt.

Im Rahmen des legendären START-Projektes war ich für einige kritische Komponenten verantwortlich, die mich ziemlich forderten. Mir hat es da bei Konflikten
und in anderen schwierigen Situationen oft geholfen, dass ich mich an vergleichba-
re bewältigte Schwierigkeiten aus der ersten Projektgruppe erinnern konnte, zum
Beispiel wenn mal unter Druck frühere Entscheidungen revidiert werden mussten,
oder Überzeugungsarbeit zu leisten war, um Entwurfsentscheidungen durchzuset-
zen.

So ist es eigentlich im Prinzip mit jeder Erfahrung in Problemlösesituationen,
egal ob als Ingenieur, Berater oder Manager. Schön ist es, wenn man dazu die ersten Erfahrungen möglichst früh in einer vertrauten, immer wohlwollenden Umgebung gewinnen kann. Und noch besser ist es, wenn man von den Erfahrungen an-

derer LERNEN kann. Dazu fällt mir rückblickend das Buch *Software-Engineering* von Ernst Denert ein [Den91], weil hier in vorbildlicher Weise geronnene Erfahrung dargestellt wird. Und der Beitrag im GI-Spektrum von Jochen Ludewig zum Stuttgarter Softwaretechnik-Studiengang [Lud99] erscheint mir wie ein passendes universitäres Echo. Beide inzwischen lang zurückliegende Veröffentlichungen sind weder veraltet noch überholt; die konkreten Ausprägungen des rasenden technischen Fortschritts im engeren Sinne sollten nicht den Blick dafür verstellen, dass es inzwischen einen harten Kern von aufgearbeiteter Erfahrung in Software Engineering und Software Projekt Management gibt, der es wert ist, gelernt zu werden. Zum Beispiel in und für Projektgruppen!

7.2.2 Forschendes Lernen in der Praxis?

Informatiker, die der Universität den Rücken kehren, tun gut daran, mit dem Lernen nicht aufzuhören. Das klingt ganz selbstverständlich, wenn es darum geht, die Segnungen des technischen Fortschritt zu erschließen und nutzbar zu machen, betrifft aber auch die Segnungen des wissenschaftlichen Fortschritts, der in der Praxis leider oft zu wenig oder verspätet beachtet wird. Aber auch in einem höheren Sinne ist Lernfähigkeit und Lernbereitschaft gefordert. Deutlich zeigt sich das beispielsweise in der Problemanalyse, einer besonders kritischen Aktivität in Softwareprojekten, wo es durchaus nicht übertrieben ist, das Paradigma des forschenden Lernens zu bemühen: Sachverhalte und ihre Abhängigkeiten müssen erfasst und untersucht werden, unsicheres Wissen muss stabilisiert werden, den Dingen muss auf den Grund gegangen werden, Widersprüche müssen erkannt und geklärt werden, vermeintlich einfache Tatbestände müssen geprüft werden, Hypothesen müssen formuliert und falsifizierbar gemacht werden, Anforderungen und Nutzenaussagen müssen hinterfragt werden, usw. All das kann in Projektgruppen „geübt" werden – das universitäre Klima schafft dazu beste Voraussetzungen.

In der Praxis zeigt sich allerdings, dass bei manchen Kunden und vor allem auf höheren Managementebenen häufig eher lösungs- als problemorientierte Ansätze favorisiert werden („Ich brauche Lösungen, keine Probleme"). Das kann eine Quelle für Frustration und ärgerliche Diskussionen sein und fatale Konsequenzen haben, wenn dadurch die Motivation leidet, Problemanalysen erschwert werden oder sogar über die Ursachen von Schwachstellen hinweggegangen werden soll. Erfolgreiche Problemlöser sind standfest, verstehen es aber auch, das verpönte „Problematisieren" zwar ordentlich zu dokumentieren, jedoch nur gezielt und sparsam zu verkaufen, am besten zusammen mit einer zündenden Lösungsidee in optimistischer Stimmung.

7.2.3 Projektgruppen und der IT-Arbeitsmarkt

Die berufliche Praxis von Informatikern ist projektorientiert. Erfreulicherweise haben Informatikstudenten heutzutage viele Gelegenheiten schon während des Studiums erste Projekterfahrungen zu sammeln, jedoch oft nur als Hilfskräfte, aber immerhin mit der Möglichkeit schon mal Projektluft zu schnuppern. Die Arbeit in einer Projektgruppe in einem Team, mit einer großen Aufgabe, einer definierten Verantwortung und unter aufmerksamer Betreuung wird aber als die wertvollere Erfahrung angesehen werden. Es ist daher keine Frage, dass Informatikabsolventen mit Projektgruppenerfahrung nicht nur die Gewissheit mitbringen, etwas nützliches gelernt zu haben, sondern auch am Arbeitsmarkt zumindest einen initialen Wettbewerbsvorteil haben. Das gilt ganz sicher in Bewerbungssituation, aber auch für den eigentlichen Berufsstart und weitere Entwicklungspfade.

7.2.4 Zweites Fazit

Die Erfahrung zeigt, dass die Projektgruppe als Veranstaltungstyp gut in den Informatikstudiengang integriert ist und ganz wesentlich dazu beiträgt, Informatikstudenten auf ihre Berufspraxis vorzubereiten! Sie bietet tatsächlich ein ideales Feld, Softwaretechnik zu lernen und anzuwenden und auch das Management von Softwareprojekten lebensnah zu trainieren.

Das Verb „erinnern" hat eine reflexive und eine transitive Grundbedeutung. Erstere ist rein vergangenheitsorientiert und im vorliegenden Fall durchaus angenehm, aber im Grunde höchstens für die damals Beteiligten von Interesse („Weißt Du noch?"). Anders die zweite Bedeutung mit eher appellativem Charakter: ich möchte daher abschließend, durchaus mit dem Blick nach vorn, AN etwas erinnern, nämlich an eine Zeit wo mit Begeisterung und Schwung, manchmal auch mit Überschwang Altes in Frage gestellt und Neues erkundet wurde. Ein sehr junger Professor hat damals diese Aufbruchstimmung mit Ideenreichtum, Verantwortungsbewusstsein und Durchsetzungskraft nicht nur genutzt, sondern auch selbst gefördert: in der langen Girlande, die das Schaffen von Volker Claus ziert (siehe zum Beispiel [App03]), mag die *Erfindung der Projektgruppe* zunächst nur als ein kleines Blümlein erscheinen – doch kraft evolutionärer Reproduktion hat sich daraus eine robuste und variantenreiche Orchideenfamilie entwickelt. Es ist zu wünschen, dass anhaltender Selektionsdruck und weitere Mutationen zur Weiterentwicklung dieser Familie beitragen mögen, damit wir uns immer wieder aufs neue an dieser Blumenpracht erfreuen können.

Literaturverzeichnis

[App03] APPELRATH, HANS-JÜRGEN: *Laudatio zur Verleihung der Ehrendoktorwürde der Universität Koblenz-Landau am 31. Oktober 2003 an Herrn Prof. Dr. Volker Claus.* http://www.uni-koblenz.de/FB4/Administration/Events/Anniversary25/DrHC/laudatio, 2003.

[Cla74] CLAUS, VOLKER: *Gedanken zur Ausbildung in Informatik.* Technischer Bericht 2/74, Universität Dortmund, 1974.

[Cla07] CLAUS, VOLKER: *Projektgruppen – die Wunderwaffe aus Dortmund.* http://alumni.cs.uni-dortmund.de, Dortmunder Alumni-Tag, 2007.

[Dec97] DECKER, HANS: *EinBlick – Ursprünge der Dortmunder Informatik.* www.cs.uni-dortmund.de/nps/de/Home/ueber_uns/Historie_der_Dortmunder_Informatik.pdf, 1997.

[Den91] DENERT, ERNST: *Software-Engineering.* Springer, 1991.

[DeR71] DEREMER, FRANKLIN L.: *Simple LR(k) grammars.* Comm. of the ACM, 14(7):453–460, 1971.

[GJM⁺94] GÖCKLER, E., K. JUNG, J. MESSNER, J. R. GÜPNER, H. WEISS und J. ZEDELMAYR: *Dokumentation zur Vorbereitung der Projektgruppe Genetische Algorithmen.* Technischer Bericht FK 1/94, Universität Stuttgart, Fakultät für Informatik, 1994.

[HC72] HOTZ, G. und V. CLAUS: *Automatentheorie und Formale Sprachen.* Bibliographisches Institut, Mannheim, 1972.

[Kor69] KORENJAK, A. J.: *A practical method for constructing LR (k) processors.* Comm. of the ACM, 12(11):613–623, 1969.

[Lud99] LUDEWIG, JOCHEN: *Softwaretechnik in Stuttgart – ein konstruktiver Informatik-Studiengang.* Informatik-Spektrum, 22(1):57–62, 1999.

[Wir72] WIRTH, N.: *Systematisches Programmieren.* Teubner, Stuttgart, 1972.

[Zoe71] ZOETHOUT, THIJS: *Description of the Program SLRK.* Saarbrücken, 1971.

8 Professor Volker Claus: vom o. Professor zum e-Professor

Rul Gunzenhäuser, Universität Stuttgart, VIS
Christiane Taras, Universität Stuttgart, VIS
Michael Wörner, Universität Stuttgart, VIS

Zusammenfassung. Der Beitrag würdigt das Wirken von Professor Claus auf Gebieten des rechnerunterstützten Lehrens. Dabei wird ein Bogen von den frühen Systemen des rechnerunterstützten Lehrens über moderne Lernplattformen im Internet zu neuen Anwendungen web-basierter Systeme für das lebenslange Lehren und Lernen gespannt.

8.1 Ein persönlicher Rückblick

Volker Claus galt 1972 als „Senkrechtstarter" in der deutschen Informatik. Diese war gerade mal drei Jahre alt. In Dortmund wurde Volker Claus mit 28 Jahren ihr jüngster ordentlicher Professor an einer deutschen Universität. Er wurde noch bekannter, als er im Herbst 1975 die 5. Jahrestagung der Gesellschaft für Informatik in Dortmund organisierte und leitete.

Während dieser Tagung lernte ich Volker Claus persönlich kennen und schätzen. Mit guten Wünschen überließ er mir viele seiner Tagungsunterlagen, darunter einen handschriftlich verfassten „Tagungsablaufsplan". Dieser wurde dann zur wichtigsten Grundlage für die Organisation unserer GI-Jahrestagung 1976 in Stuttgart.

Handschriftlich? Ja. In den Unterlagen war auch kein Hinweis zu entdecken, dass wesentliche Teile der Tagungsorganisation mit Rechnerunterstützung abliefen – obwohl es damals schon EDV, interaktive Computerterminals und interessante Ansätze für das rechnerunterstützte Lehren und Lernen gab. Auch 1976 war dies nicht viel anders: Wir haben kaum mehr als die Liste der Teilnehmer „elektronisch" erfasst und bearbeitet. Das wurde aber anders, als Volker Claus 1985 nach Oldenburg berufen wurde. Etwa ab dieser Zeit wurden Einladungen, Protokolle und etliche Tabellen für die zahlreichen Informatik-Gremien, in denen er sich engagierte, mit Texteditoren im „Personal Computer" erstellt und aktualisiert.

Noch viel mehr praktische Informatik kam auf Volker Claus zu, als er 1992 nach Stuttgart berufen wurde. Sein Wirken in Forschung und Lehre wurde durch E-Mail und durch aktuelle Informationen aus dem World Wide Web (WWW) und anderen „neuen Medien" unterstützt und bereichert. Etliche seiner vielen Vorträge und viele Dokumente seiner Arbeit in Informatik-Gremien wie dem Fakultätentag Informatik sind inzwischen im WWW verfügbar Auch das rechnerunterstützte Lehren und Lernen – neuerdings e-Learning genannt – ließ ihn nicht mehr los. Skripte und Materialien von einigen seiner Stuttgarter Lehrveranstaltungen hat er seit etwa 2002 in die Initiative „100-online" der Universität Stuttgart eingebracht. In der darauf aufbauenden Initiative „self-study-online" hat er das Leitprojekt „Grundvorlesung Informatik" übernommen und gestaltet. Mit eClaus[1] hat sein Institut ein allgemein verfügbares Informationssystem zur Unterstützung des akademischen Übungsbetriebs entworfen und implementiert.

8.2 Interaktive Lernplattformen

Als Nachfolger der ehemaligen Autorensysteme für das rechnerunterstützte Lehren gelten die heutigen interaktiven Lernplattformen des e-Learning. Sie stellen sehr komplexe Softwaresysteme zur Bereitstellung von Lerninhalten und zur Organisation von Lernvorgängen dar. Unter einer zentralen Systemoberfläche integrieren sie verschiedenen Web-Dienste und Software-Werkzeuge, um unterschiedliche Szenarien und Strategien des e-Learning zu unterstützen. Beispiele hierfür sind Werkzeuge

- zur Erstellung und Verwaltung von Lerninhalten,
- zur Koordination von Web-basierten Lernangeboten,
- zur Präsentation von Lernstrategien und
- zur Beurteilung der Leistungen der Lernenden.

Solche Lernplattformen haben Vorteile: Alle Lerninhalte werden in einer gemeinsamen digitalen Datenbank verwaltet. Sie können den Lernenden in den einzelnen Lernphasen bzw. -schritten personalisiert zur Verfügung gestellt werden. Die laufenden Lernprozesse werden (teilweise) vom System verfolgt und protokolliert. Alle Kommunikationsprozesse und alle Darstellungen von Kursinhalten, Lernobjekten und Lernmedien benutzen zur Präsentation einen Internetbrowser.

---

[1] „Electronic Correction of onLine Assignments at the University of Stuttgart"

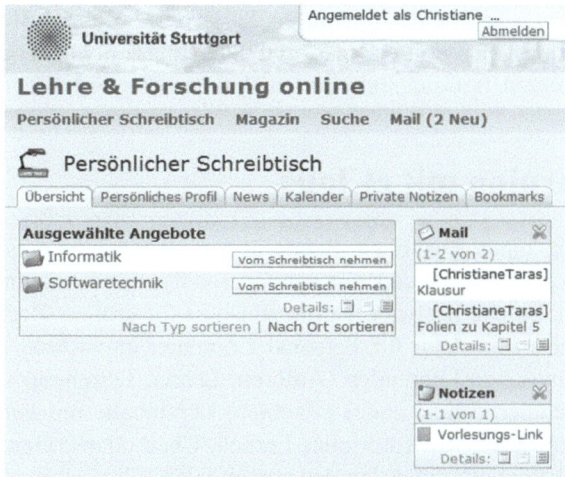

Abbildung 8.1: Persönlicher Schreibtisch

Moderne Lernplattformen bieten eine eigene Benutzerverwaltung mit verschlüsselter Anmeldung, unterschiedlichste Kommunikationsmethoden wie „Chat" oder „Foren" und viele interaktive Werkzeuge für das individuelle Lernen wie Notizbuch, Kalender, Annotationen usw., präsentiert zumeist auf einem „persönlichen Schreibtisch" (siehe Abb. 8.1).

Die Verbreitung von Lernplattformen, die auf der derzeitigen WWW-Basis beruhen, nimmt an unseren Hochschulen zu. Sie dringen auch in die Aus- und Weiterbildung innerhalb von Unternehmen vor. Die überwiegende Zahl dieser Systeme ist proprietär, d. h. sie sind auf ein spezielles Thema oder auf eine spezielle Funktionalität abgestimmt. Die übrigen „Open Source Systeme" können meist kostenlos genutzt werden. Verbesserungen, Erweiterungen sowie gegenseitige Hilfen werden oft durch die jeweilige Entwicklergemeinschaft übernommen.

Beispielhaft für eine moderne Lernplattform ist ILIAS, ein rollenbasiertes „Learning Management System (LMS)" zur Erstellung von e-Learning-Angeboten. Es bietet seinen Nutzer insbesondere eine personalisierte Arbeitsumgebung, ein Kursmanagement, ein Programm für Test & Assessment sowie unterschiedliche Kommunikationswerkzeuge. Wie auch andere Systeme dieser Art unterstützt es bestehende e-Learning Standards wie LOM [IEE02] und SCORM 1.2 [ADL08].

Diese Systeme haben auch Nachteile: Bei der Vielzahl der derzeit genutzten LMS- Anwendungen erweist sich beispielsweise der Datenaustausch zwischen unterschiedlichen Plattformen oft als nicht einfach. Die „CampusSource-Initiative"

[Cam09] versucht, hier Abhilfe zu schaffen. Sie ist eine Software-Börse für e-Learning-Werkzeuge auf Open Source-Basis und unterstützt Entwicklergemeinschaften mit derzeit mehreren Tausend registrierten Nutzern. Sie wird öffentlich gefördert.

8.3 E-Learning mit eClaus

Erlauben wir uns einen Rückblick: Schon in den 1970-Jahren entstanden anwendungsreife Autorensprachen und Autorensysteme für das rechnerunterstützte Lehren und Lernen. Solche Software wurde zunächst für größere Rechner mit interaktiven Terminals und dann für Personal Computer entwickelt. Klar definierte Schnittstellen zwischen Lehrenden (Autoren, Lehrer, Dozenten) und Lernenden (Adressaten, Schüler, Studierende) erlaubten, Lerninhalte mit unterschiedlichen didaktischen Strategien wie Tutorielles Lernen, Üben oder Prüfen zu vermitteln. Eine Kommunikation zwischen den Autoren und den Adressaten sowie den Adressaten untereinander war allerdings nur eingeschränkt möglich.

Das Internet brachte neue Möglichkeiten für dieses „elektronische Lernen". Ein Teilbereich dieses „e-Learning" befasst sich mit dem Übungsbetrieb an Hochschulen. Hier gibt es inzwischen unterschiedliche Anwendungssysteme. In Stuttgart entstand unter der Regie von Volker Claus – wie bereits erwähnt – ab 2002 das System eClaus. Studierende können damit Übungsaufgaben on-line einsehen und bearbeiten. Ihre Bearbeitungen werden dann von den Übungsgruppenleitern (Tutoren) mit Hilfe von eClaus korrigiert. Dies ermöglicht eine weitgehend automatische Auswertung und Bewertung der Übungsergebnisse.

Die Software von eClaus verwaltet ihre Benutzer in hierarchischen Rollen wie Dozent, Übungsgruppenleiter oder Studierender. Die Dozenten definieren die Übungsaufgaben, bestehend aus Text und Bildern, wobei sie eine Wahl haben zwischen Aufgaben mit Mehrfachantworten (Multiple-Choice-Aufgaben), Programmieraufgaben und Aufgaben, die eine Freitext-Antwort erwarten.

Auch sogenannte Vortieraufgaben sind möglich. Dabei erklärt der Studierende seine Bereitschaft, die Lösung der entsprechenden Aufgabe bei der gemeinsamen Besprechung in der Übungsgruppe vorzutragen. Sofern es vom Dozenten zugelassen wird, können sich Studierende in eClaus auch zu Gruppen zusammenfinden und so gemeinsam eine Lösung erarbeiten.

Die Korrektoren können die Lösungen der Studierenden direkt in eClaus bearbeiten oder alle abgegebenen Lösungen zunächst herunterladen und dann manuell korrigieren. Multiple-Choice-Aufgaben korrigiert das System anhand der vorgegebenen Lösungen automatisch. Für die Programmieraufgaben ist eine teilautomatisierte Korrektur vorgesehen. Die eingegebenen Lösungen werden automatisch kompiliert und auf syntaktische Fehler oder Nichteinhaltung eines vorgegebenen Programmierstils überprüft.

Die Studierenden haben jederzeit Zugriff auf Statistiken zu ihren (individuellen) Leistungen. In einer Umfrage vom Mai 2004 empfanden sie eClaus als gute organisatorische Unterstützung und bescheinigten dem System, eine Verbesserung im Vergleich zum normalen Übungsbetrieb darzustellen [BEW04].

8.4 „Second Life"

Zu den modernen Lernplattformen zählt man häufig auch die interaktive WWW-Anwendung „Second Life (SL)". Andere Nutzer sehen darin einen sogenannten on-line-Chat mit einer (virtuellen) 3D-Welt oder – in Analogie zu bekannten 3D-Spielen wie „World of Warcraft" – ein Internet-Spiel.

Second Life, das auch an Hochschulen verbreitet ist, verfolgt aber ein anderes Ziel. Das System bildet eine virtuelle Welt, die über das Web angeboten wird. Seine Benutzer erleben diese „neue Welt" auf ihren Bildschirmen als virtuelle Person, als „Avatar", der in dieser Welt agiert. Unterschiedliche Benutzer besuchen auf diese Weise Konferenzen, erleben Live-Musik und Konzerte, kaufen und bezahlen interessante Gegenstände (virtuell) und nutzen das neue System auch als Lernplattform. SL schafft hierfür die Rahmenbedingungen, gibt aber selbst keine Aktivitäten vor. So stellen die Benutzer und Benutzerinnen bald fest: „Second Life ist das, was seine Anwender daraus machen."

SL bietet seinen Benutzern aber eine umfangreiche Palette von Funktionen an. Es beinhaltet Kommunikationssysteme mit lokalem „Chat", Sprach-Chat, „Messaging" sowie sogenannte Gruppenwerkzeuge, darunter Systeme zur Ton- und Bildübertragung. Daneben besitzt SL Konstruktionswerkzeuge für die Erstellung von 3D-Modellen und Avataren sowie Funktionen zur Bezahlung von virtuellen Gegenständen und Dienstleistungen.

Auch für das Lehren und Lernen ergeben sich in SL neue Möglichkeiten: Vertreten durch seinen Avatar kann der Teilnehmer virtuelle Lehrveranstaltungen von herausragenden Universitäten – wie Harvard University, New York University oder TU Wien – besuchen. Auch die Rheinische Fachhochschule (RFH) ist im SL vertreten und verwendet SL im Rahmen ihres Studiengangs „Medienwirtschaft" [Rhe07]. Ausgewählte Lehrveranstaltungen finden in virtuellen Hörsälen statt. Wie üblich werden dort Vortragsfolien gezeigt und besprochen. Die Veranstaltungen und Seminare können über Audiokanäle verfolgt werden.

Nach B. Schmitz von der RFH fördert „die Losgelöstheit von geografischen Einschränkungen" die Zusammenarbeit von räumlich getrennten Akteuren im SL.

Abbildung 8.2: Volker Claus als Pappaufsteller im Second Life

Anders als im Chat und auch anders als bei den meisten e-Learning-Plattformen lassen sich im SL feste Orte für eine Zusammenarbeit definieren, z. B. ein (virtueller) Seminarraum, in dem die Avatare der Studierenden und der Lehrenden sitzen. Ein solches soziales Netz, wie es sich im SL aufbauen lässt, gestaltet die Kontakte der Beteiligten relativ einfach. SL geht in diesem Punkt weit über die Möglichkeiten bisheriger e-Learning-Systeme hinaus.

Allerdings sind gewisse Nachteile im SL noch in Kauf zu nehmen. So lässt die technische Qualität der Präsentationen zu wünschen übrig. Die Avatare im SL besitzen derzeit auch nur ein eingeschränktes Repertoire an Bewegungen. Sie beherrschen nur einfache Gesten, aber keine Mimik.

Auch Baden-Württemberg ist im Second Life vertreten. Auf einer „BW-Insel" steht ein (virtuelles) Gebäude des Instituts für Visualisierung und interaktive Systeme (VIS) der Universität Stuttgart. Auf dem begrünten und zu virtuellen Erholung gedachten Dachgeschoss des VIS-Gebäudes haben wir uns erlaubt, als Hommage an Professor Volker Claus ein Poster, das sein Bild trägt, aufzustellen. Abb. 8.2 zeigt Front- und Rückansicht des Pappaufstellers[2].

Wie gelangt man dorthin? Eine Standortsuche nach „Baden-Württemberg" im SL bringt den Avatar des Benutzers direkt auf die BW-Insel. Dort angebrachte

---

[2] Wir danken Herrn Dipl.-Inf. Sebastian Grottel für die Gestaltung des Posters in SL.

Informationstafeln weisen den Weg zum VIS-Gebäude. Über eine Wendeltreppe – oder aber mit einem kurzen Flug – gelangt man auf die Terrasse und sieht dann das Portrait unseres neuen Emeritus. Wir wollen ihm empfehlen, sich selbst als neuen Nutzer in SL selbst anzumelden. Er kann dann in Gestalt eines von ihm selbst spezifizierten Avatars das VIS-Gebäude und das ihn dort darstellende Poster besuchen. Er könnte dort auch als Dozent in einer virtuellen Lehrveranstaltung wirken und weiterhin viele dankbare Hörer und Hörerinnen um sich scharen. In dieser virtuellen Form bliebe uns Volker Claus als e-Professor so lange erhalten wie es Second Life im Web gibt.

Aus heutiger Sicht hat SL wohl Chancen, in der akademischen Lehre erprobt zu werden. Ob und wie es sich durchsetzen wird, bleibt noch offen. Auf jeden Fall sind informationstechnische Verbesserungen und Weiterentwicklungen des jetzigen SL erforderlich, damit diese interessante Web-Anwendung nicht nur eine Spielweise für spezielle Computernutzer bleibt.

8.5 Das neue Web

Auch dem Emeritus Volker Claus wird es an neuen, effizienten Werkzeugen und Medien der Informatik nicht fehlen. Seit etwa drei Jahren steht ihm und uns mit Web 2.0 ein „neues Netzverständnis" zur Verfügung, das die Nutzung des WWW verändern wird. An Stelle „starrer" Web-Seiten, deren Inhalte durch ihre Autoren bzw. ihre Betreiber festgelegt werden, existieren zunehmend flexible Internetauftritte, in denen viele Benutzer innerhalb einer „Community" gemeinsam bestimmen, was abrufbar und was interaktiv zu sehen und zu bearbeiten ist. Die Nutzer wirken damit an den Web-Inhalten mit, strukturieren und gestalten diese. Sie beteiligen sich auch an der Entwicklung von wiederverwendbaren Web-Komponenten bzw. Frameworks zur Entwicklung von Web-Anwendungen.

Das Web 2.0 bietet damit – verstehen wir seinen „Erfinder" Tim O'Reilly richtig – eine Nutzung der „kollektiven Intelligenz" seiner Teilnehmer. Ein gutes Beispiel dafür ist Wikipedia. Diese Web-Anwendung beherrscht heute die Welt der Web-Enzyklopädien. Beliebige Nutzer schreiben in Wikipedia ihr Wissen nieder, andere können und dürfen diese Darstellungen nutzen und sogar verändern. Aber auch Web-Firmen wie Amazon, Ebay, Google & Co. machen sich heute schon Werkzeuge dieses „Mitmach-Webs" zu Nutze, um Kundenrezessionen und Produktbeschreibungen anzubieten.

Weil hier unterschiedliche Benutzer kooperativ an der interaktiven Erstellung von Web-Dokumenten arbeiten, wird die Anonymität der Beteiligten zu einem wichtigen, wenn auch kontrovers diskutierter Punkt. Gesichtspunkte des Datenschutzes und der Datensicherheit treffen hier in unterschiedlichen Beziehungen aufeinander. Die Realität zeigt jedoch, dass die gebotene Anonymität im Web 2.0 nur in geringem Ausmaß als Freibrief für Täuschungen und Betrügereien genutzt wird, so dass das Web 2.0 entscheidend dazu beiträgt, die Internet-Dienste zu einer wertvollen Informationsquelle auszubauen.

Auch das Lernverhalten von Schülern und Schülerinnen verändert sich durch die Nutzung des Internets signifikant. Aus speziellen Datenbanken lassen sich passende Lerntipps, Lösungen für Hausaufgaben oder sogar fertige Referate beschaffen. Die Schüler und Schülerinnen können aber auch Probleme aus dem Schulunterricht kooperativ lösen. Dabei nutzen sie teilweise kostenpflichtige Foren, wie zum Beispiel „Boards", „Wikis", „Chats" und oft schon sogenannte „Online-Whiteboards"[3].

Die Welt der Schule reagiert auf solche Entwicklungen der Informatik und der Informationstechnik aber eher zögerlich. Schülerinnen und Schüler werden zwar bei der sinnvollen Nutzung dieser Web-Foren von vielen engagierten Lehrer(innen) betreut und unterstützt, doch (zu) viele von ihnen sind noch auf sich selbst angewiesen. Ihre Lernergebnisse bleiben bei der oft sehr aufwändigen Web-Kommunikation nicht selten zufällig und ungesichert.

Für Volker Claus, der sich seit mehr als 30 Jahren intensiv um die Informatik in der Schule und ihre Didaktik kümmert[4], entwickelt sich hier ein neues, wichtiges Aufgabengebiet. Es geht dabei weniger um Algorithmen, Datenstrukturen, Programmiersprachen und Computeranwendungen in der Schule, sondern verstärkt um den sinnvollen Einsatz der neuen Medien. Seine didaktische Phantasie und sein Durchsetzungsvermögen werden gefragt bleiben, um für Lehrende und Lernende Wege aufzuzeigen, die neuen Medien, insbesondere das Web 2.0, effizient zu nutzen.

Volker Claus kann sich auch noch auf eine andere Erweiterung und qualitative Verbesserung des WWW freuen. Die Idee dazu wurde zuerst von Tim Berners Lee, dem Direktor des WWW-Consortiums, und seinen Koautoren James Hendler und Ora Lasallia beschrieben und „semantic web" getauft. Damit soll ein Netz von Dokumenten und Daten realisiert werden, die nicht nur von menschlichen Nutzern, sondern auch von Computern gelesen, inhaltlich verarbeitet und auf neue, sinnvolle Weise verknüpft werden können. Berners Lee sieht das so:

---

[3] Aktuelle Definitionen dieser Dialogformen finden sich unter anderem bei Wikipedia.

[4] Erinnert sei hier an vielfältige Aktivitäten von Volker Claus wie den Stuttgarter Informatiktag für Schüler und Schülerinnen, die Fort- und Weiterbildung von Informatiklehrern und -lehrerinnen, die Veranstaltung von großen Tagungen über „Informatik in der Schule" (Stuttgart 1998) oder den „Algorithmus der Woche", mit dem er zum „Jahr der Informatik" (2006) vorbildlich beigetragen hat.

„The Semantic Web is not a separate web but an extension of the current one, in which information is given well-defined meaning, better enabling computers and people to work in cooperation... In the near future, these developments will usher in significant new functionality as machines become much better able to process and 'understand' the data they merely display at present." [BLHL01]

8.6 Lebenslanges Lernen

Lehren und Lernen ist, wie man an den genannten Beispielen sieht, auf dem Weg, mit Hilfe der neuen Medien eine neue zeitliche und räumliche Flexibilität zu erreichen.

„Lehrer lehren und Studierende studieren dann, wenn dafür die erforderlichen Ressourcen bereit stehen. Dies kann am Arbeitsplatz, in der Bahn, am Strand, zu Hause oder auch im Hörsaal der Fall sein. Im Rahmen dieser räumlichen Flexibilität ist es nur ein kleiner Schritt, Lernen in selbstverständlicher Weise über weite Teile des Lebens zu verteilen." [GH05]

Aus wirtschaftlicher und insbesondere aus gesellschaftlicher Sicht sucht das lebenslange Lernen vielfach noch eine bessere Akzeptanz. Dafür müssen in naher Zukunft vielfältige „Bildungsmärkte" aufgebaut, genutzt, gepflegt und großzügig finanziert werden. Unser Land besitzt diese Fähigkeiten und sollte hier seine Chancen nutzen, auf der Basis von Informatik und Informationstechnik komplexe „Lernsysteme" zu entwickeln, international zu erproben und dann auch zu exportieren.

Eine neue Vision stellen dabei die künftigen „semantischen Lernsysteme" dar, die auf dem „Semantic Web" basieren. Sie berücksichtigen die Semantik der Lerninhalte und wählen so beispielsweise die inhaltlich besten Darstellungsformen aus oder ermitteln angemessene „Dosierungen" für den Lernfortschritt. Auch lässt sich durch solche Systeme ein realistischeres Verhältnis von den Lernfortschritten der Beteiligten gewinnen.

Lebenslanges Lernen bedeutet also in Zukunft eine lebenslange Präsenz in einem „Wissensnetz" einer internationalen „wissensteiligen Gesellschaft". Für Persönlichkeiten, die diese Gesellschaft prägen, kann und darf es keine „Emeritierung" mehr geben. Mit Volker Claus – mit seinen didaktischen Ideen, mit seinen wissenschaftlichen Idealen, mit seinem pädagogischen Geschick und mit seinem unermüdlichen Einsatz für alle Mit-Lernenden – gehen wir gerne einen gemeinsamen Weg in eine solche Zukunft.

Wird es ihm und uns gelingen, dass das Lehren und Lernen in einer solchen Welt viel stärker als bisher durch die Freude am Finden, am Transformieren und am Vernetzen von Informationen und Gedanken zu bestimmen?

Eines ist sicher: Wenn wir diese Vision erleben, so wird Volker Claus auch in Zukunft – durch seine Persönlichkeit und durch seine Präsenz im „Netz" – Entscheidendes zum lebenslange Lernen unserer Gesellschaft beitragen.

Literaturverzeichnis

[ADL08] ADL: ADVANCED DISTRIBUTED LEARNING INITIATIVE: *SCORM (Sharable Content Object Reference Model)*. http://www.adlnet.gov/scorm/index.aspx, 2008.

[BEW04] BEHRINGER, FELIX, DAVID ENGELDINGER und KARSTEN WEICKER: *Web-basierte Administration des Übungsbetriebs mit eClaus*. In: ENGELS, GREGOR und SILKE SEEHUSEN (Herausgeber): *DeLFI 2004*, Seiten 79–90. Gesellschaft für Informatik, Bonn, 2004.

[BLHL01] BERNERS-LEE, TIM, JAMES HENDLER und ORA LASALLIA: *The semantic web: A new form of web content that is meaningful to computers will unleash a revolution of new possibilities*. Scientific American, Issue May 2001, 2001. http://www.sciam.com/article.cfm?id=the-semantic-web.

[Cam09] CAMPUSSOURCE. http://www.campussource.de/, 2009.

[GH05] GUNZENHÄUSER, RUL und MICHAEL HERCZEG: *Rechnerunterstütztes Lehren und Lernen im Zeitalter der neuen Medien*. Grundlagenstudien GrKG, 46 (Heft 1 und 2), 2005.

[IEE02] IEEE: *Standard for Learning Object Metadata (LOM)*. IEEE Std 1484.12.1-2002, 2002.

[Rhe07] RHEINISCHE FACHHOCHSCHULE KÖLN: *Vorlesung via Second Life an der RFH*. http://www.rfh-koeln.de/de/aktuelles/meldungen/20070107.php, 2007.

9 „Hochleistern über die Schulter geschaut" – Konzeption eines Lehrvideos zur Vermittlung von Problemlösekompetenz

Bertold Kujath, Universität Potsdam, Institut für Informatik
Andreas Schwill, Universität Potsdam, Institut für Informatik

Zusammenfassung. Leistungsstarke Problemlöser zeigen ein deutlich anderes Vorgehen beim Bearbeiten von typischen Informatikproblemen als schwächere Problemlöser, das hat eine Vergleichsstudie mit Hoch- und Niedrigleistern ergeben. Auffällig war das Fehlen informatikspezifischer Herangehensweisen bei der Problembearbeitung durch Niedrigleister, obwohl die dazu notwendigen Werkzeuge wie etwa Baumstrukturen oder Rekursion durchaus bekannt waren. Aber auch viele allgemeine Empfehlungen der Problemlöseforschung, wie etwa das Zerlegen eines Problems in Teilprobleme oder das Durchführen einer Problemanalyse vor der eigentlichen Bearbeitung, bleiben bei schwachen Problemlösern unbeachtet. Die Frage, wie nun die deutlich effizienteren Strategien der Hochleister didaktisch aufgearbeitet werden können, um sie an Niedrigleister zu vermitteln, soll im vorliegen Beitrag anhand der Konzeption eines Lehrvideos beantwortet werden.

9.1 Einleitung

Die Frage, worin sich die Problemlöseprozesse Hochleistender von denen Niedrigleistender unterscheiden und welche unterschiedlichen Problemlösestrategien hierbei zum Einsatz kommen, wurde bis Ende 2006 in einer Studie mit der Methode des *Lauten Denkens* untersucht. Bei dieser als sog. Kontraststudie konzipierten Untersuchung, wurden zwei Gruppen zu je acht Teilnehmern gebeten, beim Lösen von Informatikaufgaben ihre Gedankengänge laut auszusprechen. Die erste Gruppe, im folgenden als die Gruppe der Hochleister bezeichnet, setzte sich aus

Bundessiegern des Bundeswettbewerbs Informatik der Jahre 2005 und 2006 zusammen. Diese Teilnehmer waren 17 bis 19 Jahre alt. Bei allen acht Teilnehmern wurde ein IQ von über 130 ermittelt, was allgemein als Schwellenwert für eine psychometrische Hochbegabung angesehen wird [WW90]. Als Teilnehmer der im weiteren als Niedrigleister bezeichneten Kontrastgruppe wurden Studenten der Informatik im Alter zwischen 22 und 30 Jahren an der Universität Potsdam angeworben. Diese Teilnehmer wiesen in theoretisch-formal ausgerichteten Fächern überwiegend mittlere bzw. schlechte Studienleistungen auf.

Die Verbalisierungen sowie die während der Aufgabenbearbeitung von den Versuchspersonen angefertigten Skizzen wurden mittels einer Videokamera aufgezeichnet. Im Anschluss an die Versuche erfolgte eine Auswertung dieser Daten mit den Prinzipien der qualitativen Datenanalyse nach Mayring [May00]. Genauere Beschreibungen des Versuchsablaufes und der Auswertemethodik finden sich in [Kuj06; Kuj07]. Anhand der Bearbeitungsergebnisse eines Färbeproblems werden nun einige grundlegende Unterschiede im Vorgehen bei Problembearbeitungen zwischen Hoch- und Niedrigleistern besprochen. Dieses Färbeproblem wird unter [Kuj08] vorgestellt und ausführlich diskutiert.

9.1.1 Ergebnisse

Unterschiede im Problemlöseverhalten hoch- und niedrigleistender Problemlöser wurden bei dem hier behandelten 3-Färbeproblem besonders deutlich. Generell ließen sich die Problemlöseprozesse der Hochleister klar in die in der allgemeinen Problemlöse-Literatur beschriebene Phasen *Problemverständnis*, *Problemanalyse*, *Lösungsbearbeitung* und *Lösungsevaluation* unterteilen. Schon in der Phase des Aufgabenverständnisses zeigten die Hochleister deutliche Stärken. Sie hatten die Problemstellung in der Regel bereits nach einmaligem Vorlesen durch den Versuchsleiter vollständig und korrekt verstanden und haben sich sofort nach dem Startzeichen der Bearbeitung der Aufgabe zugewendet. Erkenntnisse über die Techniken des Problem- und Textverstehens Hochleistender liegen somit aufgrund mangelnder Verbalisierungen in dieser Phase nicht vor. Viele niedrigleistende Problemlöser begannen ihre Bearbeitung mit sofortigem Nachfragen zum Verständnis beim Versuchsleiter, ohne zunächst selbst nach einer Erklärung zu suchen. Auch traten bei einigen Probanden in der Gruppe der Niedrigleister Fehlinterpretationen der Aufgabenstellung auf, die während der gesamten Bearbeitung nicht korrigiert wurden und folglich zu falschen Ergebnissen führten. Zwei Teilnehmer aus dieser Gruppe haben die Aufgabe überhaupt nicht verstanden.

Die ersten Aktivitäten der Hochleister zielten auf eine ausführliche Analyse der Aufgabenbedingungen ab. In dieser Phase auftretende Schlüsselerkenntnisse konnten in dieser Gruppe später bei der Bearbeitung der Lösung äußerst effizient und zielgerichtet eingesetzt werden. So war es ihnen möglich, die Antwort der Frage nach der unteren Farbkombination im Maximalfall zu konstruieren und nicht durch unspezifisches Ausprobieren aller Färbemöglichkeiten zu suchen. Diese Schlüsselerkenntnisse hingegen fehlten den Niedrigleistern, die ausnahmslos ohne Problemanalyse sofort mit der Bearbeitung der Lösung begannen.

Evidente Unterschiede fanden sich auch in der Herangehensweise während der konkreten Lösungsbearbeitung. Hier gingen Niedrigleister überwiegend enaktiv durch mehr oder weniger zielgerichtetes Ausprobieren aller möglichen Farbkombinationen vor, um in der Folge aus der Menge der notierten Farbsequenzen verallgemeinernde Aussagen zur Lösung zu generieren. Wenn auch die Lösungen in einigen Fällen wenigstens in Teilen richtig waren, war diese Art der Bearbeitung äußerst zeit- und schreibintensiv und damit auch anfällig für zufällige Fehler. In den Bearbeitungsprozessen der Hochleister indessen fanden sich ausgeprägte fundamentale Ideen der Informatik, beispielsweise beschrieben in [SS04]. Im hier geschilderten Kontext waren dies Baumstrukturen und Rekursion, die in Kombination mit Schlüsselerkenntnissen aus der Problemanalyse zielgerichtet eingesetzt wurden. Die Sichtweise auf die Aufgabe war nicht wie bei den Niedrigleistern durch Betrachtung vieler konkreter Einzelfälle eher statisch, sondern kann durch die Frage nach den Besonderheiten beim Einfärben eines Rechtecks von links nach rechts als abstrahiert und dynamisch bezeichnet werden. Als Konsequenz daraus wies die Gruppe der Hochleister überwiegend sehr viel kürzere, zudem fehlerfreie Problemlöseprozesse auf. Exemplarisch sind hier in Abb. 9.1 die Original-Arbeitsskizzen zweier Probanden dargestellt, die typisch für die unterschiedlichen Vorgehensweisen in beiden Gruppen sind. Die linke Arbeit zeigt das einzige Arbeitsblatt des Hochleisters T10 mit den deutlich erkennbaren informatischen Methoden Baumstruktur und Rekursion. Rechts eines von drei Arbeitsblättern des Teilnehmers T53 aus der Gruppe der Niedrigleister. Einzige Methode hier war das Aufstellen immer länger werdender Tabellen mit allen möglichen Farbkombinationen.

Im Anschluss an die Aufgabenbearbeitung wurden die Probanden zu ihrem Vorgehen bei der Aufgabenbearbeitung befragt. Sämtlichen Versuchsteilnehmern waren informatik-spezifische Problemlösewerkzeuge wie Baumstrukturen und Rekursion durchaus geläufig. Die meisten Probanden aus der Gruppe der Niedrigleister haben jedoch zu keinem Zeitpunkt der Aufgabenbearbeitung in Erwägung gezogen, diese auch anzuwenden. Zwei Teilnehmer aus dieser Gruppe äußerten, sie hätten „kurz daran gedacht, es aber dann wieder verworfen". Meist wurde als Grund hierfür angegeben, die fundamentalen Ideen der Informatik in der Vorlesung lediglich als Faktenwissen vermittelt bekommen zu haben und ohne problembezo-

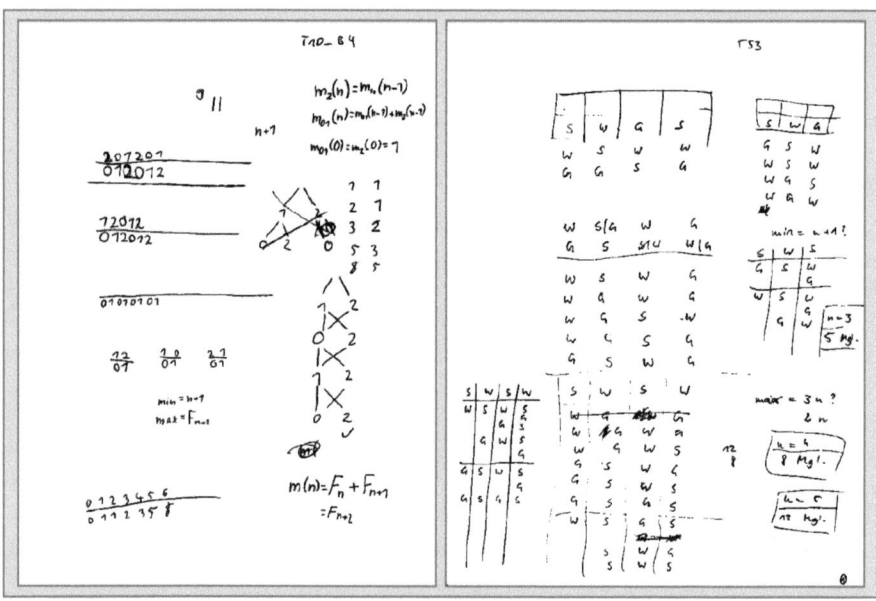

Abbildung 9.1: Arbeitsblätter der Probanden – links: Teilnehmer T10 aus der Gruppe der Hochleister, rechts: Teilnehmer T53 aus der Kontrastgruppe

gene Anwendungsbeispiele. Zudem wird von vielen schwachen Problemlösern das Bearbeiten von Informatikaufgaben über das absolut unvermeidbare Maß hinaus gemieden bzw. in einem sehr frühen Stadium bereits aufgegeben. Dies wurde im Interview durch Äußerungen wie „Ich bekomme ja doch nie etwas heraus, deshalb versuche ich es gar nicht erst" offensichtlich.

In Tab. 9.1 sind die aus den Verbalprotokollen identifizierten Unterschiede in den Herangehensweisen von Hoch- und Niedrigleistern zusammengefasst.

9.2 Motivation

Infolge der langwierigen Bearbeitungszeiten aus den weiter oben geschilderten Gründen und dem antizipierten Misserfolg scheuen offenbar schwache Problemlöser die Konfrontation mit Informatik-Problemen. Aber gerade das Bearbeiten solcher Probleme fördert das tiefere Verständnis der Materie und führt zu einem immer größer werdenden Fundus an Problemöseschemata, infolgedessen wiederum die weitere Exploration auch komplexerer informatischer Zusammenhänge er-

Tabelle 9.1: Unterschiedliche Phänomene in den Prozessen der Versuchsteilnehmer

Hochleister	Niedrigleister
Schnelles Problemverständnis	Häufig sofortiges Nachfragen beim Versuchsleiter
Intensive Problemanalyse $\Rightarrow$ Gezieltes Einsetzen von Schlüsselerkenntnissen	Keine Problemanalyse $\Rightarrow$ Schlüsselerkenntnisse zufällig und unbeachtet
Klare Trennung in Teilprobleme	Kaum Trennung in Teilprobleme
Hohes Abstraktionsniveau, Konkretisierungen wenn notwendig	Enaktive Vorgehensweisen, ausschließlich konkrete Inhalte
Ausgeprägte fundamentale Ideen der Informatik	Unspezifisches Herangehen durch Ausprobieren
Frage: Was passiert beim Übergang von einem n zum nächsten?	Frage: Wieviele Möglichkeiten habe ich bei $n = 1, 2, 3, \ldots$

möglicht wird [Fuc06; Fri01]. Die offensichtliche Lücke zwischen der Vermittlung deklarativer Wissensinhalte in der Vorlesung, in der die fundamentalen Ideen der Informatik meist ohne konkrete Anwendungsbeispiele präsentiert werden, und der Ausprägung prozeduraler Fähigkeiten soll durch die didaktische und multimediale Aufarbeitung der Ergebnisse aus der zugrunde liegenden Kontraststudie geschlossen werden. Lernende sollen erfahren, in welchen problembezogenen Kontexten informatische Prinzipien wie die Fundamentalen Ideen der Informatik Anwendung finden können. Durch die audio-visuelle Aufarbeitung der Herangehensweisen starker Problemlöser an Informatikprobleme, also durch die direkte Vermittlung der „Tricks der Hochleister" durch ein filmisch aufgearbeitetes Lehrvideo, soll Lernenden ohne fachspezifische Problemlöseerfahrungen aufgezeigt werden, wie die in der Vorlesung oder im Unterricht erlernten informatischen Inhalte konkret eingesetzt werden können. Die in dem Lehrvideo gezeigten Strategien der Hochleister beim Bearbeiten von Informatikaufgaben weisen den Zuschauer auf die Problematik typischer Anfängerfehler wie mangelndes Problemverständnis oder fach-unspezifische Herangehensweisen nach dem Trial-and-Error-Prinzip hin. Lernende sollen zu einer auf generelle Anwendung informatik-spezifischer Problemlösetechniken beim Bearbeiten von typischen Übungsaufgaben ausgerichtete Denkweise befähigt werden.

9.3 Begründung für das Medium „Lehrvideo"

Das Medium „Lehrvideo" wird in der Fachliteratur nicht ganz einheitlich diskutiert. [KF94] verweisen beispielsweise auf den im allgemeinen hohen Vertraut-

heitsgrad des Mediums Film. Hierin liegt die Gefahr, dass Lehrfilme ebenso wie
Lehrvideos seitens des Zuschauers von der Tendenz her als Unterhaltung verstanden werden, mit der Konsequenz einer vorwiegend konsumierenden sowie pas-
siven Haltung gegenüber den Lehrinhalten. [Lip87] dagegen sehen einen Vorteil
in einem höheren Maß an Erfahrung in der film-visuellen Wahrnehmung, da der
Zuschauer die Botschaft des Films leichter dekodieren kann. Ein weiterer Kri-
tikpunkt ist die Linearität des Mediums Film ohne Möglichkeit der Rückkopp-
lung und Alternativverläufen. Demgegenüber stehen die hohe Informationsdichte
bei gleichzeitig hoher Anschaulichkeit durch Visualisierungen und dynamische
Bildsequenzen des Mediums Film (höherer perzeptueller Input), wodurch auch
komplexe Zusammenhänge durch wenige Ausdrucksmittel vermittelbar werden,
die durch andere Medien nur langwierig und weniger anschaulich erklärbar sind.
Durch Bild, Ton und Handlungsabfolgen werden mehr Wahrnehmungskategori-
en angesprochen, was insgesamt zu einem didaktischen Mehrwert des Mediums
Film führt [KF94]. Auch berichtet [Pai05] von einer Erhöhung der Behaltensleis-
tung seitens der Zuschauer, wenn lernrelevante Inhalte simultan durch Verbal- und
Bildinformation präsentiert werden. Der Film schafft bei angemessenem Einsatz
der Mittel eine Realitätsnähe, die das Ausmaß der Betroffenheit und der Identifi-
kationsmöglichkeit und somit den Lerneffekt beim Zuschauer erhöht.

Die filmische Präsentation von Ergebnissen aus Sitzungen mit Lautem Denken wird beispielsweise in [HMP93] geschildert. Berichtet wird über Projekte in
den USA, bei denen Lernenden Originalvideos aus Laut-Denken-Sitzungen mit
Hochbegabten oder Experten vorgespielt wurden bzw. Hochleister live vor einer
Gruppe Lernender Aufgaben unter Lautem Denken gelöst haben. Doch wirft diese
Vorgehensweise aus Sicht der Autoren Probleme auf. Zum einen sind die Verbalisierungen aus solchen Sitzungen erfahrungsgemäß zum Teil schwer verständlich, da die Sprache der Beteiligten häufig zu leise ist, die Formulierungen aus
Halbsätzen bestehen können oder auch ganze Teile eines Problemlöseprozesses
vom Problemlösenden wieder verworfen werden. Der Betrachter wird über den
gesamten Problemlöseprozess aufgrund fehlender Kommentierungen allein gelassen. Das hier vorgestellte Konzept verfolgt daher einen alternativen Ansatz. Die
Verbalisierungen der Teilnehmer aus der Studie wurden zunächst sprachlich geglättet, dann aus den Problemlöseprozessen mehrerer Hochleister typische Elemente und prägnante Formulierungen herausgearbeitet und zu einem optimierten
Problembearbeitungsprozess zusammengestellt. Auch die von den Probanden angefertigten Skizzen wurden überarbeitet und ohne eventuelle Korrekturen nachge-
zeichnet. Dieser so aufbereitete Problemlöseprozess wurde dann von einem Akteur
in verbesserter Sprach- und Tonqualität im Stile der Laut-Denken-Sitzungen nach-
gespielt. Kommentierungen zu den einzelnen Aktivitäten wurden im Stile eines

Lehrfilms animiert aufgearbeitet und, deutlich vom restlichen Video abgehoben, an ausgewählten Stellen eingearbeitet. Dadurch soll beim Zuschauer ein lückenloses Verständnis und ein kontinuierliches Nachvollziehen der gezeigten Problemlöseaktivitäten erreicht werden.

9.4 Konzeptbeschreibung

9.4.1 Zielgruppendefinition

Zielgruppe für das Lehrvideo sind diejenigen Studenten der Informatik, denen die im Lehrvideo behandelten Prinzipien der Baumstruktur und der Rekursion bekannt sind, denen aber entsprechende prozedurale Fähigkeiten und Erfahrungen in der Anwendung solcher Instrumente fehlen. Das betrifft gleichermaßen Studenten, welche die betreffenden Inhalte neu erlernt haben als auch diejenigen, denen diese Strukturen schon seit längerem bekannt sind, die sie aber im konkreten Problemlösekontext nicht verwenden. Eingeschlossen in die Zielgruppe werden auch Schüler der Sekundarstufe II, die am schulischen Informatikunterricht teilnehmen und gleiche Wissensvoraussetzungen erfüllen.

9.4.2 Abgrenzung / Einschränkung / Didaktische Reduktion

Zunächst wurden im Lehrvideo die ursprünglichen vier Teile der Aufgabe, nämlich für den Minimal- und für den Maximalfall jeweils die Formel für die Anzahl der Färbemöglichkeiten oben und die entsprechenden unteren Farbkombinationen anzugeben, auf die Bearbeitung des Maximalfalls begrenzt. Bei der Bearbeitung des Maximalfalles kommen Baumstrukturen und Rekursion zum Einsatz. Der hinsichtlich der Bearbeitung einfachere Minimalfall wird als Lernkontrolle und zu Übungszwecken am Ende des Videos dem Zuschauer als Aufgabe präsentiert.

Bei dem hier vorgestellten Video geht es nicht darum, die Prinzipien und Funktionsweisen fundamentaler Ideen der Informatik didaktisch aufzuarbeiten und zu vermitteln, auf eine Erklärung der präsentierten informatischen Prinzipien im Einzelnen wurde daher verzichtet. Ihre Kenntnis und ihr Verständnis werden vorausgesetzt. Weiterhin ist nicht intendiert, alle Aspekte und Facetten der Herangehensweisen Hochleistender abzuhandeln. Einige Problemlöseprozesse in der Gruppe der Hochleister wiesen stark individuelle Komponenten auf, die ebenfalls sehr effizient waren, doch auf dem Niveau von Novizen nicht sinnvoll zu vermitteln sind. Von den insgesamt acht Problemlöseprozessen aus der Gruppe der Hochleister wurden daher diejenigen ausgewählt, die zum einen eine klare Problemlösestruktur aufwiesen und in denen die oben erwähnten fundamentalen Ideen der Informatik direkt zum Einsatz kamen. Dies waren die Bearbeitungsprozesse der Teilnehmer T10, T31 und T38. Dabei wurde hauptsächlich auf die Phasen „Problemanalyse" und „Lösungsbearbeitung" fokussiert. Über Techniken des Problem- und Textverstehens liegen seitens der Hochleister keine Verbalisierungen vor, das Lehrvideo setzt daher erst mit den Aktivitäten zur Problemanalyse ein.

Um die Ausführungen nicht zu komplex werden zu lassen, wurde insbesondere an einer Stelle die Vorgehensweise der Hochleister didaktisch reduziert. Die Herleitung der Rekursionsformel zur Errechnung der maximalen Anzahl an Färbemöglichkeiten aus der Länge n des Rechtecks wurde durch mathematische Umformungen ersetzt. In den für dieses Video ausgewählten Problembearbeitungen entwickelten zwei der Hochleister zunächst anhand einer Baumstruktur die in [Kuj08] aufgeführten rekursiven Grundgleichungen. Anschließend stellten die Hochleister dann Zahlenreihen aus den jeweiligen Anzahlen der Färbemöglichkeiten in Abhängigkeit von der Länge n des Rechtecks auf, die sie entweder mittels der drei gefundenen Gleichungen errechneten oder anhand der Knoten der Baumstruktur auszählten. Schließlich führten diese Zahlenreihen zu der Erkenntnis der zugrunde liegenden Fibonaccifolge. Eine solche Vorgehensweise des induktiven Schließens auf ein einer Zahlenreihe zugrunde liegendes Bildungsgesetz setzt im vorliegenden Fall in der Regel das Wissen über Fibonaccizahlen voraus, was gerade bei schwachen Problemlösern oft nicht der Fall ist. Da die gesuchte Formel hier aber auch durch einfacher verständliche mathematische Umformungen der rekursiven Ausgangsgleichungen gefunden werden kann, weicht an dieser Stelle der Film aus Gründen der Komplexitätsreduktion von der tatsächlichen Herangehensweise der Hochleister ab. Auf diese Weise kann die Formel auch ohne explizite Kenntnis der Fibonaccizahlen gefunden werden.

9.4.3 Das Drehbuch

9.4.3.1 Rahmenhandlung

Filmische Handlungen, in welche Lehrinhalte eingebunden sind, fördern aus medienendidaktischer Sicht bei adäquatem Einsatz das Verständnis. Der weiter unten beschriebene didaktische Kern des Videos ist in eine Rahmenhandlung eingebunden, in deren Verlauf die Figur des Hochleisters Tom vorgestellt wird. Zu Beginn der im Stile eines Fernsehberichts aufgemachten Filmsequenzen wird eine Hörsaalszene gezeigt, in der eine Gruppe Studenten im Klausurstil eine Aufgabe bearbeitet. Ein kurzer Kommentar erläutert die ungefähre Problemstellung, eine dezidierte Erklärung erfolgt später zu Beginn des didaktischen Teils. Anschließend werden einige dieser Studenten in Einzelinterviews nach ihren Erfahrungen bei der Aufgabenbearbeitung befragt. Die Studenten schildern ähnliche Probleme wie die oben aus der Gruppe der Niedrigleister beschriebenen. Beim Zuschauer erreicht werden soll damit ein Überdenken des eigenen Problemlöseverhaltens und eine Sensibilisierung für die Problematik. In Abb. 9.2 sind vier sog. Scribbles zu sehen, in denen Szenen aus der Rahmenhandlung dargestellt werden.

Solche Scribbles dienen der Visualisierung von Filmszenen in einer frühen Planungsphase. Sie werden typischerweise als Handzeichnungen mit Bleistift auf wesentliche Szeneninhalte reduziert und meist auch mit Strichfiguren angefertigt [Mai05].

9.4.3.2 Didaktischer Kern

Mit dem Beginn der Problembearbeitung durch die Hauptfigur Tom beginnt auch der eigentliche didaktische Teil des Videos. Die aus der Gruppe der Hochleister vorliegenden Videoaufzeichnungen wurden nach markanten und didaktisch verwertbaren Problemlöseaktivitäten durchsucht. Aus diesen Aktivitäten wurde an-

Abbildung 9.2: Szenenscribbles aus der Rahmenhandlung – oben links: Gruppe der Kontrastprobanden, oben rechts: Erklärung des Problems durch die Versuchsleiterin, unten links: Einzelinterview nach der Aufgabenbearbeitung, unten rechts: Begrüßung des Hochleisters Tom im Labor

schließend ein fiktiver, schlüssiger und optimierter Problemlöseprozess zusammengestellt, der im Video wie eine reale Problemlösesituation dargestellt wird. Wichtiger Bestandteil dieses Konzeptes ist, eine möglichst authentische Aufgabenbearbeitung zu simulieren, so wie sie auch in der Realität auftreten könnte. Dem Betrachter soll der Eindruck vermittelt werden, live bei der Bearbeitung eines Problems durch einen Hochleister dabei zu sein.

Der didaktische Teil des Videos besteht aus zwei Ebenen, einer konkreten Problemlöseebene, in der die Aufgabenbearbeitung von Tom zu sehen ist, und einer abstrahierten Kommentierungsebene, in der abschnittsweise die zurückliegenden Problemlöseaktivitäten von Tom aufgearbeitet sind und erklärt werden. Zwischen beiden Ebenen wird im Laufe des Videos an ausgewählten Stellen gewechselt. Zu Beginn wird die Aufgabe vorgestellt. Daran anschließend beginnt die Darstellung des Problemlöseprozesses auf der Problemlöseebene durch den fiktiven Problemlöser Tom. Wie in den Aufzeichnungen aus der Studie werden nur das Skizzenblatt mit den fortlaufend angefertigten Skizzen und die dazugehörigen Verbalisierungen dargestellt. Die ausgewählten Verbalisierungen wurden soweit möglich wörtlich übernommen und bei Bedarf zur besseren Verständlichkeit sprachlich geglättet und paraphrasiert. Zusätzlich wurden Verbalisierungen aus insgesamt drei erfolgreichen Problemlöseprozessen der Studie schlüssig zusammengefügt, sodass ein umfassenderer Überblick über erfolgreiche Problemlöseaktivitäten hochleistender Problemlöser gezeigt werden kann. Insoweit hierbei Synonyme in der Benennung von Objekten aus dem Problemraum auftraten – das in der Aufgabenstellung erwähnte 1*1-Quadrat wurde beispielsweise von den verschiedenen Teilnehmern einmal als „Quadrat", einmal als „Kästchen" oder als „Feld" bezeichnet – wurden diese Begriffe sprachlich vereinheitlicht.

An ausgewählten Stellen wird die Darstellung auf der Problemlöseebene unterbrochen und die zurückliegenden Aktivitäten auf der Kommentierungsebene zusammengefasst und erklärt. Sämtliche Kommentare wurden verfasst nach den Empfehlungen zur Textverständlichkeit, wie beispielsweise in [Mai05] oder [Mär05] beschrieben. Ein klar abgehobenes Layout und ein Wechsel des Sprechers/der Sprecherin verdeutlichen den Wechsel zwischen beiden Ebenen. In den Animationen sind auch relevante Teile der Originalskizzen sowie markante Formulierungen des fiktiven Problemlösers im Originalton eingearbeitet. Anschließend wird der simulierte Problemlöseprozess auf der Problemlöseebene fortgesetzt. Die zweifache Präsentation derselben Inhalte aus zwei unterschiedlichen Perspektiven – einmal als Verbalisierungen während des Problemlösens von Tom und direkt im Anschluss daran als animierte Erklärung – sorgt für notwendige Redundanzen in den gezeigten Inhalten. Dies fördert das Verständnis und die Lernbereitschaft beim Zuschauer [KF94].

9.4.3.3 Der Ablauf im Einzelnen

Im folgenden werden nun die einzelnen Abschnitte des didaktischen Teils kurz vorgestellt, eine zusammenfassende Darstellung hierzu findet sich in Tab. 9.2.

Tabelle 9.2: Zusammenfassung der einzelnen Abschnitte im didaktischen Teil des Videos

Phase	Aktivitäten	Min.
PV	*T:* zu Beginn des Didaktikteils abgeschlossen	0
	K: vollständige Erklärung der Aufgabe mit Frage nach dem Maximalfall	3:00
PA	*T:* Anfertigung einer Skizze zur Problemanalyse – Problembetrachtung als Färbevorgang – Erkennen der Bedeutung der Farbe diagonal zueinander liegender Quadrate – Schlussfolgerung für weiteres Vorgehen	2:30
	K: animierte Originalskizze von Tom – Hinweis auf Bedeutung intensiver Problemanalysen – Erklärung der Schlüsselerkenntnis und deren Bedeutung für die Fragestellung	3:00
PBK	*T:* schrittweise Entwicklung einer Baumstruktur unter Anwendung der Schlüsselerkenntnis – Konstruktion der gesuchten unteren Farbfolge – Angabe des ersten Teils der Lösung	5:00
	K: Umwandlung der vollständigen Baumskizze in eine animierte Grafik – Hinweis auf Baum als informatisches Problemlösewerkzeug – Erläuterung des Konstruktionsprinzips des Baumes – Herstellung der Beziehungen zwischen den Kenngrößen des Baumes und den Objekten des Problemraums	4:30
PBF	*T:* Analyse der fertigen Baumskizze mit der Frage nach den rekursiven Beziehungen der Anzahlen der Knoten auf jeder Ebene – Aufstellen dreier rekursiver Grundgleichungen – mathematische Umformung dieser Grundgleichungen zur gesuchten Formel	4:00
	K: Umwandlung von Toms Skizze in eine animierte Grafik – Erläuterung von Toms Überlegungen bei der Analyse – Hinweis auf Rekursion als weiteres informatisches Problemlösewerkzeug – Herleitung der drei rekursiven Grundgleichungen – Umformen der Grundgleichungen zur fertigen Lösung	4:30
PV = Problemverständnis, *T* = Aktivitäten von Tom, *K* = Kommentierungsebene, PA = Problemanalyse, PBK = Problembearbeitung der unteren Farbkonfiguration, PBF = Problembearbeitung Formel		

Problemerklärung: Aus den oben beschriebenen Gründen liegen keine Verbalisierungen zu Techniken des Problem- und Textverständnisses seitens der Hochleister vor. Das erste Modul des didaktischen Teils dient daher der expliziten Erklärung der Aufgabe mit der Frage nach dem Maximalfall. Wichtig ist hierbei, allen Zuschauern die Problemstellung vollständig verständlich zu machen, da andernfalls den weiteren Ausführungen nicht gefolgt werden kann. Erreicht wird dies dadurch, dass zum einen in der Erklärung wenig Vorwissen vorausgesetzt wird und komplexe Zusammenhänge in kleinen Schritten aufeinander aufbauend mit animierten Grafiken präsentiert werden. Die Lösung wird nicht bekannt gegeben, der Zuschauer soll Gelegenheit haben, sich im Laufe des Videos auch seine eigenen Gedanken zu machen.

Problemanalyse: Die ersten im Film gezeigten Problemlöseaktivitäten des Hochleisters Tom dienen einer intensiven Problemanalyse, an der Lernende durch die verbalisierten Gedankengänge partizipieren können. Diese wichtige Phase der Problembearbeitung ist bei den schwachen Problemlösern der Studie in der Regel komplett entfallen. Tom betrachtet das Problem als sequentiellen Färbevorgang und fertigt dabei eine Skizze an, die der Originalskizze des Teilnehmers T38 aus der Studie in dieser Phase entspricht. Er hinterfragt dabei wie Teilnehmer T38, wie viele Möglichkeiten existieren, das zweite obere Kästchen von links einzufärben. Am Ende dieser Phase hat Tom, die in [Kuj08] diskutierte Schlüsselerkenntnis der Diagonalbeziehung gefunden.

Im anschließenden Kommentierungsteil werden dann die Vorteile und Hintergründe dieser zurückliegenden Aktivitäten von Tom behandelt. Die Lernenden haben in diesem Modul vermittelt bekommen, dass intensive Problemanalysen wichtige Erkenntnisse für eine effiziente und erfolgreiche Bearbeitung von Problemen liefern. Auch die im weiteren Verlauf des Videos eingesetzte Schlüsselerkenntnis und deren Zustandekommen ist dem Zuschauer vermittelt worden.

Problembearbeitung untere Farbkombination: Tom bearbeitet nun die Frage nach der unteren Farbsequenz, welche die maximal mögliche Anzahl von verschiedenen Farbfolgen in der oberen Hälfte des Rechtecks zur Folge hat. Den Lernenden wird demonstriert, wie Tom in dieser Phase die Erkenntnis aus der Problemanalyse direkt anwenden und so in wenigen Minuten mittels einer fortlaufend erweiterten Baumstruktur die untere Farbfolge für den Maximalfall konstruieren kann.

Dieses Vorgehen wird im dazugehörigen Kommentierungsteil noch einmal verdeutlicht, indem dieser Baum schrittweise und mit zusätzlichen Erläuterungen hergeleitet wird. In dieser Phase wird dem Zuschauer die Fundamentale Idee der strukturierten Zerlegung mittels eines Baumes als informatisches Problemlöse-Werkzeug veranschaulicht und an einem konkreten Beispiel dessen Einsatz verständlich gemacht. Im Kommentierungsteil wird verdeutlicht, wie die einzelnen Objekte des Problemraumes durch die Baumstruktur modelliert werden können. So wird beispielsweise aufgezeigt, dass die Höhe des Baumes der Länge des Rechtecks und die Anzahl der Knoten auf jeder Ebene der Anzahl der oberen Farbsequenzen bis zu dieser Länge entspricht.

Problembearbeitung Formel: Im letzten Teil des didaktischen Kerns wendet sich Tom schließlich der Frage nach der Formel zur Errechnung der Anzahl der Möglichkeiten anhand der Länge n des Rechtecks zu. Hier entwickelt er durch Analyse der in der vorangehenden Phase erarbeiteten Baumstruktur eine rekursive Formel, indem er sich fragt, wie die Häufigkeit einzelner Knoten einer Ebene des Baumes aus der Häufigkeit der Knoten der Ebene davor bestimmt werden kann. Am Ende hat Tom auch die gesuchte Formel korrekt und in kurzer Zeit angegeben und somit das Problem vollständig bearbeitet. Neben der Idee der strukturierten Zerlegung wird in diesem Teil noch eine zweite Idee, die der Rekursion als Problemlösewerkzeug demonstriert.

9.5 Evaluationsergebnis und Ausblick

Das Lehrvideo wurde in einer Vorab-Version 24 Erstsemester-Studenten der Informatik zur Bewertung vorgeführt. Über 70% der Teilnehmer bezeichneten ihre eigene Problemlösefähigkeit als „eher schwach" oder „schwach", konstatierten aber gleichzeitig, dass informatisches Problemlösen innerhalb ihres Studiums eine wichtige Rolle spielt. Diese Teilnehmer gehörten somit zur Zielgruppe des Videos. Die Auswertung der Fragebögen ergab eine hohe Akzeptanz des im Video umgesetzten Konzeptes und signalisierte einen Bedarf an gezielter Vermittlung konkreter Problemlösetechniken. Mehrheitlich erklärten die Befragten, das Video hätte ihnen weiterführende Erkenntnisse beim Bearbeiten von Informatikproblemen gebracht. 58% der Teilnehmer äußerten, durch das Video eine höhere Motivation zur Beschäftigung mit Informatikproblemen zu haben. Darunter waren auch vier der insgesamt sieben Teilnehmer, die ihre eigene Problemlösefähigkeit als „eher stark" oder „stark" bezeichneten. 75% der befragten Studenten, darunter fünf der sieben nach eigenen Angaben stärkeren Problemlöser, würden nach den vorliegenden Ergebnissen befürworten, auch andere informatische Methoden nach einem solchen Konzept zu erlernen.

Das hier vorgestellte Konzept wird in den nächsten Monaten zu einem fertigen Video ausgearbeitet. Zu einem späteren Zeitpunkt wird als Erweiterung des Konzeptes die Entwicklung einer Präsentationsumgebung angestrebt. Diese soll den wahlfreien Zugriff auf die einzelnen Module ermöglichen, sodass die Präsentationsreihenfolge der einzelnen Sequenzen bei Bedarf verändert werden kann bzw. einzelne Module wiederholt oder auch übersprungen werden können. Man soll also wählen können, ob beispielsweise nur die Ermittlung der unteren Farbfolge ohne die Formel, nur die Aktivitäten von Tom oder nur die Erklärungsmodule präsentiert werden sollen. Auch soll die Reihenfolge der beiden oben beschriebenen Ebenen vertauscht werden können. Es soll ermöglicht werden, beispielsweise zuerst die Erklärungsmodule und erst danach die Umsetzung des Gezeigten durch den Hochleister Tom zu vermitteln. In den Erklärungsmodulen ist die Einrichtung optionaler Haltepunkte angedacht, an denen die Präsentation unterbrochen werden kann, um den weiteren Verlauf der Problembearbeitung anhand der bereits vermittelten Informationen vom Lernenden zunächst selbst erarbeiten zu lassen. In Abhängigkeit von der Problemlösekompetenz der Zuschauer kann diese vorher vermittelte Information umfangreicher oder weniger umfangreich ausfallen, was einer im Verlauf späteren bzw. früheren Unterbrechung der Präsentation entspricht. Die Präsentationsumgebung soll also vorführenden Lehrern und Dozenten, aber auch Lernenden, welche die Sequenzen eigenständig am PC abrufen, den nicht-linearen Zugriff auf die Inhalte ermöglichen. In der hier beschriebenen Form wird dann auch die Bearbeitung des einfacheren Minimalfalls behandelt.

Ein wenig zur Historie

Mein (Andreas Schwills) erster Kontakt zu Herrn Claus geht auf das Jahr 1981 zurück. Zusammen mit meinen drei Kommilitonen Michael Hanus[1], Michael Lange und Michael Schmidt[2], mit denen ich – obwohl ich nicht Michael heiße – praktisch das gesamte Informatikstudium in Dortmund von 1978 bis 1983 gemeinsam absolviert habe, hörte ich die Vorlesung Formale Sprachen von Herrn Claus. Wir vier kämpften uns durch die wöchentlichen Übungsblätter und lösten auch die ein oder andere Aufgabe, von denen – wie ich später durch unseren Übungsgruppenleiter Norbert Siegmund[3] erfuhr – Herr Claus immer eine „unlösbare" Aufgabe „für die Genies" vorgesehen hatte. Ob wir damals auch mal eine dieser Aufgaben gelöst hatten, weiß ich nicht mehr, in jedem Fall wäre es vermutlich reiner Zufall gewesen.

Für die Motivation zu dieser Veranstaltung und eine anschließende Bindung an den Lehrstuhl Claus sorgte vielmehr der einzigartige unterhaltsame Vorlesungsstil von Herrn Claus sowie eine entsprechende Atmosphäre am Lehrstuhl, so dass meine drei Kommilitonen und ich anschließend mehrere Spezialvorlesungen besuch-

---

[1] heute Prof. Dr. Michael Hanus
[2] heute Dr. Michael Schmidt
[3] seinerzeit Assistent am Lehrstuhl

ten, an der Projektgruppe PUC mit dem Thema „Umkehrcompilierung" (1981–1982, Betreuer: Norbert Siegmund, Dr. Frank Wankmüller†) teilgenommen haben, schließlich in der Theoretischen Informatik hängengeblieben sind und drei von uns auch ihre Diplomarbeit am Lehrstuhl Claus erstellten. Und dabei hatten Kommilitonen uns von Anfang an gewarnt, dass die Leute in der Arbeitsgruppe Claus ziemliche Stresser seien. Wir gingen seinerzeit das Wagnis ein, weil uns die muntere Atmosphäre und die Begeisterung für die informatischen Gegenstände eingenommen hatten.

Während meiner Diplomarbeitsphase erhielt ich von Herrn Claus irgendwann das Angebot für eine Hiwi-Stelle mit der Aufgabe, bei der Organisation des Bundeswettbewerbs Informatik mitzuwirken. Hier liegen vielleicht die Wurzeln für mein bis heute bestehendes Interesse an Wettbewerben und der Förderung von Schülerinnen und Schülern, die besonders an Informatik interessiert sind. Während meiner Assistenztätigkeit bei Herrn Claus haben wir dann die Einsendungen zu den ersten drei Bundeswettbewerben[4] auf bearbeitete Themen, verwendete Informatikmethoden[5], Programmiersprachen und bestehende Zusammenhänge untersucht [CS86].

Seit 1998 organisiere ich den Landeswettbewerb Informatik im Land Brandenburg[6], an dem jährlich 32 Schülerinnen und Schüler teilnehmen, zu dem bis 2002 freie Beiträge zu einem wechselnden Thema eingereicht werden konnten. Seit 2003 besteht der Wettbewerb aus Einzelfachgesprächen, der gemeinsamen Bearbeitung von Aufgaben in Kleingruppen und Abschlusspräsentationen.

Um die über die Jahre aufgelaufenen Erfahrungen auch auf eine wissenschaftliche Grundlage zu stellen, schrieb ich 2001 ein Promotionsvorhaben zum Thema „Hochbegabung in Informatik" aus, für das ich einige Zeit später einen externen Doktoranden (erster Autor) begeistern konnte. In diesem Artikel wird über den Stand der Ergebnisse und weitere Arbeiten berichtet.

Literaturverzeichnis

[CS86] CLAUS, V. und A. SCHWILL: *Informatikkenntnisse von Jugendlichen, untersucht am Beispiel der drei Bundeswettbewerbe Informatik.* Informatik-Spektrum, 6:270–279, 1986.

[Fri01] FRIEGE, G.: *Wissen und Problemlösen.* Logos Verlag, Berlin, 2001.

---

[4] Zu den ersten drei Bundeswettbewerben Informatik waren noch freie Einsendungen möglich, danach wurde auf Aufgaben umgestellt.

[5] Dies war der Auftakt für meine späteren Arbeiten über fundamentale Ideen der Informatik.

[6] http://www.informatikdidaktik.de/Informatikwettbewerb

[Fuc06] FUCHS, M.: *Vorgehensweisen mathematisch potentiell begabter Dritt- und Viertklässler beim Problemlösen.* LIT Verlag, Berlin, 2006.

[HMP93] HELLER, K., F. MÖNKS und A. PASSOW: *International Handbook of Research and Development of Giftedness and Talent.* Pergamon, Oxford, 1993.

[KF94] KITTELBERGER, R. und I. FREISLEBEN: *Lernen mit Video und Film.* Beltz Verlag, Weinheim, 1994.

[Kuj06] KUJATH, B.: *Ein Test- und Analyseverfahren zur Kontrastierung von Problemlöseprozessen informatischer Hoch- und Niedrigleister – erste Ergebnisse einer Pilotstudie.* In: SCHWILL, A., C. SCHULTE und M. THOMAS (Herausgeber): *Didaktik der Informatik,* Band 99 der Reihe *LNI,* Seiten 49–69, Bonn, 2006. Gesellschaft für Informatik.

[Kuj07] KUJATH, B.: *Vergleichende Analysen zweier Problemlöseprozesse unter dem Aspekt des Problemlöseerfolgs.* In: SCHUBERT, S. (Herausgeber): *Didaktik der Informatik in Theorie und Praxis,* Band 112 der Reihe *LNI,* Seiten 295–306, Bonn, 2007. Gesellschaft für Informatik Bonn.

[Kuj08] KUJATH, B.: *Anhang zum Workshopbeitrag: Wie können schwache Problemlöser von Hochleistern lernen – Konzeption eines Lehrvideos.* http://ddi.cs.uni-potsdam.de/didaktik/kujath/ Fachgruppe2008Anhang.pdf, 2008.

[Lip87] LIPPERT, H.: *Rezipienten-orientierte Medienwirkungsforschung.* Verlag Josef Lippert, Münster, 1987.

[Mai05] MAIR, D.: *E-Learning – das Drehbuch.* Springer, Berlin, 2005.

[Mär05] MÄRTIN, D.: *Erfolgreich texten.* Voltmedia, Paderborn, 2005.

[May00] MAYRING, P.: *Qualitative Inhaltsanalyse.* Beltz, Weinheim, 2000.

[Pai05] PAIVIO, A.: *Imagery and Verbal Processes.* Lawrence Erlbaum Associates, Inc., Hillsdale, 2005.

[SS04] SCHUBERT, S. und A. SCHWILL: *Didaktik der Informatik.* Spektrum Akademie Verlag, Heidelberg, 2004.

[WW90] WALDMANN, M. R. und F. E. WEINERT: *Intelligenz und Denken.* Hogrefe, Göttingen, 1990.

10 Informatik in einem Frauenstudiengang

Gerlinde Schreiber, Hochschule Bremen, Fakultät Elektrotechnik und Informatik

Zusammenfassung. Informatik in einem Frauenstudiengang? Hat das Geschlecht der Studierenden einen Einfluss auf einen inhaltlich nach GI-Empfehlungen konzipierten Studiengang Informatik? Dieser Frage geht der Beitrag nach und erläutert das Konzept und die Erfahrungen aus dem Internationalen Frauenstudiengang Informatik an der Hochschule Bremen.

10.1 Ausgangssituation

Der Frauenanteil im Informatikstudium stagniert seit Jahren bei etwa 15%. Die „Bindestrich-Informatiken" (wie Wirtschaftsinformatik, Medieninformatik, Bioinformatik usw.) mit klarem Anwendungsbezug scheinen für Frauen attraktiver zu sein und weisen regelmäßig einen Studentinnenanteil von über 20% auf. Die „Kerninformatiken" liegen dagegen häufig bei weniger als 10% Frauenanteil und nähern sich damit Fächern wie Maschinenbau oder Elektrotechnik an. Konkret bedeutet dies, dass in vielen Informatikveranstaltungen Monoedukation herrscht – ein männlicher Lehrender vermittelt seinen Stoff an eine rein männliche Zuhörerschaft. Der Lehrstil orientiert sich an der typischen Herangehensweise und dem typischen Vorwissen junger Männer, die in der Regel über reichlich Computererfahrung (und sei es mit Computerspielen) und ein solides technisches Selbstwertgefühl verfügen.

So gering die Repräsentanz junger Frauen im Informatikstudium ist, so selbstverständlich nutzen junge Frauen Internet und Handys. Von geringer Technikneigung oder Desinteresse an technischen Neuerungen kann bei ihnen offenbar nicht die Rede sein.

An diesen Widerspruch knüpft das Konzept des Internationalen Frauenstudiengangs Informatik an der Hochschule Bremen an. Das Angebot richtet sich an junge Frauen mit Freude am logischen Denken und Spaß an „schöner Technik", die sich aber nicht für Computerfreaks halten.

10.2 Konzepte des Studiengangs

Der Internationale Frauenstudiengang Informatik wurde zum Wintersemester 2000/2001 an der Hochschule Bremen als Modellprojekt eingerichtet, jeweils hälftig finanziert von Bund und Land Bremen. Nach einer fünfjährigen Erprobungsphase stellte sich der Studiengang im Jahr 2005 einer externen Überprüfung und wurde nach erfolgreicher Evaluation in das Regelangebot der Hochschule Bremen überführt. Zeitgleich erfolgte die Umstellung vom Diplom- auf Bachelorabschluss und die Akkreditierung gemeinsam mit den übrigen Informatikstudiengängen der Hochschule. Der Studiengang ist nach anfänglicher Zuordnung zum Fachbereich Wirtschaft seit Jahren in der Fakultät Elektrotechnik und Informatik verankert und ergänzt dort die Studienmöglichkeiten in der Informatik neben Technischer Informatik und Medieninformatik/Digitale Medien. Der Studiengang bietet jährlich 30 Studienplätze zum Wintersemester.

Um junge informatikinteressierte Frauen für ein Studium zu gewinnen und zum erfolgreichen Abschluss zu führen, setzt der Studiengang ein Bündel von Maßnahmen um. Diese haben sich als geeignet gezeigt, bei informatikuntypischen Vorkenntnissen und untypischen intuitiven Herangehensweisen einen erfolgreichen Studienverlauf weitestmöglich zu unterstützen. Diese Maßnahmen sind im einzelnen:

- Angewandte Informatik als fachlicher Schwerpunkt
- Monoedukation
- Internationalität
- Praxisorientierung
- Virtualität.

10.3 Angewandte Informatik als fachlicher Schwerpunkt

Der Internationalen Frauenstudiengangs Informatik bietet einen inhaltlich anderen Informatikstudiengängen gleichwertigen Abschluss und orientiert sich an den Empfehlungen der Gesellschaft für Informatik für einen Studiengang der Angewandten Informatik [GI]. Das Curriculum berücksichtigt, dass die wenigsten Studienanfängerinnen bereits umfangreiche Vorkenntnisse in der Software-Entwicklung oder zur Rechnerarchitektur mitbringen. In der Regel haben die Studentinnen vor Studienbeginn noch nie das Gehäuse ihres Rechners geöffnet, nicht alle haben schon nützliche Software im Internet gesucht, gefunden, installiert, getestet und gegebenfalls wieder deinstalliert. Diese Kenntnisse werden im Frauenstudiengang nicht stillschweigend vorausgesetzt, sondern in Lehrveranstaltungen explizit thematisiert und im Labor erprobt. Eine Installationsparty beispielsweise gehört zum Standardangebot für die Erstsemesterinnen.

Die Evaluation des Studiengangs am Ende der Modellprojektphase untersucht auch die Frage, welche Eigenschaften „typische Studentinnen" des Frauenstudiengangs auszeichnet [Bei05]. Als Ergebnis zeigt sich, dass die Studentinnen zu Studienbeginn über ein solides technisches Selbstbewusstsein verfügen: Sie stehen technischen Neuerungen aufgeschlossen gegenüber und haben Spaß an der Interaktion mit Technik. Sie stufen jedoch ihre konkreten Computerkenntnisse als eher gering ein. Im Studienverlauf verbessert sich diese Selbstwahrnehmung bis hin zu einer sich selbst attestierten guten Kompetenz. Das Konzept des Studiengangs ist also geeignet, den anfänglichen Erfahrungsrückstand und die daraus resultierenden Unsicherheiten auszugleichen.

Angewandte Informatik als fachlicher Schwerpunkt betont den Anwendungsbezug des Studiums und wird inhaltlich durch verschiedene Projekte im Studium, gerne interdisziplinär mit Partnern mit anderen fachlichen Hintergründen, unterstrichen. Fremdsprachenkenntnisse, Dialogfähigkeit und Kooperationsbereitschaft sind hier Voraussetzung für erfolgreiches Arbeiten. Diese Kompetenzen werden im Internationalen Frauenstudiengang Informatik nicht losgelöst in soft skill-Veranstaltungen vermittelt, sondern als integraler Bestandteil erfolgreicher Projektarbeit in verschiedenen Projekten im Studienverlauf gesehen.

10.4 Monoedukation

Das Studium ist in den ersten drei Semestern strikt monoedukativ angelegt. Die Vorlesungen finden in der Regel in der Gruppe der 30 Studentinnen eines Jahrgangs statt, für Laborarbeiten wird die Gruppe geteilt. Die Labore sind ausschließlich dem Frauenstudiengang zugeordnet. Übungen werden von Studentinnen höherer Semester betreut. Diese Durchführung gewährleistet eine unbefangene und offene Arbeits- und Frageatmosphäre: In gemischten Informatikstudiengängen können sich die wenigen Frauen in der Regel der besonderen Aufmerksamkeit der Lehrenden und ihrer Kommilitonen sicher sein. Bei Unsicherheiten ist diese Situation sehr störend, weil ständig die Sorge vor Blamage freies Arbeiten behindert.

Im weiteren Studienverlauf ab dem vierten Semester stellen die Informatikstudiengänge der Hochschule gemeinsam das Wahlpflichtangebot zusammen, um hier zu einer breiteren Auswahl für die Studierenden zu gelangen. Damit besteht ab dem vierten Semester für die Studentinnen des Frauenstudiengangs die Möglichkeit, auch an gemischten Veranstaltungen teilzunehmen. Gewünschter Nebeneffekt: Studierende aller Studiengänge können ihre Kenntnisse untereinander vergleichen und so Vorurteile und Selbsteinschätzungen auf einen objektiven Prüfstand stellen.

Im Auslandssemester studieren die Studentinnen des Frauenstudiengangs in einem koedukativen Umfeld. Im Praxissemester arbeiten sie in der klassischen männlich geprägten Arbeitswelt der Informatik.

Die Evaluation des Studiengangs am Ende der Modellprojektphase [Bei05] untersucht auch die Frage nach der Wunschverweildauer der Studentinnen in strikter Monoedukation. Hier ist kein einheitliches Bild vorhanden, die Wünsche variieren zwischen einem Semester und dem gesamten Studienverlauf.

10.5 Internationalität

Ein Auslandssemester ist im Studienverlaufsplan des Internationalen Frauenstudiengangs Informatik zwingend vorgeschrieben. Die Studentinnen haben die Wahl zwischen einem Aufenthalt an einer der Partnerhochschulen des Studiengangs oder als free mover an einer selbst gewählten Hochschule. Das Studium an einer Partnerhochschule ist dort von den Studiengebühren befreit und wird organisatorisch vom International Office und dem Frauenstudiengang betreut, die erworbenen Scheine werden nach Absprache als Prüfungsleistungen in Bremen anerkannt. Partnerschaften bestehen mit Hochschulen in Schweden, Holland, Großbritannien, Irland, Frankreich, der Türkei, den USA, Lettland, der Schweiz und Österreich, weitere Partnerschaften kommen kontinuierlich hinzu.

Im Austausch mit den Studentinnen des Frauenstudiengangs kommen ausländische Studierende nach Bremen, ebenso findet ein Lehrendenaustausch statt. Ab dem vierten Semester werden einige Lehrveranstaltungen in Bremen in englischer Sprache angeboten.

Darüberhinaus hat sich im Lauf der Jahre gezeigt, dass der Internationale Frauenstudiengang Informatik auch viele in Deutschland lebende junge Frauen mit Migrationshintergrund anzieht. Hier spiegelt sich die Tatsache wieder, dass in vielen Ländern der Frauenanteil in technischen Disziplinen höher ist als in Deutschland und den anglo-amerikanischen Ländern (so in Spanien, Italien, Südamerika, den arabischen Staaten und den Ländern des ehemaligen Ostblocks).

Das internationale Profil des Studiengangs ist bei den Studentinnen der stärkste Grund für ein Studium im Internationalen Frauenstudiengang [Bei05].

10.6 Praxisorientierung

Praxisorientierung gehört für einen Studiengang an einer Fachhochschule zum Selbstverständnis. Im Frauenstudiengang ist ein Betriebspraktikum vorgeschrieben, das im Diplom ein ganzes Semester dauerte, im Bachelor geringfügig verkürzt wurde. Viele Studentinnen nutzen das Praktikum, um hier wertvolle Kontakte für die Abschlussarbeit aufzubauen und diese dann in Kooperation mit einem Industrieunternehmen zu realisieren. Das Praxissemester kann überall, auch im Ausland, absolviert werden.

Das Betriebspraktikum hat sich durchgehend bewährt: Alle Studentinnen betrachten die Erfahrungen als wertvoll. Die eigenen Kenntnisse, Teamfähigkeit und Durchsetzungsvermögen haben sich einer ersten ernsten Bewährungsprobe unterzogen, der Berufsstart ist erleichtert.

10.7 Virtualität

In der Definitions- und Modellprojektphase des Internationalen Frauenstudiengangs Informatik herrschte Unsicherheit darüber, wieviele Studentinnen wohl mit der Vereinbarkeit von Kinderbetreuung und Studium zu tun haben. Bisher hat sich gezeigt, dass in jedem Jahrgang Studentinnen mit Kindern studieren, die nicht auf umfangreiche Unterstützung zurückgreifen können. Vor diesem Hintergrund wurde virtuellen Lehrformen von Anfang an besondere Aufmerksamkeit geschenkt. E-Learning gehört zum Spezialgebiet einer Lehrenden des Studiengangs. Die Lehr- und Lernplattform der Hochschule Bremen wird in allen Lehrveranstaltungen des Studiengangs zum Informationsaustausch genutzt.

10.8 Aktuelle Entwicklungen im Studiengang

Das Konzept des Studiengangs ist erfolgreich, der Internationale Frauenstudiengang Informatik wurde ohne Auflagen akkreditiert. Die Absolventinnen können zumeist zwischen mehreren lukrativen Angeboten, auch im Ausland, wählen, Einschränkungen ergeben sich hier wie üblich bei schlechten Abschlusszensuren, familiären Einschränkungen und dem Wunsch nach Teilzeitarbeit. Gleichwohl ist der Studiengang keine Selbstverständlichkeit und muss sich kontinuierlich mit Vorurteilen verschiedenster Art auseinandersetzen. Ebenso ist die Nachwuchsförderung eine dauernde Herausforderung, da 30 gute Bewerberinnen für ein Informatikstudium nirgendwo eine Selbstverständlichkeit darstellen.

Die Umstellung vom Diplom- auf den Bachelorabschluss kann noch nicht qualifiziert gewürdigt werden, da noch nicht genug Studentinnen das Bachelorstudium
durchlaufen haben. Eine Tendenz zeichnet sich jedoch ab, die kurz erwähnt werden muss. Neben einer inhaltlichen Straffung sieht das Bachelor-Studium an der
HS Bremen eine strengere Prüfungsordnung vor. Danach können Prüfungen in der
Regel nur noch einmal wiederholt werden, was zu einer Verkürzung der Studien-
zeit und einer früheren kritischen Reflexion der eigenen Studienfachwahl führen
soll. Wie bewährt sich nun diese Vorstellung in der Studienwirklichkeit? Nach dem
derzeitigen Eindruck führt die rigidere Durchfallregelung dazu, dass Studierende
Wiederholungsprüfungen aufschieben, da diese mit einem höheren Risiko verbunden sind. Die Konsequenzen dieses Verhaltens sind absehbar: Verlängerung der
Studiendauer, Notwendigkeit zu (nicht einschlägiger) Nebentätigkeit – ein Problem, das nicht nur den Frauenstudiengang Informatik betrifft.

Literaturverzeichnis

[Bei05] BEIER, G.: *Evaluation des Internationalen Frauenstudiengangs Informatik an der HS Bremen.* zu beziehen über: [IFI], 2005.

[GI] *GI-Empfehlungen für Informatik-Studium, -Ausbildung, -Fortbildung und
-Weiterbildung.*
http://www.gi-ev.de/service/publikationen/empfehlungen.html.

[IFI] *Internationaler Frauen-Studiengang Informatik B.Sc.*
http://www.informatikerin.hs-bremen.de/.

Teil III
Grundlegendes

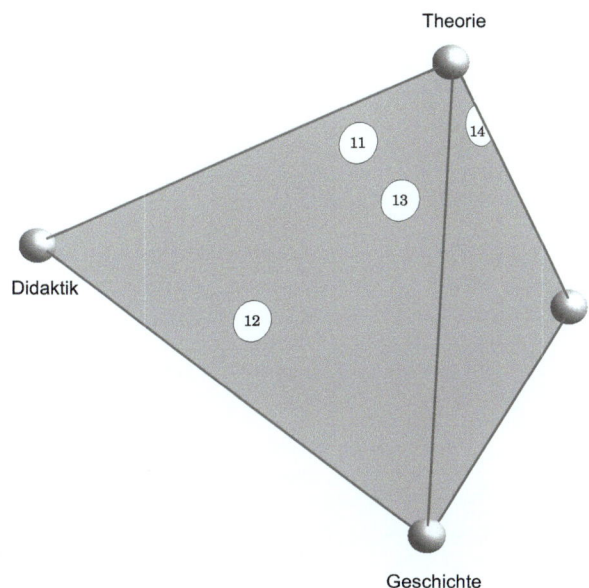

Theorie

Didaktik

Geschichte

11 Komplexität der Geographie

Volker Diekert, Universität Stuttgart, Institut für Formale Methoden der Informatik
Ulrich Hertrampf, Universität Stuttgart, Institut für Formale Methoden der Informatik

Zusammenfassung. Das allgemein als Prototyp eines PSPACE-vollständigen Spiels gesehene Geographiespiel wird bezüglich seiner Komplexität genauer untersucht. Das Interesse der theoretischen Informatik an diesem Spiel wurde sehr durch die Darstellung in dem Lehrbuch von Papadimitriou [Pap94] gefördert. Allerdings bestimmt dieses Lehrbuch nicht die Komplexität des Standardspiels sondern verwendet eine Verallgemeinerung. Die Aussage in dem Lehrbuch bleibt damit etwas unbefriedigend und hinter den Möglichkeiten. Wir zeigen hier, dass die komplexitätstheoretische Charakterisierung schon für die Standardvariante des Spiels gilt.

In der konkreten Version, die man tatsächlich als Gesellschaftsspiel verwenden kann, gibt es unserem Alphabet entsprechend nur 26 Buchstaben. Es ergibt sich, dass man bei konstanter Buchstabenzahl optimale Spielstrategien in polynomieller Zeit berechnen kann.

In der Praxis muss man allerdings wiederum anders vorgehen, um verwertbare Ergebnisse zu erhalten. Wir beschreiben das anhand eines Spiels mit den 305 Millionenstädten dieser Welt.

11.1 Das Spiel Geographie

Geographie ist ein Gesellschaftsspiel, welches man gut mit einer Gruppe von Schülern im Unterricht spielen kann, um z. B. deutsche (oder andere) Städtenamen zu behandeln. Man spielt mit einer kleinen Gruppe von beispielsweise 10 Leuten. In einer gewissen zyklischen Reihenfolge müssen die Teilnehmer nacheinander Städte nennen. Der Rest der Klasse fungiert zusammen mit dem Lehrer als Schiedsrichter, ob der Name wirklich eine Stadt bezeichnet. So sind alle involviert. Eine Regel ist, dass jede Stadt nur einmal genannt werden darf. Außerdem muss der erste Buchstabe stets der letzte Buchstabe der Vorgängerstadt sein. Beginnt also der erste Spieler mit Oldenburg, so darf mit Gelsenkirchen fortgesetzt werden. Dann findet man vielleicht Nürnberg und daraufhin Göttingen. Gelsen-kirchen war nicht mehr möglich, da es schon genannt wurde. Auf Göttingen darf man auch nicht mehr Nürnberg nennen, aber Neumünster würde passen. Jetzt kann man nach Regensburg wechseln und so fort. Zu Anfang ist es sehr einfach passen-de Städtenamen zu finden, aber erfahrungsgemäß werden Schüler rasch Probleme bekommen, einen freien Namen zu finden. Man legt dann eine Zeit fest, etwa 30 Sekunden, und wer es nicht schafft innerhalb dieser Zeit fortzufahren, scheidet aus. Die letzte Person, die übrig bleibt, gewinnt das Spiel.

Im Folgenden betrachten wir dieses Spiel stets nur für zwei Spieler, die abwech-selnd jeweils einen Namen aus einem vorher festgelegten Vorrat von Städtenamen nennen. Ob wir ein interessantes Spiel erhalten hängt entscheidend vom vereinbar-ten Vorrat ab. Alle deutschen Städte sind vielleicht zu viel und mit etwas Training kann man lange Ketten bilden. Was passiert, wenn die Liste zu kurz ist? Als Bei-spiel nehmen wir die folgenden 18 Städte:

Berlin, Hoffenheim, Hamburg, München, Leverkusen, Wolfsburg, Gelsenkir-chen, Stuttgart, Dortmund, Bremen, Köln, Hannover, Frankfurt, Bielefeld, Bo-chum, Cottbus, Karlsruhe, Mönchengladbach.

Sollte der Start auf Berlin, München, Leverkusen, Stuttgart, Dortmund, Gelsen-kirchen, Bremen, Köln, Hannover, Frankfurt oder Karlsruhe festgelegt sein, hätte der Spieler, der nun die nächste Stadt nennen soll, direkt verloren, da er keine Stadt mit dem Anfangsbuchstaben N, T, D, R oder E finden kann. (Im Fall von Dortmund wäre die einzige passende Stadt wieder Dortmund selbst, die aber schon als An-fangsstadt verbraucht wäre!)

In den anderen Fällen (es bleiben ja nur noch Hoffenheim, Hamburg, Wolfsburg, Bielefeld, Bochum, Cottbus und Mönchengladbach) kann der erste Spieler sofort gewinnen, indem er München, Gelsenkirchen, Dortmund, Stuttgart oder Hannover wählt.

Bei realistischeren Spielen muss man also mehr Städtenamen im Vorrat haben, um zu echten Herausforderungen zu gelangen. Gelegentlich hört man, dass *Geo-graphy* in amerikanischen Schulen gespielt wird, um die Hauptstädte der 51 ame-rikanischen Bundesstaaten zu lernen. Dies ist wenig glaubhaft, denn die Liste der Städte sieht wie folgt aus:

Montgomery, St. Paul, Montpelier, Juneau, Jackson, Richmond, Phoenix, Jeffer-son City, Olympia, Little Rock, Helena, Charleston, Sacramento, Lincoln, Madi-son, Denver, Carson City, Cheyenne, Hartford, Concord, Dover, Trenton, Washing-ton, Tallahassee, Santa Fe, Atlanta, Albany, Honolulu, Raleigh, Boise, Bismarck, Springfield, Columbus, Indianapolis, Oklahoma City, Des Moines, Salem, Tope-ka, Harrisburg, Frankfort, Providence, Baton Rouge, Columbia, Augusta, Pierre, Annapolis, Nashville, Boston, Austin, Lansing, Salt Lake City.

Man kann sich hier leicht alle relevanten Übergänge zeichnen, zum Beispiel ist dann leicht zu sehen, dass man von Denver zu Richmond oder Raleigh gehen kann. Tatsächlich bekommt man hier überhaupt kein interessantes Spiel. Man sieht sofort, dass es eine Reihe von Städten gibt, von denen man nicht weiter kann. (Albany, Cheyenne, Carson City, usw., insgesamt 21 Städte.)

Das bedeutet wiederum, dass man mit allen Städten, die auf einen der Buchstaben $A, B, C, H, J, L, M, N, O, P, S, T$ enden, sofort verliert, die folgenden Städte darf man in einer Gewinnstrategie also auf keinen Fall verwenden: Olympia, Helena, Atlanta, Augusta usw., insgesamt 23 Städte.

Es bleiben uns nur noch 7 Städte, mit denen man weder sofort gewinnt, noch sofort verliert, nämlich Richmond, Concord, Hartford, Springfield, Denver, Dover und Montpelier. Man kann leicht ermitteln, dass man durch die Ansage der auf den Buchstaben R endenden Städte (Montpelier, Denver, Dover) gewinnt, während man durch die Ansage der auf D endenden Städte verliert.

Auch für amerikanische Schüler wird der Reiz an diesem Graphen schnell verloren gehen.

Interessanter ist die Situation, wenn man europäische Hauptstädte verwendet. In Bild 11.1 sind die Hauptstädte in ihrer ungefähren geographischen Lage zueinander abgebildet. Die Abbildung mag dem Leser als Trainings-und Spielvorlage dienen.

Dagegen sind die 305 Millionenstädte, die man etwa bei Wikipedia.de im Februar 2009 gefunden hat, wirklich spannend. Die Liste beginnt in der Reihenfolge der geschätzten Einwohnerzahlen mit Mumbai, Karatschi, Delhi, Moskau, Seoul, Istanbul, Sao Paulo, Shanghai, Lagos, Mexiko-Stadt, . . .

Von Streitfragen zur Rechtschreibung abgesehen, lassen sich jetzt relativ lange Ketten bilden und man ist überrascht, welche Städte genannt werden können. Es finden sich Städte zu jedem Anfangsbuchstaben, insbesondere Städtenamen, die mit X beginnen, wie Xiang oder mit Y wie Yokohama.

Es sind so viele Städte, dass der vollständige Graph sehr unübersichtlich ist. Wir können aber eine für das Spiel gleichwertige Tabelle angeben, in der wir eintragen, wieviele Millionenstädte es für ein gegebenes Paar von Anfangs- und Endbuchstaben gibt. Der Eintrag 2 der Zeile B in den Spalten D und N bedeutet also, dass es laut Wikipedia zwei Millionenstädte gibt, die mit B beginnen und mit D enden sowie zwei Millionenstädte, die mit B beginnen und mit N enden. Eine dieser vier Städte sollte dem Leser sofort einfallen. Alle vier zu kennen, ist weniger einfach. Die Spielmatrix der Anfangssituation ist in Abb. 11.2 dargestellt.

Man kann jetzt schon erahnen, dass es nicht unbedingt einfach ist, für alle möglichen Startsituationen herauszufinden, welcher der beiden Spieler gewinnen kann. Klar sollte jedoch sein, dass immer genau einer der beiden Spieler eine Gewinn-

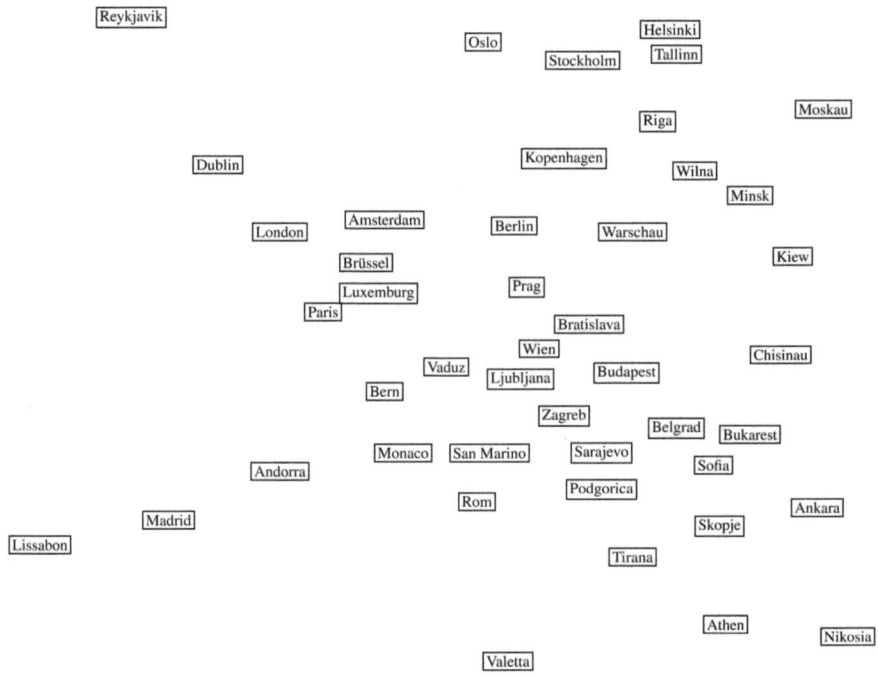

Abbildung 11.1: Hauptstädte Europas

strategie hat und dass man prinzipiell ausrechnen kann, wer es ist. Dies ist ein typischer Induktionsbeweis. Ist die Liste der Städte leer, so verliert der anziehende Spieler. Sind jetzt noch n Städte in der Liste und ist $n > 0$, so kann man rekursiv für jeden möglichen Zug ausrechnen, ob er auf eine persönliche Gewinnstellung führt. Genau dann, wenn ein solcher Zug existiert, hat der anziehende Spieler eine Gewinnstrategie.

11.2 Komplexität von Geographie

Der populäre Beweis zur Komplexität des Graphen-Geographie-Spiels geht von einer verallgemeinerten Version des Spiels aus, wo ein beliebiger gerichteter Graph zugrundeliegt. Ein Anfangsknoten ist spezifiziert und die Spieler müssen abwechselnd vom aktuellen Knoten eine ausgehende Kante zu einem bisher nicht besuch-

	A	B	C	D	E	F	G	H	I	J	K	L	M	N	O	P	Q	R	S	T	U	V	W	X	Y	Z
A	6	0	0	3	1	0	0	0	1	0	0	0	0	3	2	0	0	2	0	0	0	0	0	0	1	0
B	5	0	0	2	3	0	1	0	1	0	1	1	2	2	1	0	0	0	1	4	3	0	0	0	0	0
C	4	0	0	0	0	0	2	0	2	0	0	0	0	2	1	0	0	0	2	0	1	0	1	0	1	1
D	3	0	0	0	0	0	0	0	2	0	2	0	1	3	0	0	0	1	2	0	1	0	0	0	1	0
E	0	0	0	0	0	0	0	0	0	0	0	0	0	1	0	0	0	0	1	0	0	0	0	0	0	0
F	2	0	2	0	0	0	0	0	0	0	0	0	1	0	0	0	0	0	1	0	0	0	0	0	0	0
G	3	0	0	1	0	0	2	1	0	0	0	1	0	0	0	1	0	1	0	2	0	0	0	0	0	0
H	3	0	0	2	1	0	2	0	2	0	0	0	0	4	0	0	0	0	1	1	0	0	0	0	0	0
I	0	0	0	0	1	0	0	0	0	0	0	1	0	3	0	0	0	1	0	0	0	0	0	0	0	0
J	1	0	0	0	0	0	2	0	0	0	0	0	0	2	0	0	0	2	0	0	0	0	0	0	0	0
K	4	0	0	0	1	0	2	1	4	0	0	1	1	1	3	0	0	2	0	1	0	0	1	0	0	0
L	5	0	0	0	1	0	1	0	1	0	0	0	0	2	0	0	0	0	2	0	2	0	0	0	0	0
M	3	0	0	3	1	0	0	1	2	0	1	2	0	4	3	0	0	1	1	1	2	0	0	0	2	0
N	1	0	0	1	0	0	2	0	1	0	3	2	0	0	0	0	0	1	0	1	0	0	0	0	0	0
O	2	0	0	0	0	0	0	0	0	0	0	1	0	0	1	0	0	1	0	0	1	0	0	0	0	0
P	4	0	0	1	3	0	4	2	0	0	0	0	0	0	0	0	0	1	1	1	0	0	0	1	0	0
Q	0	0	0	0	0	0	0	0	0	0	0	0	1	0	1	0	0	0	0	0	0	0	0	1	0	0
R	0	0	0	1	1	0	1	0	1	0	0	0	1	2	0	0	0	0	0	2	0	0	0	0	0	0
S	7	0	0	0	1	0	4	0	2	0	0	1	1	2	6	0	0	1	0	1	2	0	0	0	1	1
T	1	0	0	0	1	0	2	1	0	0	1	0	0	4	3	0	0	0	3	1	0	0	0	0	0	0
U	1	0	0	0	0	0	0	0	1	0	0	0	0	0	0	0	0	1	0	0	0	0	0	0	0	0
V	2	0	0	0	0	0	0	0	1	0	0	0	1	0	0	0	0	1	0	0	0	0	0	0	0	0
W	0	0	0	1	0	0	0	0	1	0	0	0	0	2	0	0	0	0	0	1	0	0	0	0	0	0
X	0	0	0	0	0	0	1	0	0	0	0	0	0	1	0	0	0	0	0	1	0	0	0	0	0	0
Y	1	0	0	0	1	0	0	0	0	0	0	0	0	0	0	0	0	0	0	0	0	0	0	0	0	0
Z	0	0	0	0	0	0	0	0	0	0	0	0	0	0	0	0	0	0	0	1	0	0	0	0	0	0

Abbildung 11.2: Spielmatrix für das Millionenspiel

ten Knoten wählen. Wer diesen Zug nicht ausführen kann, da alle Kanten zu schon besuchten Knoten führen, hat verloren. Wir nennen dieses Spiel jetzt Graphen-Geographie. Diese Verallgemeinerung des ursprünglichen Geographie-Spiels wurde von Richard Karp vorgeschlagen und in dieser Form von Schaefer [Sch78] als PSPACE-vollständig nachgewiesen, siehe auch [Pap94].

Ein Nachweis, dass Graphen-Geographie komplexitätstheoretisch schwierig ist, erlaubt a priori keinen Rückschluss auf die Schwierigkeit des Geographie-Spiels. Allerdings kann jeder Algorithmus für Graphen-Geographie auch für das eigentliche Geographie-Spiel benutzt werden. Wir zitieren zunächst das bekannte Resultat.

Satz 1 *Graphen-Geographie ist PSPACE-vollständig.*

Der Satz bedeutet, dass man Graphen-Geographie mit polynomiellem Speicherplatz lösen kann und dass dieses Spiel in der Klasse der in ploynomiellem Platz lösbaren Probleme, PSPACE, schwierig ist. Nehmen wir an, n ist ungerade und ich bin ein Spieler, der wissen möchte, ob es für mich einen Gewinnknoten gibt. Dies gilt genau dann, wenn es (für mich) einen Knoten v_1 gibt und für alle möglichen Folgeknoten v_2 (die möglichen Züge des Gegners) einen für mich möglichen

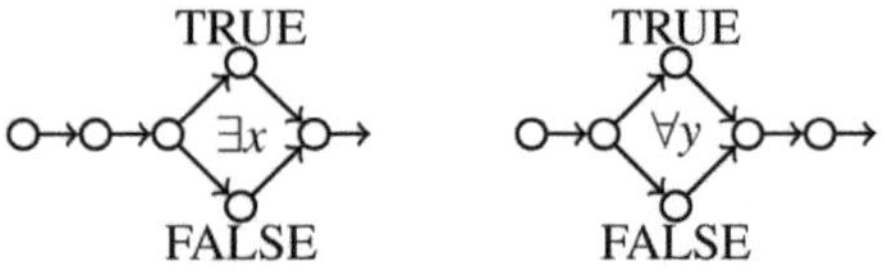

Abbildung 11.3: Links ein Existenzquantor, rechts ein Allquantor

Knoten v_3 gibt und für alle möglichen Folgeknoten v_4 einen für mich möglichen Knoten v_5 gibt u.s.w., bis am Ende ein Knoten v_n existiert und sich dann eine einfache logische Formel für die Knoten v_1 bis v_n zu *wahr* auswertet. Standardmethoden der Informatik zeigen, wie man diesen Ansatz in eine Tiefensuche übersetzt. Schwerer ist die *Schwierigkeit* dieses Problems zu zeigen. Der Beweis besteht darin, das bekannterweise PSPACE-vollständige Problem der wahren quantifizierten Booleschen Formeln (manchmal QSAT oder auch QBF genannt) auf Graphen-Geographie zu reduzieren. Eine quantifizierte Boolesche Formel sieht wie folgt aus:

$$\Phi = \exists x_1 \forall x_2 \cdots \exists x_{k-1} \forall x_k \ \phi(x_1, \ldots, x_k)$$

Hierbei ist $\phi(x_1, \ldots, x_k)$ eine aussagenlogische Formel in den Booleschen Variablen $x_1, \ldots, x_k$ und da alle Variablen gebunden sind, wertet sie sich zu einem Wahrheitswert aus. Diese Formel wird in ein Graphen-Geographie übersetzt, das genau dann zu gewinnen ist, wenn Φ *wahr* ist. Wir verwenden bei der Übersetzung die in Abb. 11.3 dargestellten beiden Teilgraphen zur Umsetzung eines Existenzquantors (links) bzw. eines Allquantors (rechts).

Diese Bausteine werden so zusammengesetzt, dass immer am linken Knoten Spieler 1 an der Reihe ist. Bei einem Existenzquantor führt das dazu, dass Spieler 1 die entsprechende Variable mit einem Wert belegen kann (er wählt den oberen Knoten für TRUE und den unteren für FALSE), entsprechend bei einem Allquantor Spieler 2.

An die Quantorenkette schließt sich dann ein Aufzweigungsbaustein an, der so gebaut ist wie in Abb. 11.4 gezeigt ist (auch hier ist Spieler 1 am Anfang – links – an der Reihe).

Die Aufzweigung hat genau so viele Zweige wie es Klauseln gibt. Diese führen zu den sogenannten Klauselknoten. Das bedeutet, Spieler 2 kann die Klausel wählen (er „behauptet" ja, es gäbe eine nicht erfüllte Klausel), anschließend muss dann Spieler 1 beweisen, dass diese Klausel doch erfüllt ist, d.h. er muss ein Literal der Klausel finden, das den Wahrheitswert TRUE hat. Um ihm hier noch

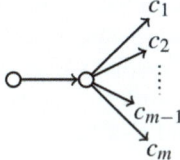

Abbildung 11.4: Teilgraph zur Auswahl einer von m Klauseln

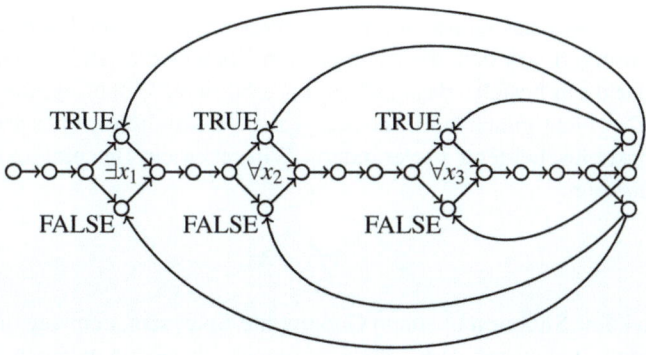

Abbildung 11.5: $\exists x_1 \forall x_2 \forall x_3 [(\neg x_2 \lor \neg x_3) \land (\neg x_1 \lor x_3) \land (x_1 \lor x_2)]$

genau diesen einen Zug zu gestatten, werden die Klauselknoten von Klauseln, in denen x_i vorkommt, mit dem FALSE Knoten des entsprechenden Auswahlbausteins verbunden (wenn diese Variable bei der Auswahl den Wert TRUE bekam, ist der FALSE Knoten als einziger Knoten dieses Bausteins noch nicht besucht worden), und analog Klauseln in denen $\neg x_i$ vorkommt, mit dem TRUE Knoten dieses Auswahlbausteins. Abb. 11.5 illustriert den Beweis an einem Beispiel.

Dieses Prinzip kann man für jede beliebige QBF-Instanz verwenden, um einen Graph zu konstruieren, der als Graphen-Geographiespiel genau dann eine Gewinnstrategie für Spieler 1 beinhaltet, wenn die QBF-Instanz eine wahre Formel ist. Damit ist der Beweis der PSPACE-Vollständigkeit für Graphen-Geographie erbracht.

Das Graphen-Geographiespiel ist allerdings allgemeiner als das uns eigentlich interessierende Geographiespiel in seiner Originalform. Das liegt daran, dass im Originalspiel Kanten von A nach B und C automatisch erzwingen, dass jeder Knoten, der eine Kante zu B hat, auch eine solche zu C aufweist (denn es bedeutet ja, dass die zu B und C gehörenden Städte denselben Anfangsbuchstaben haben). Wie man im oben angegebenen Beispiel sofort sieht, ist diese Bedingung in den hier konstruierten Graphen immer verletzt – und das nicht zufällig, denn die unterschiedlichen Rollen der TRUE und FALSE Varianten in den Auswahlteilgraphen ist ja ein entscheidendes Detail des angegebenen Beweises.

Dennoch können wir die PSPACE-Vollständigkeit auch für das Geographiespiel nachweisen, indem wir Graphen-Geographie auf Geographie reduzieren.

Satz 2 *Geographie ist PSPACE-vollständig.*

Die Idee des Beweises wurde in einem Seminar *Spiele in der Informatik* an der Universität Stuttgart von dem Teilnehmer Ivan Bogicevic erarbeitet: Da das Problem offenbar darin besteht, dass es Knoten gibt, deren Nachfolgermengen sich schneiden, aber nicht gleich sind, müssen wir diese Möglichkeit beseitigen, ohne das Spiel sonst entscheidend zu verändern. Wir geben ein Beispiel, das das typische Problem zeigt:

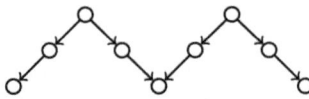

Dies kann keine Situation in einem Geographie-Spiel sein, denn die drei unteren Knoten würden Städten mit dem selben Anfangsbuchstaben entsprechen und von den beiden oberen Knoten müssten Kanten zu allen unteren gezogen werden. Wir würden das Problem gerne lösen, indem wir jede der Kanten durch zwei Kanten ersetzen – mit einem Knoten, der nur für diesen Zweck zu dem Graphen hinzugenommen wird, wie im folgenden Bild veranschaulicht:

Nun haben die Originalknoten niemals sich schneidende Nachfolgermengen, da die Nachfolger immer eigens zu den jeweiligen Kanten gebildete Knoten sind. Die neuen Knoten haben jeweils nur einen Nachfolgeknoten, so dass bei nichtleerem Schnitt die Gleichheit folgt. Sich schneidende Nachfolgermengen zwischen Originalknoten und neuen Knoten kann es gar nicht geben. Somit ist das Problem eigentlich gelöst, aber nach den Spielregeln ist das Spiel nun entscheidend verändert: Der zweite Spieler kommt generell nur bei den neuen Knoten an die Reihe und hat daher nie eine Auswahl; der erste Spieler bestimmt jeden echten Zug. Wir müssen also noch erreichen, dass die Entscheidungen wieder so verteilt werden, wie sie ursprünglich waren. Das erreichen wir, indem wir tatsächlich nicht nur einen, sondern zwei neue Knoten auf jede Kante platzieren. Damit erhalten wir im obigen Beispiel das folgende Bild:

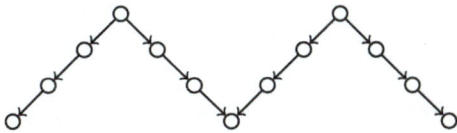

Jetzt haben wir die gewünschte Eigenschaft und außerdem dieselbe Spiellogik wie zuvor, da jede Kante nunmehr drei Kanten entspricht und somit an den Originalknoten dieselbe Alternierung der Spielmöglichkeiten entsteht wie im Originalgraphen. Damit ist die PSPACE-Schwierigkeit auch von dem ursprünglichen Geographie-Spiel bewiesen. Die Reduktion ist so einfach, dass Graphen-Geographie und Geographie im Wesentlichen als gleich schwierig angesehen werden können.

11.3 Geographie mit festem Alphabet

Nun wollen wir den Grad der Abstraktion, der im vorigen Abschnitt zu dieser recht hohen Komplexitätseinstufung geführt hat, wieder ein wenig einschränken und uns dabei einem durchführbaren Spiel weiter annähern: In der Realität spielt man das Geographiespiel mit einem festen zugrundeliegenden Alphabet, über dem die Städtenamen gebildet sind. Auch in diesem Fall kann man (wie schon im Beispiel der Millionenstädte geschehen) die Eingabe als Matrix mit natürlichen Zahlen als Einträgen darstellen.

Wie bei den Millionenstädten bilden wir eine $k \times k$ Matrix und in die Position x, y tragen wir einfach die Zahl der Städte ein, die mit dem Buchstaben x beginnen und auf y enden. Umgekehrt entspricht jede solche Matrix einem (abstrakten) Geographie-Spiel. Nun kann man das Spiel so spielen, dass der jeweilige Spieler sich in einer Zeile der Matrix befindet und eine Zahl der Zeile um eins verringern muss. Die Nummer der Spalte, in der er das tut, besagt wiederum, in welcher Zeile der Gegenspieler weiterspielen muss.

Hat man also k Buchstaben zur Verfügung und gibt es höchstens n Städte über diesem Vorrat an Buchstaben, so zeigt eine einfache kombinatorische Überlegung, dass man mit diesen Parametern genau $\binom{n+k^2}{k^2}$ verschiedene Matrizen erzeugen kann.

Wir müssen uns noch merken, in welcher Zeile gerade gespielt werden soll, aber wenn k eine Konstante ist, gibt es bis auf einen konstanten Faktor nur n^{k^2}

viele Spielsituationen. Für realistische Spiele wird es viel weniger Möglichkeiten geben, die man wirklich betrachten muss. Aber um unser Polynomialzeitresultat zu erhalten, reicht diese grobe Abschätzung bereits aus. Da jede Spielsituation leicht bewertet werden kann, wenn alle Spielsituationen mit weniger Städten schon bewertet sind (bewertet heißt hier: es ist bekannt, ob der Spieler eine Gewinnstrategie hat), kann ein Algorithmus nach dem Prinzip des dynamischen Programmierens offenbar die Anfangssituation bewerten.

Der Algorithmus verläuft wie folgt: Eingabe sei eine Anfangssituation mit n Städten und eine Zahl aus dem Bereich $1, \ldots, k$, die festlegt, in welcher Zeile der anfangende Spieler beginnen muss. Wir legen eine Tafel mit allen Spielsituationen an, die bei maximal n Städten und k Buchstaben möglich sind. Jetzt gehen wir in einer Schleife durch die Städteanzahlen (von 0 bis n) und untersuchen alle Situationen mit der gegebenen Städteanzahl wie folgt: Gibt es in der Spielzeile (d.h. Zeile in der der Spieler am Zug spielen muss) einen Zug, der zu einer Verliersituation führt (das kann immer in der Tafel nachgeschaut werden, da die Städteanzahl dann um eins geringer ist), so ist die untersuchte Spielsituation eine Gewinnersituation und wird mit einer 1 gekennzeichnet. Andernfalls ist sie eine Verlierersituation und wird mit einer 0 gekennzeichnet.

Dieser Algorithmus braucht zur Untersuchung jeder Spielsituation maximal k Einträge in der Tafel der schon errechneten Ergebnisse anzusehen, das geht je nach Datenstruktur in konstanter oder maximal logarithmischer Zeit. Da wir nur polynomiell viele Einträge bilden müssen, haben wir insgesamt einen Polynomialzeitalgorithmus. Das Endergebnis finden wir, indem wir einfach die Anfangssituation in unserer Tafel prüfen.

Wir haben damit bewiesen:

Satz 3 *Geographie mit festem Alphabet ist in polynomieller Zeit lösbar.*

Bei sehr wenigen Buchstaben wird das Spiel sehr einfach. Im Extremfall von nur einem Buchstaben ist das trivial. Denn dann haben alle Städte denselben Anfangs- und Endbuchstaben, etwa Atlanta, Augusta, Athena, Apolda, Alma Ata. In solchen Fällen ist klar, dass es nur darauf ankommt, ob die Städtezahl gerade (Verlierersituation) oder ungerade (Gewinnersituation) ist.

Wie sieht es bei zwei Buchstaben aus? Die Eingabe besteht nun aus einer 2 mal 2 Matrix, etwa $\left(\begin{smallmatrix} a & b \\ c & d \end{smallmatrix} \right)$. Nehmen wir o.E. an, dass der erste Spieler in Zeile 1 beginnt. Wir behaupten, dass dieser eine Gewinnstrategie genau dann hat, wenn

   i) a ungerade ist, oder

   ii) sowohl $b > c$, als auch d gerade.

Zum Beweis machen wir eine Induktion über die Größe von $a+b+c+d$, beginnend mit dem Induktionsanfang bei $a+b+c+d=0$: Hier hat sicher der erste Spieler verloren, wie von dem angegebenen Kriterium vorausgesagt.

Nun sei also $a+b+c+d>0$. Wir untersuchen fünf Fälle:

1) a ungerade, $b>c$, d gerade.

2) a ungerade und $b \leq c$ oder a und d ungerade.

3) a gerade, d gerade, $b>c$.

4) a gerade, d gerade, $b \leq c$.

5) a gerade, d ungerade.

Wir müssen zeigen, dass in den ersten drei Fällen Spieler 1 und in den letzten beiden Fällen Spieler 2 gewinnt.

Im Fall 1) nimmt Spieler 1 den Übergang zu Zeile 2. Die Rollen der Buchstaben werden vertauscht und Spieler 2 hat nun die Matrix $\left(\begin{smallmatrix} d & c \\ b-1 & a \end{smallmatrix} \right)$ vor sich, die nach Induktionsvoraussetzung keine Gewinnersituation ist.

Im Fall 2) spielt Spieler 1 die erste Spalte, d.h. Spieler 2 muss nun die Matrix $\left(\begin{smallmatrix} a-1 & b \\ c & d \end{smallmatrix} \right)$ spielen. Da $a-1$ gerade ist und die Bedingung „$b>c$ und d gerade" nicht gilt, ist das eine Verlierersituation für Spieler 2.

Im Fall 3) wechselt Spieler 1 zu Zeile 2, d.h. Spieler 2 ist mit der Situation $\left(\begin{smallmatrix} d & c \\ b-1 & a \end{smallmatrix} \right)$ an der Reihe. Da d und a gerade sind und $c \leq b-1$ gilt, ist das eine Verlierersituation. Spieler 1 gewinnt also.

Im Fall 4) hat Spieler 1 zwei Möglichkeiten: Er kann a verringern, dann ist aber Spieler 2 mit der Situation $\left(\begin{smallmatrix} a-1 & b \\ c & d \end{smallmatrix} \right)$ und ungeradem $a-1$ offenbar in einer Gewinnsituation. Die zweite Möglichkeit für Spieler 1 ist ein Wechsel in Zeile 2, dann kommt Spieler 2 mit der Matrix $\left(\begin{smallmatrix} d & c \\ b-1 & a \end{smallmatrix} \right)$ an die Reihe. Weil $c>b-1$ gilt, ist das aber wieder eine Gewinnsituation für Spieler 2. In jedem Fall verliert Spieler 1.

Im Fall 5) kann Spieler 1 entweder in Zeile 1 bleiben und wieder kommt Spieler 2 mit der Situation $\left(\begin{smallmatrix} a-1 & b \\ c & d \end{smallmatrix} \right)$ und ungeradem $a-1$ an die Reihe und gewinnt. Oder Spieler 1 wechselt die Zeile und Spieler 2 kommt mit $\left(\begin{smallmatrix} d & c \\ b-1 & a \end{smallmatrix} \right)$ und ungeradem d wieder zum Sieg. In jedem Fall verliert Spieler 1.

Damit haben wir gezeigt, dass das angegebene leicht zu prüfende Kriterium tatsächlich die Frage beantwortet, welcher der beiden Spieler beim Geographiespiel mit 2 Buchstaben eine Gewinnstrategie hat. Ein ähnlicher, nur mit wesentlich mehr Fallunterscheidungen arbeitender Beweis zeigt, dass es ein vergleichbares Kriterium auch für den Fall von drei Buchstaben gibt. Es gilt also:

Satz 4 *Geographie mit maximal drei Anfangs- bzw. Endbuchstaben ist in logarithmischem Platz lösbar.*

11.4 P-vollständige Varianten

Es ist nicht unwahrscheinlich, dass man ein ähnliches Kriterium wie das für zwei Buchstaben gezeigte bzw. das für drei Buchstaben existierende auch für vier, fünf oder mehr Buchstaben erhalten kann, solange diese Zahl klein ist. Es ist jedoch unbekannt, ob es eine Buchstabenzahl gibt, ab der das Problem P-vollständig ist. Möglicherweise reicht eine Art *kritische Masse* an Buchstaben, um ein P-schwieriges Problem wie das Auswertungsproblem für Schaltkreise auf das Geographiespiel zu reduzieren.

Es gibt in der Tat natürliche Varianten, in denen P-Vollständigkeit gezeigt werden kann. Betrachten wir ein Geographie-Spiel, welches einen azyklischen gerichteten Graphen definiert. Dies bedeutet, dass die Regel, einmal genannte Städte zu verbieten, keinen Einfluss mehr auf den Spielverlauf hat, da es sowieso keine gerichteten Kreise gibt. Jetzt kann man von den *Senken* her die jeweiligen Verlust- und Gewinnknoten berechnen. Dies liefert einen Polynomialzeitalgorithmus, um das Spiel komplett zu analysieren. Es ist auch einfach, das Auswertungsproblem für Schaltkreise durch ein azyklisches Geographie-Spiel auszudrücken. Wir erhalten damit:

Satz 5 *Azyklische Geographie ist P-vollständig.*

11.5 Millionenspiel

Die bisherigen Betrachtungen suggerieren, dass man zur Lösung des Geographie-Spiels mit den 305 Millionenstädten bei 26 Buchstaben bis zu $305^{26 \cdot 26}$ Möglichkeiten betrachten muss. Dies sind weit mehr als es Elektronen im Weltall gibt, die im Augenblick auf unter 10^{80} geschätzt werden. Der oben beschriebene effiziente (d.h. in polynomieller Zeit laufende) Algorithmus nach dem Prinzip des dynamischen Programmierens scheitert hier schon an dem immensen Bedarf an Speicherplatz. Ironischerweise erscheint es daher sinnvoller, jetzt doch wieder auf den zu Ende des Abschnitts 11.1 skizzierten rekursiven Algorithmus zurückzugreifen. Allerdings scheitert auch dieser bei dem naiven Versuch, ihn auf die gegebene 26 mal 26 Matrix anzuwenden, an der kombinatorischen Explosion. Aber mit einigen Vorüberlegungen kommt man doch noch zum Ziel.

Man kann nämlich die Ausgangsmatrix durch folgende Überlegung vereinfachen: Wenn wir in den Eintrag der Zeile A und Spalte D bzw. den der Zeile D und Spalte A schauen, so stellen wir fest, dass dort jeweils die Zahl 3 steht. Das bedeutet, dass es drei Städte gibt, die mit A beginnen und mit D enden, aber auch drei Städte, die mit D beginnen und mit A enden. In diesem Fall können wir alle

6 Städte aus dem Spiel entfernen, ohne die Aufteilung in Gewinner- und Verlierersituation dadurch zu verändern. Generell kann man nach diesem Prinzip bei zwei positiven Einträgen in der i-ten Zeile und j-ten Spalte bzw. j-ten Zeile und i-ten Spalte den größeren Eintrag durch die Differenz der beiden Einträge ersetzen und den kleineren durch Null. Ein Beweis der Gleichwertigkeit lässt sich induktiv leicht führen. Im Fall $i = j$ entspricht das der Reduktion modulo 2, d.h. ungerade Zahlen in der Hauptdiagonalen werden zu 1, gerade zu 0.

Wenn wir alle solchen Fälle entsprechend ersetzt haben, sagen wir, die Spielmatrix ist *in reduzierter Form*. Wir benutzen nun folgenden Algorithmus:

1) Gegeben sei unsere Ausgangsmatrix und eine Startstadt, d.h. in Wahrheit ein Paar von Buchstaben (Anfangs- und Endbuchstabe der Startstadt). Man beachte: Es ist egal, ob man mit der südkoreanischen Stadt Busan oder mit der deutschen Hauptstadt Berlin startet. Im ersten Schritt entfernen wir die Stadt aus der Matrix, indem wir den entsprechenden Eintrag um 1 verringern.

2) Jetzt reduzieren wir die aktuelle Matrix wie oben beschrieben.

3) Nun rufen wir eine rekursive Prozedur auf, deren Parameter die Angabe der zum Endbuchstaben der Startstadt gehörenden Zeile ist. Die rekursive Prozedur probiert jede Möglichkeit, d.h. jeder Eintrag in der gegebenen Zeile mit Wert größer als 0 wird geprüft. Die Prüfung geschieht, indem der Eintrag verringert wird und rekursiv die Prozedur wieder mit der Spalte des verringerten Eintrags als Parameter aufgerufen wird. Ist unter allen diesen rekursiven Aufrufen mindestens einmal die Antwort „Verlierer", dann gibt die Prozedur „Gewinner" zurück, andernfalls „Verlierer".

Diesen Algorithmus führen wir für jede vorkommende Kombination von Anfangs- und Endbuchstaben durch. Das Ergebnis ist in Abbildung 11.6 dargestellt. Man sieht, dass zum Beispiel alle auf U endenden Städte dazu führen, dass der beginnende Spieler (der nun also eine der drei mit U beginnenden Städte nennen muss) in jedem Fall verlieren wird. Auch bei Startstadt London hat der anfangende Spieler keine Chance. Dagegen sollte man bei jeder mit N beginnenden Startstadt (z.B. New York) versuchen, der anfangende Spieler zu sein – dieser hat immer eine Gewinnstrategie. Von den deutschen Millionenstädten ist Hamburg eine Siegerstadt.

Auf der Internetseite der Autoren findet sich der Quelltext zum rekursiven Programm, welches zur Berechnung der obigen Tabelle benutzt wurde. In Vorbereitung ist auch eine interaktive Möglichkeit, gegen dieses Programm und verschiedene Listen von Städtenamen on-line anzutreten.

	A	B	C	D	E	F	G	H	I	J	K	L	M	N	O	P	Q	R	S	T	U	V	W	X	Y	Z
A	+			+	+				+					−	+			−							−	
B	+			+	+		+		+		+	+	+	−	+				+	+	−					
C	+						+		+					−	+				+		−		+		−	+
D	+								+		+		+	−				−	+		−				−	
E														−					+							
F	+			+										−							−					
G	+			+			+	+				+					+		+		−					
H	+			+	+		+		+					−						+	−					
I				+								+		−				−								
J	+						+							−				−								
K	+			−			+	+	+			+	+	−	+			−		+			+			
L	+				+		+		+					−					+		−					
M	+			+	+			+	+		+	+		−	+			−	+	+	−			−		
N	+			+			+		+		+	+						+	+							
O	+								+					−				−			−					
P	+			+	+		+	+										−	+	+				+		
Q													+		+										−	
R				+	+		+		+			+	+						+							
S	+			+	+				+		+	+	−	+				−	+		−				−	+
T	+			+	+			+			+		−	+					+	+						
U	+						+											+								
V	+						+						+					−								
W			+				+							−							−					
X					+									−							−					
Y	+				+																					
Z																					−					

Abbildung 11.6: Ergebnis beim Millionenspiel

Literaturverzeichnis

[Pap94] PAPADIMITRIOU, CHRISTOS: *Computational Complexity*. Addison-Wesley, 1994.

[Sch78] SCHAEFER, THOMAS J.: *On the complexity of some two-person perfect-information games*. Journal of Computer and System Sciences, 16:185–225, 1978.

12 Bundeswettbewerb Informatik

Wolfgang Pohl, Bundeswettbewerb Informatik
Peter Widmayer, ETH Zürich, Departement Informatik

Zusammenfassung. Volker Claus begründete 1980 den Bundeswettbewerb Informatik, den wichtigsten Informatik-Wettbewerb für Jugendliche in Deutschland. Dieser Beitrag gibt einen Einblick in die Gründungsphase des Wettbewerbs sowie in die Vorträge, die Volker Claus bei Siegerehrungen des Bundeswettbewerbs Informatik gehalten hat. In diesen Vorträgen stecken häufig ganz überraschende Sichten auf die Informatik, genau so wie in den Wettbewerbseinsendungen, in denen sich wahre Perlen der Informatik finden lassen. Abschließend wird die Entwicklung des Wettbewerbs bis heute beschrieben.

12.1 Ein Denkmal für Volker Claus

„Der Bundeswettbewerb Informatik wurde 1980 von der Gesellschaft für Informatik (GI) auf Initiative von Prof. Dr. Volker Claus ins Leben gerufen." Mit diesem Satz beginnt seit dem 11. Bundeswettbewerb Informatik, der im Jahr 1992 ausgeschrieben wurde, der allgemeine Teil eines jeden Aufgabenblattes dieses bis heute in Deutschland bedeutendsten Informatik-Schülerwettbewerbs. Und aller Voraussicht nach wird das so bleiben, solange es den Bundeswettbewerb Informatik gibt. Ein in Worte gemeißeltes Denkmal, zu Lebzeiten errichtet – dafür muss es einen Grund geben. In diesem Beitrag wollen wir das Engagement von Volker Claus für die Vermittlung von Informatik an junge Menschen am Beispiel des Bundeswettbewerbs Informatik (kurz: BWINF) beleuchten. Dazu haben wir ein wenig in der Mottenkiste gekramt und die Archive durchstöbert. Dabei wurde schnell klar, dass sich auch im Zusammenhang mit diesem „seinem" Wettbewerb eine Leidenschaft fürs Informatik-Lehren und die dabei eingesetzte Begabung zum pointierten, humorvollen und weit vorausschauenden Vortrag zeigen – Eigenschaften, die Volker Claus generell auszeichnen.

Natürlich sollen in diesem Beitrag Fakten und Bilder aus den frühen Zeiten des Wettbewerbs nicht fehlen. In den Mittelpunkt wollen wir aber die Vorträge rücken,

die Volker Claus bei Endrunden des Bundeswettbewerbs Informatik gehalten hat.
Dem darin enthaltenen beabsichtigten Humor wird die unfreiwillige Komik gegenüber gestellt, die sich in den Einsendungen zum Wettbewerb gelegentlich äu
ßert, aber auch Einsichten offenbart in den Grad des Verständnisses, das durch die
Vermittlung von Inhalten der Informatik an Jugendliche erreicht wird. Die Frage
der Qualität von Informatik-Vermittlung hat Volker Claus immer bewegt. Seinen
Beitrag geleistet hat er jedenfalls, und das nicht nur durch die Gründung und langjährige Leitung des Bundeswettbewerbs Informatik. Erwähnt seien der Duden Informatik (aktuelle Auflage von 2006) und der Schülerduden Informatik (aktuelle
Auflage von 2003), die Volker Claus gemeinsam mit Andreas Schwill über lange
Jahre wissenschaftlich bearbeitet hat. Immer wieder begegnet man ihm auch auf
Tagungen für Informatiklehrkräfte, die er als Referent mit einem Vortrag bereichert.

12.2 Die Gründungsphase des Wettbewerbs

Die erste den Autoren bekannte Publikation zum Bundeswettbewerb Informatik
stammt von Volker Claus. Im erst vierten Band des Informatik Spektrums – auch
daran zeigt sich, wie frühzeitig sich in der jungen Informatik ein Schülerwettbewerb gründete und etablierte – berichtete er in den „Mitteilungen der Gesellschaft
für Informatik" über den ersten „Jugendwettbewerb in Computer-Programmierung". Der Anstoß kam von der IFIP (International Federation for Information Processing), dem Weltverband der Computer-Gesellschaften. Sie wollte die Sieger nationaler Jugendwettbewerbe zur Programmierung von Computern auf einer weltweiten Konferenz zu Fragen der Ausbildung (WCCE: World Conference on Computers in Education) ehren. Doch dazu musste es erst einmal solche Wettbewerbe
geben! 1979 erging der Aufruf der IFIP und wurde in der GI an den Zuständigen
weitergeleitet: an Volker Claus. Der war im Bereich der Informatik-Ausbildung
schon damals stark involviert: Als Sprecher des „Fachausschusses Ausbildung"
der GI und als Mitglied des Programmkomitees der WCCE hatte er Verantwortung übernommen; dazu kam konkrete Erfahrung mit dem Schulbereich, die er
mit seinen Mitarbeitern bei der Durchführung von Lehrerfortbildungen gewonnen
hatte. So übernahm er mit seinem Lehrstuhl II der Universität Dortmund die gesamte Vorbereitung und Durchführung des Wettbewerbs.

Im Gegensatz zum heutigen Bundeswettbewerb Informatik war damals gefordert, ein selbst gewähltes Problem außerhalb der Informatik mit Hilfe eines Computer-Programms zu lösen. Dies würde man heute als „Projektwettbewerb" bezeichnen. Diese Form behielt der Wettbewerb noch eine Zeit lang bei, bis er bei seiner vierten Ausrichtung dann zum „Aufgabenwettbewerb" wurde, in dem vorbereitete Aufgaben gestellt werden. Diese Umstellung, von einem GI-Arbeitskreis unter der Leitung von Volker Claus konzipiert, war Voraussetzung für eine langfristige Etablierung als teilnahmestarker Wettbewerb. Die Grundlage für eine nachhaltige Entwicklung des Wettbewerbs wiederum bildete die – im Jahr 1983 zum ersten Mal vertraglich geregelte – Kooperation zwischen der GI und der damaligen Gesellschaft für Mathematik und Datenverarbeitung (GMD). Diese Träger des Wettbewerbs beriefen 1984 dann den „Auswahlausschuss" als Leitungsgremium des Wettbewerbs ein, mit Volker Claus als Vorsitzendem. Dieses Amt bekleidete er bis 1991; bei seinem Ausscheiden hatte er – die Gründungsphase ab 1979 eingerechnet – den Wettbewerb also 12 Jahre lang begleitet und geführt.

Abbildung 12.1: Der erste Sieger des Bundeswettbewerbs Informatik, Otfried Schwarzkopf, mit dem Tagungsleiter B. Levrat (links) und Volker Claus (rechts) bei der IFIP-Konferenz in Lausanne 1981. Otfried Schwarzkopf ist mittlerweile Professor für theoretische Informatik in Korea.

12.3 Vermittlung von Informatik ...

Der Sieger des ersten Wettbewerbs, Otfried Schwarzkopf, wurde 1981 eher ne-
benbei auf dem bereits erwähnten IFIP-Kongress geehrt (Abb. 12.1). Zum zweiten Wettbewerb, der noch als „Jugendwettbewerb in Computer-Programmierung"
firmierte, gab es dann schon eine Siegerehrung bei der mit ausrichtenden GMD
in Schloss Birlinghoven. Die Siegerehrung des dritten Wettbewerbs, nun als „3.
Bundeswettbewerb Informatik" bezeichnet, fand 1985 auf Einladung der Nixdorf
Computer AG in Paderborn statt. Dieses war das erste Beispiel für das Engagement
der Wirtschaft für den Wettbewerb; ab dem 4. BWINF wurden die Endrunden und
Siegerehrungen in der Regel von Unternehmen ausgerichtet und finanziert. Mit
der Einführung des Aufgabenwettbewerbs und der Etablierung von Endrunden zur
Ermittlung der Sieger wurde eine weitere Tradition eingeführt, die bis heute fortgesetzt wird: Der Festvortrag zur Siegerehrung. Diese Aufgabe übernahm Volker
Claus bis zu seinem Abschied in 1991 selbst, und in den Akten des BWINF sind
alle seine Festvorträge vom 4. bis zum 9. Wettbewerb dokumentiert. Bei dieser
Gratwanderung, Informatik mit fachlicher Substanz, aber einem breiteren und ge-
mischt vorgebildeten Publikum (BWINF-Finalisten, Jury-Mitglieder, Lehrer, El-
tern, Ehrengäste) zu präsentieren, war Volker Claus in seinem Element. Wir wollen
uns einige Blicke in diese Vorträge gönnen.

Die Endrunde des 4. BWINF fand bei der Siemens AG in München statt. Bei
seinem Festvortrag widmete sich Volker Claus, damals bereits an die Universität
Oldenburg gewechselt, der „Aufgabenkonstruktion für den Bundeswettbewerb Informatik". Geprägt von Erfahrungen mit Umbauvorhaben in Oldenburg stellte er
u.a. das Problem des „staubsaugerfreundlichen Hauses" vor: Aus einem Grundriss
und der Länge der Staubsaugerschnur seien die minimale Anzahl von Steckdosen
und deren Lage zu berechnen (Abb. 12.2, links). Alternativ könne man auch

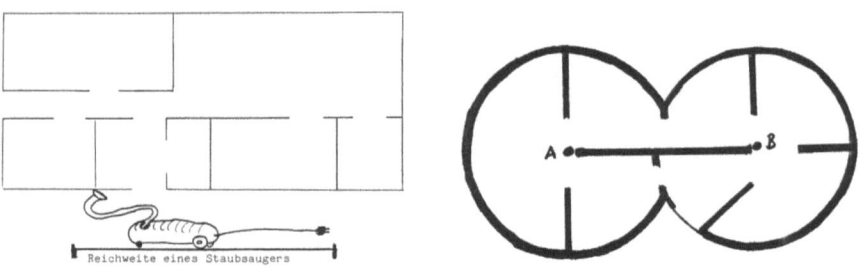

Abbildung 12.2: Das staubsaugerfreundliche Haus.

Abbildung 12.3: Volker Claus trägt bei der Endrunde des 5. BWINF vor.

die umgekehrte Aufgabe stellen: den Grundriss aus der Länge der Schnur und der Lage der Steckdosen zu berechnen (Abb 12.2, rechts).

Daimler-Benz (so hieß die Firma damals) richtete die Endrunde des 5. BWINF aus. Dort sprach Volker Claus über „Total unstrukturierte Programme". Er überlegte kurz, ob er mit diesem Begriff nicht die Büchse der Pandora geöffnet haben könnte (Abb. 12.3) und griff dann doch selbst beherzt in diese Büchse hinein, um ein ganz besonders schönes und mit Sprungbefehlen gespicktes „Spaghetti-Programm" daraus hervor zu holen (Abb. 12.4).

Bei der 6. Endrunde im Jahr 1988 entwickelte er bei der Kölner Colonia-Versicherung (mittlerweile von AXA übernommen) Gedanken zu mit dem Computer verbundenen Erwartungen und Hoffnungen. Da die Folie im Hintergrund von

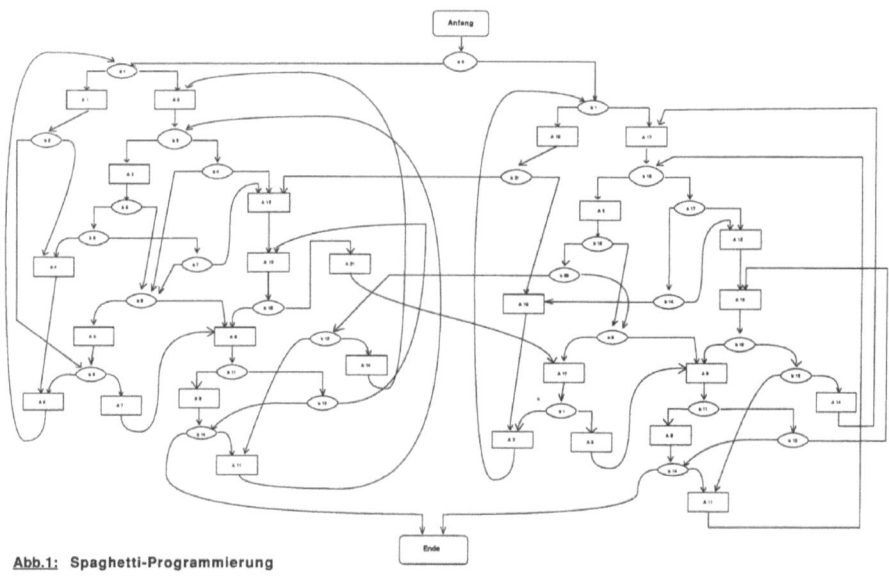

Abbildung 12.4: Spaghetti-Programm.

Abb. 12.5 nicht so gut lesbar ist, zitieren wir aus seinem Manuskript. Er meinte damals: „Der Computer war oder ist oder wird sein:

1945: Leistungsstarker Rechenknecht

1950: Universalrechner

1955: Elektronengehirn

1960: Universelle Lehr- und Lernmaschine und Großer Bruder

1965: Lösung aller künftigen Organisationsprobleme

1970: Kernübel bei der Softwarekrise und zugleich Denkzeug

1975: Prototyp der elektronischen Evolution

1980: Träger der Künstlichen Intelligenz

1985: Universelle Experimentierhalle

1990: Intelligente Zelle in neuronal vernetzten Riesensystemen

1995: Informations-Normierer fast aller menschlichen Bereiche

2000: Universelles Organisationsgenie

Abbildung 12.5: Festvortrag 1988: Der Computer war oder ist oder wird sein.

2005: Partner des Menschen (in welcher Hinsicht auch immer)

2012: Prototyp des neuen (nicht-materiellen!) menschlichen Schöpfungswillens"

Mittlerweile befinden wir uns fast am Ende dieser Tabelle – und sind vielleicht ein wenig erleichtert, dass Volker Claus die Zukunft damals mit (zu) großem Fortschrittsoptimismus gesehen hat.

Beim 7. Wettbewerb (bei Mannesmann/Kienzle – diese Firma gibt es gar nicht mehr) ahnte Volker Claus einen neuen Paradigmenwechsel voraus: den hin zum „Subjektorientierten Programmieren", Nachfolger der objektorientierten Programmierung. Keine Frage, dass mittlerweile subjektorientierte Programme existieren, etwa in so genannten Multi-Agenten-Systemen, wie sie z. B. zur Darstellung der Armeen in den Verfilmungen von „Der Herr der Ringe" eingesetzt wurden.

Die Endrunde des 8. BWINF wurde von IBM (endlich wieder ein Unternehmen, dass es immer noch gibt, und sogar mit demselben Namen!) ausgerichtet. Im Vortrag „Kitamrofni" setzte sich Volker Claus auf angekündigt satirische Weise mit der Informatik auseinander. Unter anderem befasste er sich mit der Frage nach der richtigen Programmiersprache, quasi der Gretchenfrage der Informatik. Da die et-

Tabelle 12.1: Kontrollstrukturen der Zukunft.

MIGHT DO	Wird ausgeführt, sofern der Computer nicht fix und fertig ist.
DO TO OTHERS	Schickt ein Problem in unregelmäßigen Abständen über das Betriebssystem an andere Benutzer.
WHAT IF	„Was wäre, wenn . . . ?"
DO WAH	Grundelement für Computer- und andere Musik.
MAY BE	„Bedingte Drohung", tut aber möglicherweise das andere.
IN ANY CASE	Die nachfolgende Anweisung ist immer korrekt.
HOPELESS CASE	Abbruch wegen hoffnungsloser Situation.

wa aus PASCAL bekannten Kontrollstrukturen veraltet wären und manchmal gar zu verständlichen Programmen führen könnten, beschrieb er als zukunftweisend einen von Tony Karp vorgeschlagenen, ganz neuen Satz geradezu atemberaubender Kontrollstrukturen für die Programmiersprache der Zukunft (siehe Tab. 12.1) und verwendete sie gleich in einem Beispiel: „Das Beispiel behandelt das für den Bundeswettbewerb zentrale Problem, was Jugendliche zu unternehmen haben, um sich an dem Wettbewerb erfolgreich zu beteiligen." Das Programm, das auch eine Reverenz an den Endrundenausrichter enthält, ist in Abb. 12.6 zu sehen.

Die letzte Siegerehrung, an der Volker Claus als Vorsitzender des Auswahlausschusses (und damit auch der Endrundenjury) teilnahm, war die des 9. Wettbewerbs, ausgerichtet von – einer Firma, die es nicht mehr gibt, nämlich Digital Equipment. Der Festvortrag behandelte „Das nachweisbar Schwierige" und damit, ganz klassisch, Fragen der Komplexität und die aus informatischer Sicht schwierigen Probleme. Zwar wurde dargelegt, dass nur Probleme mit polynomieller Lösung „machbar" wären, doch mit einer Tabelle und insbesondere einer ganz wunderbaren Zeichnung (Abb. 12.7) wurde illustriert, dass Polynome höheren Grades bereits unerfreuliche Laufzeitkomplexitäten darstellen. Dass Volker Claus schließlich wegen der Allgegenwärtigkeit und Bedeutung von NP (-schwierigen Problemen) ein neues Berufsbild („NP-Fahnder") mit eigener Besoldungsgruppe und eigenem Ausbildungsgang („Diplom-Schwieriker") sowie eine eigene Aufklärungsbehörde vorschlug, sei nur noch am Rande erwähnt.

Die Festvorträge wurden nach der Ära Claus in der Regel nicht mehr vom Juryvorsitzenden gehalten. Doch schon beim der Siegerehrung des 11. BWINF hielt ein besonders willkommener Gast den Festvortrag: Volker Claus. Hierzu liegen uns leider keine Unterlagen vor.

IF Vom Typ  THEN besorge
                                              Aufgabenblatt
    OR ELSE ;
FOR 2 Versuche DO
BEGIN
    MIGHT DO Informatikbücher lesen ;
    Löse mindestens 3 Aufgaben ;
    WHAT IF Lösungen falsch
        THEN trotzdem einsenden
        ELSE DO WAH DO WAH DO
END ;
MAYBE Einladung zu IBM nach Hannover ;
DO übe nochmal am Computer daheim ;
WHAT IF Lernen langweilig
    THEN Computer genauer betrachten ;
IN ANY CASE
    IF not

THEN HOPELESS CASE

Abbildung 12.6: Der BWINF-Algorithmus.

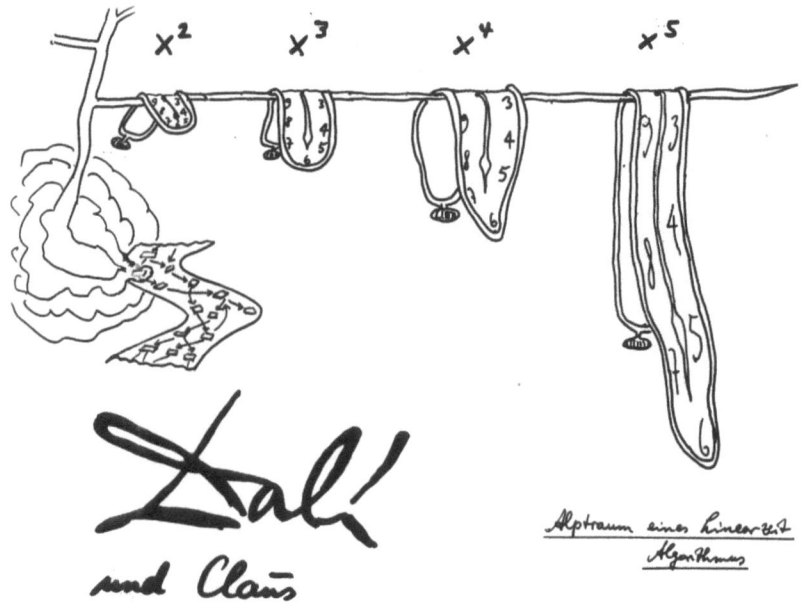

Abbildung 12.7: Dalí und Claus: Alptraum eines Linearzeit-Algorithmus.

12.4 ... und das Resultat: Perlen der Informatik

Volker Claus hat es stets verstanden, Jugendliche für die Kernideen der Informatik
zu begeistern. Dass die Wettbewerbsteilnehmer seine Informatiklebensweisheiten
geradezu verinnerlicht haben, sieht man an ihren eigenen Aussagen, die mit den
Lösungsideen zu den Wettbewerbsaufgaben als „Perlen der Informatik" veröffentlicht werden und in diesem Abschnitt kursiv gedruckt sind.

Zu allgemeinen Prinzipien der Informatik, speziell der Algorithmik und der
Softwarekonstruktion, haben die BWINFerInnen das Wichtigste sofort gelernt:
*Das Programm sollte in einzelnen Schritten arbeiten, damit kein Fehler auftritt
und man später mehr Übersicht hat.* Ganz klar erkannt: Volker Claus ist ein großer
Freund nicht nur von Übersicht, sondern sogar von Durchblick. Und ein Programm, das nicht in einzelnen Schritten arbeitet, stolpert ja quasi über seine eigenen Füße. Dass man bereits so das Auftreten von Fehlern verhindern kann, das
ist aber dann doch neu und zeigt, wie kreativ die BWINFerInnen auf den Grundlagen aufbauen, die sie von Volker Claus gelernt haben. Natürlich kamen auch Ent-

wurfstechniken zu ihrem Recht, die noch mehr Wert auf Systematik und vor allem Standardisierung gelegt haben: … *wobei zu beachten ist, dass das Programm nach ASCII-Standard entwickelt ist.* Ein Freund von Abkürzungen ist Volker Claus zwar nicht, außer EDV und CAD hat er beim BWINF kaum welche verwendet, da hat er schon eher Goethe (Faust, Hexenküche I) und Shakespeare (Hamlet) zitiert, aber einen solch kleinen Ausrutscher in der Sprache kann man hinnehmen, wenn eine tiefe Einsicht mit der Aussage verbunden ist.

Aber nicht nur schlichte, sondern auch anspruchsvollere Konzepte sind den BWINFerInnen in Fleisch und Blut übergegangen: *Da dieses Problem keine sehr hohe algorithmische Komplexität hat, kann auf Objektorientierung verzichtet werden.* Und das in beiden Richtungen: *Wegen des bewusst durchsichtigen objektorientierten Designs wurde auf eine Optimierung der Laufzeit verzichtet.* Schon in diesen unschuldigen Beobachtungen kommt eine Erkenntnis von Volker Claus zum Vorschein, die er in seinem Vortrag bei der Endrunde des BWINF 1989 in Donaueschingen formuliert hat: Auch Algorithmenbauer müssen sich mit den verschiedenen Programmierkonzepten genauestens auseinandersetzen. Volker Claus hat über „Subjektorientiertes Programmieren" gesprochen als der auf das „Objektorientierte Programmieren" folgenden Welle. Nicht mit dem banalen Begriff der Welle beschrieb er dies, sondern im Originalton so: „Wo immer eine EDV-Umstellung nicht klappt oder die Segnungen der Informatik unverstanden bleiben, kann man diesen Mangel durch einen Paradigmenwechsel bereinigen. Natürlich muss man zunächst eine neue Maschine und neue Software kaufen, Schulungen mitmachen und seine innere, auf eigener Widerborstigkeit beruhende geistige Verklemmung einer neuen Idee öffnen, aber dann sind alle heutigen Probleme gelöst – es sei denn, der nächste Paradigmenwechsel ist bereits fällig." Man bedenke, das war vor 20 Jahren, es gab noch keine immer neuen Releases des Betriebssystems. So ist Wissenschaft, so ist Volker Claus, den Blick weit, weit in die Zukunft gerichtet, und trotzdem das Richtige gesehen, noch nicht einmal unscharf. Wen wundert's, dass seine Schüler Erkenntnisse solch kristallner Klarheit gleich kapiert und übernommen haben?

Im Grunde genommen ging es Volker Claus aber doch mehr um Algorithmik als um Softwarekonstruktion. Er lehrte seine Schüler zuerst einmal die Grundlagen: *Der erste Schritt zur Lösung der Aufgabe ist das Einlesen der Eingabe.* Woher diese kommt und was sie beschreibt, sei weniger wichtig, meint Volker Claus in seinem Abschlussvortrag zum 4. Bundeswettbewerb Informatik 1985/86 in München: „Fazit: Jugendliche schrecken offenbar vor keinem Anwendungsgebiet zurück." Diesem Motto getreu stellte Volker Claus in seinem Vortrag zur Aufgabenkonstruktion derart anspruchsvolle Aufgaben vor, dass er selbst konstatieren musste: „Sie können die Lösung dieses Problems als meinen Beitrag zur Konsolidierung der Bundes- und Landeshaushalte ansehen." Hat er dabei etwa wieder in die ferne Zukunft geblickt und an die heutige Weltwirtschaftslage gedacht? Selbst die raffiniertesten algorithmischen Ideen, wie etwa die *brutal fork*, die auf die von Volker Claus früher praktizierte Spaghettiprogrammierung zurückzuführen sein mag, und das *Backtrecking*, bei dem man unwillkürlich an Freiheit, Höhe und den schmerzenden Rücken denkt, sind in der von Volker Claus gewohnten Klarheit bei den Schülern angekommen: *Wenn es nicht mehr weitergeht, wird solange zurückgegangen, bis es wieder weitergeht.* Diese Grundhaltung ist bestimmt auch für Bergwanderungen bestens geeignet, jedenfalls *O.a.g.B.d.A. (Ohne allzu große Beschränkung der Allgemeinheit).*

Stehengeblieben sind unsere BWINFerInnen aber nicht bei dem, was ihnen Volker Claus explizit erklärt hat. Sie haben sich seinen Appell zu Herzen genommen, das Gebiet der Informatik selbst auch weiter zu entwickeln und den Brückenschlag ins wirkliche Leben dabei nicht außer Acht zu lassen. Auf der Zunge zergehen lassen muss man sich die ansprechenden Begriffe, die sie dabei für ihre neuen Methoden gefunden haben, wie etwa: *Brunch and Bund.* Ob die *Lehrtaste* geholfen hat, das zu kapieren, ist nicht erwiesen. Ohne jede Scheu vor dem Unbekannten, ganz wie ihr Vorbild Volker Claus, haben die BWINFerInnen Unpassendes zusammengefügt, wie den *FIFO-Stack*, ohne dass man ihnen dieses verübelt hätte. Manchmal schossen sie auch übers Ziel hinaus, und das ist unerklärlich, weil sie es nicht von Volker Claus gelernt haben können, der die Dinge nie in einer unnötigen *Komplexibilität* dargestellt hätte. Selbst von den Widersprüchen des Lebens und der Informatik haben sie sich nicht abschrecken lassen: *Der Beweis dazu findet sich auf Wikipedia und die Gegenbeispiele, die den Satz widerlegen, in den Links.* Aber, so ist zu befürchten, diesen Text würden sie nicht gerne lesen, *Denn schließlich ... machen nur Dualzahlen als Informationen echten Sinn (zumindest für Menschen).*

12.5 Der Bundeswettbewerb Informatik nach Claus

Wir schreiben das Jahr 2009, der 27. Bundeswettbewerb Informatik läuft, der 28. Wettbewerb wird gerade vorbereitet. Es lebt also, „sein Kind", ist volljährig und groß geworden. In diesem letzten Abschnitt wollen wir einen kurzen Einblick in seine weitere Entwicklung geben. Gelenkt wurde diese von Volker Claus' Nachfolgern als Vorsitzende des Auswahlausschusses (der heute Beirat heißt); mit jeweils sechs Jahren Amtszeit sind besonders der viel zu früh verstorbene Ingo Wegener sowie Uwe Schöning zu nennen, die wie Volker Claus ihre Leidenschaft für die Vermittlung von Informatik an junge Leute in dieses Amt eingebracht haben und

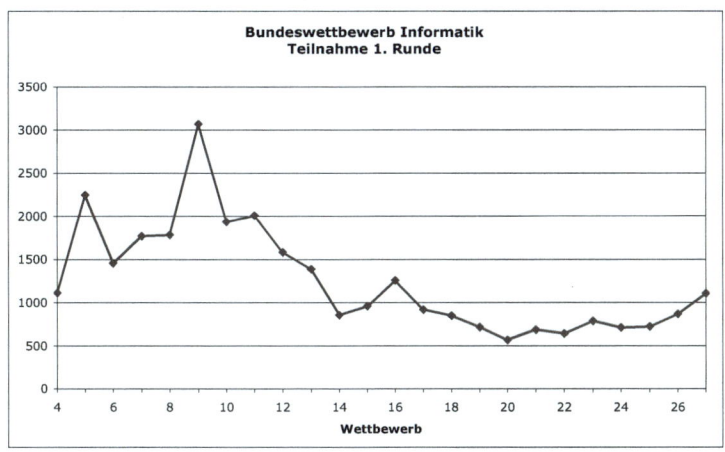

Abbildung 12.8: Erstrundenteilnahme am Bundeswettbewerb Informatik

die Aufgaben der Endrunden gestalteten. Zur Zeit bekleidet mit Nicole Schwei-
kardt zum ersten Mal eine Frau dieses Amt. An den Aufgaben der ersten und
zweiten Runden arbeitet seit dem vierten Wettbewerb der Aufgabenausschuss, unter der Leitung von Hans-Werner Hein, dem zweiten Autor dieses Beitrags, Vera
Reineke und zuletzt Peter Rossmanith.

Nachdem in den ersten drei Jahren die Teilnahme am noch projektorientierten
Wettbewerb den niedrigen dreistelligen Bereich nie überschritt (maximal 221 Teilnehmende, im 2. Wettbewerb), änderte sich das mit der Einführung des Aufgabenwettbewerbs drastisch. 1110 Teilnehmende verzeichnete der 4. Bundeswettbewerb
Informatik 1985, und im Jahr 1990 wurde beim 9. Wettbewerb – also dem letzten,
der von Volker Claus noch leitend begleitet wurde – der Spitzenwert von 3069
Teilnahmen erreicht, getragen vielleicht von der Euphorie der Wiedervereinigung,
auch wenn sich die neuen Bundesländer noch nicht stark beteiligten.

Seitdem hat die Teilnahme am Bundeswettbewerb Informatik einen durchaus
wechselhaften Verlauf genommen. Der quantitative Tiefpunkt war die Teilnahme
von nur noch 569 Jugendlichen in der ersten Runde ausgerechnet des 20. Wettbewerbs im Jahr 2001. Zuletzt beteiligten sich am 27. Wettbewerb wieder 1106
Jugendliche, womit das Niveau des 4. Wettbewerbs endlich wieder erreicht wurde
(vgl. Abb. 12.8).

Tabelle 12.2: Teilnahme am Informatik-Biber 2008 nach Altersgruppen und Geschlecht.

Altersgruppe	Männlich	Weiblich	Anteil Weiblich	Gesamt
5.-7. Stufe	11.179	10.284	48%	21.463
8.-10. Stufe	12.825	8.524	40%	21.349
ab 11. Stufe	7.556	3.234	30%	10.790
Gesamt	31.560	22.042	41%	53.602

Doch nicht nur quantitative Entwicklungen sind zu berichten. Seit einigen Jahren nämlich entwickelt sich um den Bundeswettbewerb Informatik herum ein Gesamtkonzept zur Anregung und Förderung junger Menschen mit Interesse an Informatik. In den ersten Jahren des neuen Jahrtausends wurden nach und nach Partner gewonnen (meist aus dem Hochschulbereich), die besondere Veranstaltungen für Teilnehmer auch der ersten beiden Runden des BWINF anboten – vorher hatte es dies gelegentlich für Endrundenteilnehmer gegeben. Im Informatikjahr 2006 koordinierte die BWINF-Geschäftsstelle dann das Projekt „Einstieg Informatik", das Werbung für und Vermittlung von Informatik bis hinunter in die Grundschule erfolgreich betrieb. Die Konzepte dieses Projekts wurden im und nach dem Informatikjahr auf mehreren Veranstaltungen auch an Lehrer vermittelt. Im Rahmen von Einstieg Informatik konnte außerdem die erste deutsche Beteiligung an der internationalen Wettbewerbsinitiative „Bebras" (www.bebras.org) umgesetzt werden. Unter dem Namen „Informatik-Biber" (www.informatik-biber.de) wurde daraus eine richtige Informatik-Massenbewegung, die nicht zuletzt half, die BWINF-Teilnahme zu beflügeln: Der Informatik-Biber 2008 hatte 53.602 Teilnehmende ab Klassenstufe 5 aus 417 Schulen, bei einem Mädchenanteil von etwa 41% (für weitere Zahlen siehe Tab. 12.2). Aktuell ist geplant, Einstieg Informatik selbst zu reaktivieren und in Zusammenarbeit mit dem Fakultätentag Informatik zur zentralen Anlaufstelle und Web-Community für den interessierten Informatiknachwuchs umzubauen.

So sind also die Bemühungen zur Vermittlung von Informatik an junge Leute um den BWINF herum intensiviert worden, und wir hoffen, dass dies zumindest einigermaßen in Volker Claus' Sinn ist. Aber ganz unabhängig von allen Entwicklungen und Veränderungen sind wir sicher, dass es den Bundeswettbewerb Informatik noch lange geben wird. Und wir wünschen uns, dass es genau so lange im Aufgabenblatt heißen wird: „Der Bundeswettbewerb Informatik wurde 1980 von der Gesellschaft für Informatik (GI) auf Initiative von Prof. Dr. Volker Claus ins Leben gerufen."

13 Variationen über Walther von Dyck und Dyck-Sprachen

Volker Diekert, Universität Stuttgart, Institut für Formale Methoden der Informatik
Klaus-Jörn Lange, Universität Tübingen, Wilhelm-Schickard-Institut für Informatik

Zusammenfassung. Die Dyck-Sprachen sind ein Grundbegriff aus dem Bereich der formalen Sprachen. Ausgehend von der Person des Namensgebers werden ihre Geschichte und ihre Bedeutung in der theoretischen Informatik in diesem Überblick dargestellt.

Eine Arbeit zum Thema *Walther Ritter von Dyck* und die nach ihm benannten *Dyck-Sprachen* in dieser Festschrift liegt in besonderer Weise nahe. Dies ergibt sich aufgrund von Gemeinsamkeiten zwischen Volker Claus und Walther von Dyck. Erwähnenswert ist zunächst die persönliche Ausstrahlung, die wir beim Kollegen Claus erleben und bei Dyck aus Erzählungen kennen. Wichtig ist auch ihr hochschulpolitisches Engagement für die Mathematik als wichtiger Bestandteil der universitären Ausbildung in den Ingenieurwissenschaften, und schließlich sind ihre Namen in der theoretischen Informatik präsent.

Von Dyck war der erste Rektor der heutigen Technischen Universität München, Mitbegründer des Deutschen Museums in München und ein geachteter und begeisterter Hochschullehrer. Dies zeigt sich schon in der beeindruckenden Lebensspanne, in der er aktiv wirkte. Bis fast zu seinem Lebensende hielt er Vorlesungen und erreichte fast die legendäre Zahl von 100 Semestern. Er beeinflusste in maßgeblicher Weise die mathematisch-naturwissenschaftliche Ausbildung an den technischen Hochschulen. Zu Ende des 19. und Anfang des 20. Jahrhunderts keimte eine Diskussion auf, dass die deutsche Ingenieurausbildung, im Vergleich etwa zur amerikanischen, zu grundlagenorientiert sei. Insbesondere die Mathematikausbildung galt als Ballast. Es gab Vorschläge, sie auf das Vermitteln von Kochrezepten zu reduzieren. Dadurch könne man in den Anwendungen schnelle Erfolge feiern.

Glücklicherweise erkannten maßgebliche Persönlichkeiten wie von Dyck den Irrtum und die Kurzsichtigkeit dieser Haltung und aufgrund ihrer Stellung gelang es ihnen, dieser Fehleinschätzung erfolgreich zu begegnen. So konnte eine grundlagenorientierte Ausbildung für Ingenieure an technischen Hochschulen nachhaltig etabliert werden, die bis heute zur Qualitätssicherung der deutschen Hochschulausbildung beiträgt. Hochschullehrer, wie Ritter von Dyck vor 100 Jahren und Herr Claus heute, haben sich stets für ein hohes wissenschaftliches an den Universitäten eingesetzt. In diesem Sinne möchten wir uns daher ab jetzt mit wissenschaftlichen Themen beschäftigen, die zum Begriff *Dyck-Sprache* einen direkten Bezug haben.

Dies führt uns auf einen Streifzug entlang mathematischer Begriffe, die in der theoretischen Informatik präsent sind. Der Ausgangspunkt ist die Dycksche Sichtweise einer freien Gruppe [Dyc81]. Sie wird zunächst im Sinne von Cayley abstrakt als eine Menge von Operatoren vorgestellt (sowie ihrer Inversen), ohne dass es weitere Relationen gibt. Ende des 19. Jahrhunderts war eine solche rein abstrakte Beschreibung durchaus ungewöhnlich. Auch für von Dyck erhielt die freie Gruppe erst ihre eigentliche Bedeutung, als er sie als Transformationsgruppe geometrisch realisieren konnte. Dies erläutert er in seiner Arbeit *Gruppentheoretische Studien* aus dem Jahr 1883, die in den Mathematischen Annalen erschien [Dyc83] und allein schon durch die ornamentartigen Bilder besticht. Interessant ist hier auch, wie er das Rechnen in einer freien Gruppe auf die Kombinatorik von Wörtern ohne negative Exponenten zurückführt. Für die Darstellung einer freien Gruppe mit 2 Erzeugenden verwendet er nicht die uns vertrauten vier Erzeugenden a, b, a^{-1}, b^{-1}, sondern nur drei Buchstaben a, b, c und betrachtet die Wörter hierüber, die kein Vorkommen von abc, bca oder cab haben. In der heutigen Sprechweise definiert dies drei Löschregeln, die abc, bca oder cab jeweils durch das leere Wort ersetzen. Es ergibt sich ein konvergentes Semi-Thue System, welches es erlaubt das Wortproblem mit Hilfe von deterministischen Kellerautomaten in linearer Zeit zu entscheiden. So führt uns Dycks Betrachtungsweise direkt zu den Kellerautomaten, wie sie heute in Vorlesungen vorkommen. Kellerautomaten charakterisieren genau die kontext-freien Sprachen. Das Kellerprinzip findet seinen Ursprung bei der Übersetzung von Formeln. 1955 erfanden Samelson und Bauer das „Kellerprinzip", auf dem die effiziente Übersetzung von Formeln und anderen klammerartigen Ausdrücken beruht [SB59]. Sie entwarfen eine Maschine, die dieses Prinzip realisierte, für die sie 1957 ein deutsches und ein US-amerikanisches Patent erhielten. Eine Klammerstruktur findet sich auch in den freien Gruppen, die Dyck untersuchte. Die tiefere Bedeutung der freien Gruppen für die Theorie kontext-freier Sprachen wurde erstmals durch die Arbeiten von Chomsky und Schützenberger klar.

Der Begriff einer Dyck-Sprache scheint 1961/62 von Schützenberger geprägt worden zu sein. Diese Ansicht wird zumindest auch von Chomsky geteilt [Cho04]. In der Arbeit [Sch62] spricht Schützenberger von einem *D-event* und in [Sch63] führt er explizit eine Menge D^* als Dyck Menge ein. Schließlich schreiben Chomsky und Schützenberger in ihrer 1963[1] erschienenen Arbeit [CS63]: „We define *the Dyck language* …". Ihre Definition liefert für $n = 2$ die Sprache D_2^* der Wörter w über dem Alphabet $\{a, \bar{a}, b, \bar{b}\}$, die interpretiert in der freien Gruppe über $\{a, b\}$ das neutrale Element darstellen. Analog zu D_2^* definiert man D_n^* für höhere n. Diese festen Sprachen D_n^* bilden sozusagen das Fundament, auf dem das Gebäude der kontext-freien Sprachen aufgebaut werden kann. In der oben erwähnten Arbeit findet sich der Satz von Chomsky und Schützenberger: *Jede kontext-freie Sprache ist homomorphes Bild des Durchschnitts einer regulären Sprache mit einer Dyck-Sprache.*

Die Theorie kontext-freier Sprachen ist also eng mit der durch von Dyck mit initiierten Theorie freier Gruppen verbunden. Diese Verwandtschaft ist auch von der gruppentheoretischen Seite her untersucht worden. Wir können für jede Gruppe H mit einer endlichen erzeugenden Menge Σ die Menge der Wörter betrachten, die sich in der Gruppe zu Eins auswerten. Bilden diese eine kontext-freie Sprache, so hängt diese Eigenschaft nur von der Gruppe H und nicht von der Wahl von Σ ab. Es ist also sinnvoll, von *kontext-freien Gruppen* zu sprechen. Zu jeder solchen Gruppe finden wir eine reduzierte kontext-freie Grammatik $G = (V, \Sigma, P, S)$ und nach [Hot80; Val78] natürliche Isomorphismen zwischen der explizit endlich dargestellten Gruppe $F(V \cup \Sigma)/P$ und der Gruppe H. Die Resultate von Hotz und Valkema (oder ein direkter Beweis unter Verwendung des *uvwxy-Theorems*) zeigen, dass kontext-freie Gruppen endlich dargestellt sind. Hieraus folgt nach Arbeiten von Muller und Schupp [MS83] sowie Dunwoody [Dun85], dass kontext-freie Gruppen stets eine freie Untergruppe von endlichem Index haben. Das ergibt das überraschende Resultat, dass die Klasse der kontext-freien Gruppen genau mit der Klasse der endlich erzeugten virtuell freien Gruppen übereinstimmt. Dies ist ein tiefsinniges mathematisches Ergebnis, welches die freien Gruppen im Sinne von Dyck direkt mit moderner Theorie formaler Sprachen verbindet.

Wir wenden uns einigen Aspekten der Syntaxanalyse zu. Unter Linguisten ist es scheinbar beliebt, Menschen mit Fernrohren zu betrachten. Dies liegt an dem folgenden Satz, den wir zunächst in seinem englischen Original wiedergeben, da die Mehrdeutigkeit hier besser zur Geltung kommt.

I saw the man on the hill with the telescope.

In diesem Satz gibt es vier Akteure (Ich, Mann, Berg, Fernrohr) und fünf unterschiedliche Bedeutungen. Die Fragen, wo sich der Mann oder wo sich das Fernrohr befindet, lassen sich nicht aus dem Satz heraus klären. Die 5 Bedeutungen ergeben sich aus den 5 möglichen Klammerungen:

---

[1] Die Ergebnisse dieser Arbeit wurden schon 1961 vorgestellt.

(((Ich sah den Mann) auf dem Berg) mit dem Fernrohr)

((Ich sah (den Mann auf dem Berg)) mit dem Fernrohr)

(((Ich sah den Mann) (auf dem Berg mit dem Fernrohr)

(Ich sah ((den Mann auf dem Berg) mit dem Fernrohr))

(Ich sah (den Mann (auf dem Berg mit dem Fernrohr)))

Damit sind wir bei der Frage nach der Anzahl möglicher Klammerungen und gelangen so zu den Catalanschen Zahlen, also einer exponentiellen Mehrdeutigkeit; und es ergibt sich die Notwendigkeit, Klammerstrukturen zu betrachten. Bezeichnen wir mit $a, b, c, \ldots$ eine Menge verschiedener öffnender Klammern und seien $\bar{a}, \bar{b}, \bar{c}, \ldots$ die entsprechenden schließenden Klammern, so können wir die Sprache der wohlgeformten Klammerausdrücke bilden. So ist etwa $aab\bar{b}\bar{a}\bar{a}$ wohlgeformt, aber weder $\bar{a}ab\bar{b}\bar{a}a$ noch $aab\bar{b}\bar{a}\bar{a}$ noch $aab\bar{a}\bar{b}\bar{a}$ sind wohlgeformt.

Die Menge der wohlgeformten Klammerausdrücke über k Klammerpaaren wird mit D_k bezeichnet und ebenfalls Dyck-Sprache genannt. Die Wörter aus D_k sind genau die Wörter aus der symmetrischen Dyck-Sprache D_k^*, in denen jeder Präfix mindestens soviel öffnende wie schließende Klammern enthält. Die Dyck-Sprachen D_k sind deterministisch kontext-frei, und Greibach hat 1973 gezeigt, dass mit Hilfe der Dyck-Sprache D_2 (also mit Hilfe von 2 Klammerpaaren) eine schwierigste kontext-freie Sprache definiert werden kann. Die folgende (ziemlich schwer zu lesende) Definition findet sich so im Original [Gre73]:

$$L_0 = \left\{ x_1 c y_1 c z_1 d \cdots d x_n c y_n c z_n d \;\middle|\; \begin{array}{l} n \geq 1,\, y_1 \cdots y_n \in \mathord{\not}D_2, \\ x_i, z_i \in \{a, \bar{a}, b, \bar{b}, c, \mathord{\not}c\}^* \end{array} \right\}.$$

Greibach beweist, dass sich jede kontext-freie Sprache (ohne das leere Wort) als invers homomorphes Bild von L_0 darstellen lässt. Hinter dieser technischen Aussage verbirgt sich ein bemerkenswertes Resultat. Stellen wir uns vor, wir haben eine kontext-freie Sprache L definiert und suchen jetzt ein Verfahren, welches auf Eingabe eines Wortes w entscheidet, ob w zu L gehört. Nach Greibach finden wir für L einen Homomorphismus h mit $L = h^{-1}(L_0)$. Es reicht also, $h(w) \in \{a, \bar{a}, b, \bar{b}, c, d, \mathord{\not}c\}^*$ zu berechnen, was sehr einfach ist, und dann zu testen, ob $h(w) \in L_0$ gilt. Hierfür benötigen wir ein einziges festes Verfahren für L_0, welches wir zum fortwährenden Gebrauch in einer Programmbibliothek niederlegen. Das eine Verfahren kann also für alle Sprachen genutzt werden. Würde man etwa für die eine Sprache L_0 ein quadratisches Worterkennungsverfahren finden, so würden sich alle kontext-freien Sprachen in quadratischer Zeit erkennen lassen.

Die Sprache L_0 übernimmt in der Klasse der kontext-freien Sprachen damit eine analoge Rolle, wie sie etwa das Erfüllbarkeitsproblem Boolescher Formeln SAT für die prominente Klasse NP einnimmt[2]. Man beachte, dass Greibach das Konzept eines vollständigen Problems für eine Sprachklasse entwickelte, bevor die Theorie der NP-Vollständigkeit Verbreitung fand.

In einem letzten Abschnitt wollen wir erklären, dass ein besseres Verständnis der symmetrischen Dyck-Sprache D_2^* und der Klammersprache D_2 zu einem substantiellen Fortschritt in der Komplexitätstheorie führen könnte. Dies ist zwar nur eine Vermutung, aber in in der Komplexitätstheorie stehen allgemein den wenigen erzielten Ergebnissen ohnehin eine Unzahl von Vermutungen gegenüber. So vermutet man, dass NP-vollständige Probleme wie SAT nicht in P liegen, also nicht in polynomialer Zeit entscheidbar sind. Nach derzeitigem Kenntnisstand wäre es aber noch möglich, dass alle Probleme aus NP sehr einfach zu lösen sind. Vielleicht ist also das Erfüllbarkeitsproblem SAT beispielsweise in kubischer Zeit lösbar und damit nicht viel schwieriger als die Syntax-Analyse für die Sprache L_0, die durch die schnelle Matrixmultiplikation nach Strassen [Str73] in besserer als kubischer Zeit durchgeführt werden kann.

Einige der wenigen bekannten nicht-trivialen unteren Schranken für NP-vollständige Probleme folgt aus einem Resultat von Furst, Saxe, Sipser [FSS84], nach dem nicht alle Probleme aus NP durch boolesche Schaltkreise konstanter Schaltungstiefe (und mit beliebigem großem Eingangsgrad der vorhandenen Gatter) erkannt werden können. Interessanterweise hat man diese Trennung nicht etwa mittels eines scheinbar schwierigen Problems wie etwa SAT gezeigt, sondern mit einem eigentlich ganz einfachen Problem. Man betrachtete die Sprache „Parity", die aus den Binärwörtern besteht, die eine gerade Zahl von Einsen enthalten. Die Sprache Parity liegt in der Komplexitätsklasse TC^0 (sogar in ACC^0). Hinter der kryptischen Buchstabenkombination TC^0 steht, dass sich „Parity" durch Schaltkreise konstanter Tiefe erkennen lässt, die zusätzlich „Threshold"-Gatter haben dürfen. Solche Gatter haben beliebigen Eingangsgrad und geben eine Eins aus, wenn an mehr als der Hälfte der Eingänge eine Eins anliegt. Diese Klasse scheint auf den ersten Blick wenig mächtig, aber es gibt bis dato keinen Beweis für $TC^0 \neq NP$. Die Klasse TC^0 kann immerhin die Dyck-Sprache D_2 erkennen: Die Grundidee ist, dass nach Rutishauser ein Dyck-Wort durch ein Klammergebirge wie in Abb. 13.1 dargestellt werden kann.

Der TC^0-Algorithmus arbeitet (nach einer Beobachtung von Lynch [Lyn77]) wie folgt: Betrachte ein Wort w der Länge n. Jede Position i mit $1 \leq i \leq n$ entspricht einer Klammer. Für jede Position muss die Zahl der öffnenden Klammern

---

[2]NP steht für „Nicht-deterministisch Polynomial".

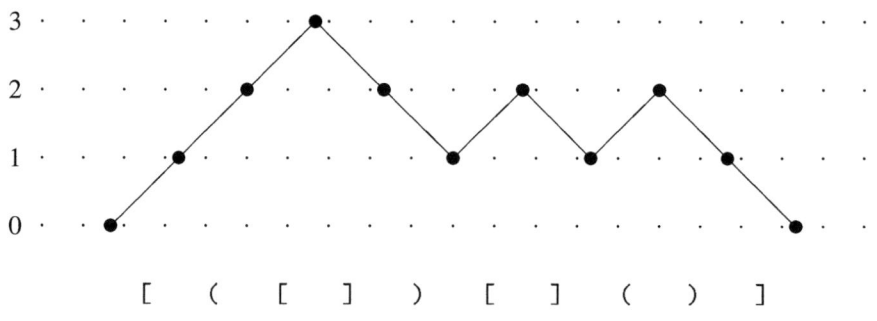

Abbildung 13.1: Rutishausers Klammergebirge

bis zu dieser Position größer oder gleich der Zahl der schließenden Klammern sein. Dieser Test ist mit Threshold-Gattern leicht zu realisieren. Für je zwei Positionen i und j mit $1 \leq i < j \leq n$ verlangen wir: wenn die Zahl der öffnenden Klammern zwischen i und j gleich der Zahl der schließenden Klammern zwischen i und j ist, dann müssen i eine öffnende und j eine schließende Klammer vom selben Typ sein. Auch diese Forderung ist mit Threshold-Gattern leicht zu realisieren. Der so konstruierte Schaltkreis hat quadratische Größe in n und lässt sich in konstanter Schaltungstiefe realisieren.

Interessant ist, dass bisher kein TC^0-Algorithmus für die symmetrische Dyck-Sprache D_2^* bekannt ist. Auch diese Sprache kann durch Schaltkreise polynomieller Größe erkannt werden. In der Sprache der Komplexitätstheorie ist sie jedoch schwierig für *Nick's Class* der ersten Stufe NC^1 [Rob93]. Diese Klasse beschreibt Probleme, die sich durch Schaltkreise logarithmischer Tiefe lösen lassen, wobei nur boolesche Gatter von beschränktem Fan-In erlaubt sind. Dies ist eine formale Fassung von Problemen, für die man auf eine effiziente Parallelisierung hoffen kann. Während viele Standardvermutungen die Verschiedenheit der natürlich definierten Komplexitätsklassen vorhersagen, ist das Bild für TC^0 und NC^1 weniger klar. Es gibt durchaus Gründe, die für die Gleichheit von TC^0 und NC^1 sprechen. So lassen sich die arithmetischen Operationen in TC^0 berechnen. Dieses ist nicht unmittelbar einsichtig, und erst vor Kurzem konnte mit recht aufwändigen Verfahren gezeigt werden, dass sogar die Division (uniform) in TC^0 durchführbar ist [HAB02]. Würde es uns nun gelingen, das Wortproblem für freie Gruppen mit zwei Erzeugenden in TC^0 zu lösen, so wäre $TC^0 = NC^1$.

Dies Vorhaben muss scheitern, wenn $TC^0 \neq NC^1$ oder wenn $D_2^* \notin NC^1$ gilt. Vielleicht sollten besser beide Möglichkeiten in Betracht gezogen werden. Dann verfügen wir jedoch mit D_2^* über einen möglicherweise geeigneten Kandidaten, für den – durch kombinatorische Methoden – die Trennung von TC^0 und NP gelingen könnte.

Wie auch immer die Antwort zu diesen Fragen aussehen mag, als von Dyck erstmals freie Gruppen untersucht hat, wird er kaum geahnt haben, dass Konzepte, die mit seinem Namen verbunden sind, heute noch in dieser Weise aktuell sind. Vielleicht ahnte er es doch, schließlich war ihm die Ausbildung von Ingenieuren über fast 100 Semester ein Anliegen.

Literaturverzeichnis

[Cho04] CHOMSKY, N.: *Persönliche Mitteilung*, 2004.

[CS63] CHOMSKY, N. und M. P. SCHÜTZENBERGER: *The algebraic theory of context-free languages*. In: BRAFFORT, P. und D. HIRSCHBERG (Herausgeber): *Computer Programming and Formal Systems*, Seiten 118–161. North-Holland, 1963.

[Dun85] DUNWOODY, M. J.: *The accessibility of finitely presented groups*. Inv. Math., 81:449–457, 1985.

[Dyc81] DYCK, W. VON: *Über Aufstellung und Untersuchung von Gruppe und Irrationalität regulärer Riemann'scher Flächen*. Math. Annalen, XVII:473–509, 1881.

[Dyc83] DYCK, W. VON: *Gruppentheoretische Studien*. Math. Annalen, XX:1–44, 1883.

[FSS84] FURST, M., J. B. SAXE und M. SIPSER: *Parity, circuits, and the polynomial-time hierarchy*. Math. Systems Theory, 17:13–27, 1984.

[Gre73] GREIBACH, S.: *The hardest context-free language*. SIAM Journal on Computing, 2:304–310, 1973.

[HAB02] HESSE, W., E. ALLENDER und D. A. MIX BARRINGTON: *Uniform constant-depth threshold circuits for division and iterated multiplication*. Journal of Computer and System Sciences, 65:695–716, 2002.

[Hot80] HOTZ, G.: *Eine neue Invariante für kontextfreie Sprachen*. Theoretical Computer Science, 11:107–116, 1980.

[Lyn77] LYNCH, N.: Log space *recognition and translation of parentheses languages*. Journal of the Association for Computing Machinery, 24:583–590, 1977.

[MS83] MULLER, D. E. und P. E. SCHUPP: *Groups, the theory of ends, and context-free languages*. Journal of Computer and System Sciences, 26:295–310, 1983.

[Rob93] ROBINSON, D.: *Parallel Algorithms for Group Word Problems*. Doktorarbeit, University of California, San Diego, 1993.

[SB59] SAMELSON, K. und F. L. BAUER: *Sequentielle Formelübersetzung*. Elektronische Rechenanlagen, 1:176–182, 1959.

[Sch62] SCHÜTZENBERGER, M. P.: *Certain elementary families of automata*. In: *Proc. Symp. on Math. Theory of Automata*, Seiten 139–153. Polytechnic Institute of Brooklyn, 1962.

[Sch63] SCHÜTZENBERGER, M. P.: *On context-free languages and pushdown automata*. Information and Control, 6(3):246–264, 1963.

[Str73] STRASSEN, V.: *Die Berechnungskomplexität von elementarsymmetrischen Funktionen und von Interpolationskoeffizienten*. Num. Math., 20:238–251, 1973.

[Val78] VALKEMA, E.: *On some relations between formal languages and groups*. In: *Proc. Categorical and Algebraic Methods in Computer Science and System Theory*, Seiten 116–123, 1978.

14 On in Polynomial Time Approximable Real Numbers and Analytic Functions

Günter Hotz, Universität des Saarlandes, Fakultät für Mathematik und Informatik

14.1 Introduction

The set $\mathscr{C}_{Pol}$ of complex numbers ζ, which can be approximated in a polynomial time $c_\zeta \cdot n^k$ depending from the precision 2^{-n}, is a field. The operations of the field can be approximated in a time $< c \cdot n^2$ and better relative to the time one needs to approximate the operands ζ_1, ζ_2 with precision 2^{-n}. In the case of addition and multiplication it can be done for $|\zeta_1|, |\zeta_2| < a$ with a c depending from a and the constants in the running time of the polynomial time approximation of ζ_1, ζ_2, but in the case of division the constant depends additionally from $|\zeta|$. The same holds for the ring of the polynomials $\mathscr{C}_{Pol}[x]$ and the field of the rational functions $f \in \mathscr{C}_{Pol}(x)$. The constant factor in the polynomial time bound of the approximation of $f(\zeta)$ depend additionally from the distance of ζ from the singularities of f. The field $\mathscr{C}_{Pol}$ is algebraically closed. In the case that the polynomials have constant coefficients there exist algorithms to approximate the roots of the polynomials in a linear time with the Newton method if the roots are simple and an isolation of the roots is precomputed [Sch82]. But this precomputation needs much time [ESY06]. The best known algorithms to solve this problem need a time $O(m^5(\tau + \log m)^2)$, m the degree of the polynomial and τ the length of the binary representation of the coefficients. The problem with not constant coefficients has been attacked on base of bitstreams in [Eig08], [ESY06]. In [Eig08] on can find an excellent overview of the state of art. In the case the coefficients are not fixed constants but given by approximations the situation is much more complicated because the precomputation depends from the precision of the approximation. It is clear that in general the approximation of a root of a polynomial with coefficients, which cannot be approximated in a time $O(n^k)$, cannot be done in this time. Ker-I Ko discusses the approximation problems on base of the unary representation of the numbers

[Ko91]. Polynomial time algorithms relative to dyadic and unary representation are obviously not the same. The motivation of this paper is the question how far the mentioned problems can be solved by global polynomial time algorithms. This are algorithms with a running time $< c \cdot n^k$ with the constant c only depending from the constants of the polynomial time approximations of the arguments and the domain of the function to be computed. We prove that there exist analytic functions, which are computable on all finite domains in this sense and that analytic functions for which this is true can be represented by a power series in z.

It follows that such algorithms don't exist for the algorithmic approximation of the roots of polynomials.

14.2 The Field of in Pol-Time Approximable Numbers $\zeta \in \mathscr{C}$

We are interested in complex numbers ζ and programs p, which approximate ζ in a polynomial time $= (n^k)$ depending from the precision 2^{-n} of the approximation. $p(n)$ is not necessarily the prefix of length n of an infinite binary sequence $\tilde{\zeta}$ representing ζ, but it approximates such a sequence.

Definition 3 $\zeta \in \mathscr{C}$ is in polynomial time approximable iff there exist $c, k \in \mathcal{N}$ and a program p, which approximates an infinite binary representation $\tilde{\zeta}$ of $\zeta \in \mathscr{C}$ such that it holds for all $n \in \mathcal{N}$

$$|\zeta - p(n)| < 2^{-n}$$

after a running time $< c \cdot n^k$.

We define

$$\mathscr{C}_{Pol} := \{\zeta \in \mathscr{C} : \text{there exists a polynomial time approximation of } \zeta\}.$$

Lemma 1 $\mathscr{C}_{Pol}$ is closed under addition and subtraction.

Proof Let be $\zeta_1, \zeta_2 \in \mathscr{C}_{Pol}$ and p_1, p_2 programs to approximate ζ_1 and ζ_2 with precision $< 2^{-n}$ in a running time $< c_1 \cdot n^{k_1}$ and $< c_2 \cdot n^{k_2}$, resp. We choose

$$k := \max\{k_1, k_2\}, \quad c := 2 \cdot (c_1 + c_2)$$

and get

$$
\begin{aligned}
|\zeta_1 + \zeta_2 - (p_1(n+1) + p_2(n+2))| &< c \cdot 2^{-(n+1)}, \\
|-\zeta_1 - (-p_1(n))| &< 2^{-n}.
\end{aligned}
$$

$p_1(n) + p_2(n)$ and $-p_1(n)$ are approximable with precision 2^{-n} in linear time if $p_1(n+1)$ and $p_2(n+1)$ are given. It follows that $p_1(n) + p_2(n)$ and $-p_1(n)$ are computable in a time $< c \cdot n^k$ because $(n+1)^k = O(n^k)$. This means that $\mathscr{C}_{Pol}$ is closed under addition and subtraction.

Lemma 2 $\mathscr{C}_{Pol}$ *is closed under multiplication.*

Proof: $p_1(n)$ and $p_2(n)$ being given we can multiply $p_1(n)$ and $p_2(n)$ in time $O(n^2)$. This means that we are able to compute $p_1(n) \cdot p_2(n)$ in time $O(n^2 + n^k) = O(n^k)$ for $k \geq 2$.

We have

$$(\zeta_1 - p_1(n)) \cdot (\zeta_2 - p_2(n)) = \zeta_1 \cdot \zeta_2 + p_1(n) \cdot p_2(n) - (\zeta_1 \cdot p_2(n) + \zeta_2 \cdot p_1(n)).$$

It follows

$$\zeta_1 \cdot \zeta_2 - p_1(n) \cdot p_2(n)$$
$$= (\zeta_1 - p_1(n)) \cdot (\zeta_2 - p_2(n)) - 2 \cdot p_1(n) \cdot p_2(n) + \zeta_1 \cdot p_2(n) + \zeta_2 \cdot p_1(n)$$
$$\text{and } |\zeta_1 \cdot \zeta_2 - p_1(n) \cdot p_2(n)|$$
$$\leq |\zeta_1 - p_1(n)| \cdot |\zeta_2 - p_2(n)| + |p_1(n) \cdot (p_2(n) - \zeta_2)| + |p_2(n) \cdot (p_1(n) - \zeta_1)|$$
$$\leq 2^{-2 \cdot n} + |p_1(n)| \cdot 2^{-n} + |p_2(n)| \cdot 2^{-n}$$
$$\leq 2^{-n} \cdot (2^{-n} + |p_1(n)| + |p_2(n)|).$$

Because of our assumption we have

$$|\zeta_1 - p_1(n)| < 2^{-n} \quad \text{and} \quad |\zeta_2 - p_2(n)| < 2^{-n}$$

and therefore

$$|p_1(n)| < |\zeta_1| + 2^{-n} \quad \text{and} \quad |p_2(n)| < |\zeta_2| + 2^{-n}.$$

ζ_1, ζ_2 are constants in the approximation process. So we get

$$|\zeta_1 \cdot \zeta_2 - p_1(n) \cdot p_2(n)| < C \cdot 2^{-n} \quad \text{for} \quad C := |\zeta_1| + |\zeta_2| + 1$$

and for l with $2^l > C$

$$|\zeta_1 \cdot \zeta_2 - p_1(n+l) \cdot p_2(n+l)| < 2^{-n}.$$

This result we can achieve in a time $< O(n^k)$ for $k = \max\{k_1, k_2\}$ and because l is a constant and therefore $(n+l)^k = O(n^k)$. It follows $\zeta_1 \cdot \zeta_2 \in \mathscr{C}_{Pol}$. For $|\zeta_1|, |\zeta_2| < a$ the constant c depends only from the constants c_1, c_2 of the approximations of ζ_1, ζ_2 and a.

Lemma 3 *For* $\zeta \in \mathscr{C}_{Pol}$ *it follows* $\zeta^{-1} \in \mathscr{C}_{Pol}$.

Proof: Let be $\zeta \in \mathscr{C}_{Pol}$ and $\zeta \neq 0$. Then there exists a program p and $c, k \in \mathscr{N}$ such that for all $n \in \mathscr{N}$ it holds

$$|\zeta - p(n)| < 2^{-n}$$

in a time $< c \cdot n^k$. For a sufficiently large l we have $|p(n+l)| > \frac{1}{2} \cdot |\zeta|$ for all n. In the approximation process we may consider $|\zeta|$ as constant, such that we get

$$\left| \frac{1}{\zeta} - \frac{1}{p(n+l)} \right| = \frac{|p(n+l) - \zeta|}{|p(n+l) \cdot \zeta|} < \frac{1}{|p(n+l) \cdot \zeta|} \cdot \frac{1}{2^{n+l}} = O(2^{-n})$$

for $l > -2\log(\zeta)$. We are able to compute $\frac{1}{p(n)}$ on base of given $p(n)$ with precision $O(2^{-n})$ in time $O(n^2)$. It follows the existence of an program $\tilde{p}$ to compute $\tilde{p}(n)$ in a time $O(n^k)$ and

$$\left| \frac{1}{\zeta} - \tilde{p}(n) \right| = O(2^{-n}).$$

It follows:

Theorem 1 $\mathscr{C}_{Pol}$ *is a field.*

We define $\mathscr{C}_{Pol,k}$ for $k \in \mathscr{N}$ and $k > 1$ as the set of all $\zeta \in \mathscr{C}_{Pol}$, for which there exists a program p able to compute $p(n)$ in running time $O(n^k)$ to approximate ζ with precision 2^{-n}. In the proofs of the lemmas we never had to use programs $\tilde{p}$, which used running times greater as $O(n^k)$ for $k > 1$ and $k = \max\{k1, k2\}$, with $O(n^{k_1})$ and $O(n^{k_2})$ the running time of the programs to approximate the arguments of the operations. So it follows the stronger result:

Theorem 2 $\mathscr{C}_{Pol,k}$ *is a field for* $k > 1$.

But there is a essential difference between the operations $+, \cdot$ on the one side and the division on the other: The constant c in the time bound of the first two operations only depends from the time bounds of the arguments and an upper bound of the operands. This means that for these operations exists a constant uniform in each finite domain. In the case of the inverse this is not true.

Theorem 3 *The operations of* $\mathscr{C}_{Pol}[x]$ *and the rational functions* $\mathscr{C}_{Pol}(x)$ *can be approximated in polynomial time.*

For $p, q \in \mathscr{C}_{Pol}[x]$ and the greatest common devisor (p, q) of p and q it follows

$$\frac{d}{dx} p(x) \in \mathscr{C}_{Pol} \quad and \quad (p, q) \in \mathscr{C}_{Pol}.$$

In these theorems we have to differ as in the case of the numbers between a uniform and local convergence.

Theorem 4 *For $\zeta \in \mathscr{C}_{Pol}$, $p(x) \in \mathscr{C}_{Pol}[x]$ and $q(x) \in \mathscr{C}_{Pol}(x)$ the value $q(\zeta)$ can be approximated in a polynomial time. In the first case the constant c in the time bound only depends from the time bounds of the coefficients of the operands and the coefficient in the polynomial time bound of the approximation of the argument. In the second case it depends additionally from the distance of the argument ζ from the singularities of the mapping defined by $q(x)$.*

Theorem 3 and 4 follow directly from the theorem 1.

Theorem 5 $\mathscr{C}_{Pol}$ *is algebraicly closed.*

Proof: We prove the theorem only for real roots.

In any case we may restrict the discussion on polynomials $p \in \mathscr{R}_{Pol}$. On base of the theorems proved before we may assume that for each root ζ of a polynomial in $\mathscr{C}_{Pol}$ there exists a polynomial $p \in \mathscr{R}_{Pol}[x]$ with $p(\zeta) = 0$. We may further assume that $p^{(l)}(\zeta) \neq 0$ for all derivatives $p^{(l)}$ of p. If there would exist a l with $p^{(l)}(\zeta) = 0$ we would use this polynomial to compute ζ. We may assume further that there exists an open neighborhood (a,b) of ζ such that for each $x \in (a,b)$ it holds $p^{(l)}(x) \neq 0$ for $l \neq 0$. In this case the Newton method with a starting point in (a,b) converges quadratically and monotone against ζ.

Let now p_j be the j-th approximation of p on base of our given polynomial time approximations of the coefficients of p. Then there exists a $N \in \mathscr{N}$ such that all the assumptions we made about p concerning the interval (a,b) are also true for p_j for $j > N$. The p_j have constant and bounded coefficients. This means that there exist efficient polynomial time approximations for the roots $\xi_j \in (a,b)$ of p_j with the same polynomial time bound.

It remains to consider how fast ξ_j converges against ζ. This question are answered the following relations

$$
\begin{aligned}
p(\xi_j) \;=\; p(\xi_j) - p_j(\xi_j) \;&=\; (a_1 - a_1^{(j)}) \cdot \xi_j^{m-1} + \ldots + (a_m - a_m^{(j)}) \\
&<\; 2^{-j} \cdot (|\xi|^{m-1} + |\xi|^{m-2} + \cdots + |\xi| + 1) \\
&=\; 2^{-j} \frac{\xi^m - 1}{\xi - 1} \;=\; O(2^{-j}).
\end{aligned}
$$

If we now diagonalize the approximations of ξ_j and the approximation of ζ by the sequence of the ξ_j we get a polynomial time approximation of ζ. This means that $\zeta \in \mathscr{R}_{Pol}$.

Our theorem only states, that each root can be approximated with precision 2^{-n} in polynomial time. We did not construct an algorithm, which computes the special polynomial we used to approximate the roots of an given polynomial. We did not consider the problem to find the interval (a, b).

As proved in the dissertation of Arno Eigenwillig one can isolate the different roots of polynomials of degree m with τ-bit integer coefficients in time $O(m^5 \cdot \log m \cdot (\tau + \log m)^2)$ [Eig08]. So we get for our polynomial time bit stream the bound

$$O(m^5 \cdot \log m \cdot (c \cdot n^k + \log m)^2).$$

It seems very unlikely that there exists a polynomial time algorithm to approximate the roots of polynomials $p \in \mathscr{R}_{Pol,k}[x]$ by a polynomial time algorithm because the Eigenwillig-Sharma-Yap bound [ESY06] growing with the degree of the polynomial can not be covered by a uniform constant factor of the polynomial bound for the approximation algorithm. If the mentioned bound is sharp there can not exist such an algorithm. An intuitively simple way to extend the results on complex roots one gets by substituting the intervals (a, b) by circles with the corresponding properties relative to the not real roots of p.

14.3 Polynomial Time Approximable Analytical Functions

Definition 4 *Let be $G \subset \mathscr{C}$ and $f : G \to \mathscr{C}$ an analytic function. We call f Pol-time approximable if and only if there exists a program p_f that using programs p_ζ as defined in Sect. 2 to approximate $\zeta \in \mathscr{C}$ to approximate $f(\zeta)$ in polynomial time. The constant hidden in the $O(n^k)$ may depend on the argument. The set of all these functions we call $\mathscr{F}_{Pol}(G)$. In the case $G = \mathscr{C}$ we write $\mathscr{F}_{Pol}$.*

It follows for $f \in \mathscr{F}_{Pol}$ that $f(\mathscr{C}_{Pol}) \subset \mathscr{C}_{Pol}$. But there may be analytic mappings $f : \mathscr{C} \to \mathscr{C}$ with $f(\mathscr{C}_{Pol}) \subset \mathscr{C}_{Pol}$ and $f \notin \mathscr{F}_{Pol}$.

An Example for a function f $\in \mathscr{F}_{Pol}$
Let be $G = \{\zeta \in \mathscr{C} : |\zeta| \leq 1\}$ and

$$f(\zeta) := e^\zeta = \sum_{l=0}^{\infty} \frac{\zeta^l}{l!}$$

First we prove $f \in \mathscr{F}_{Pol}(G)$. For $\zeta \in G \cap \mathscr{C}_{Pol}$ we choose a program $p_\zeta(n)$ to approximate ζ with precision 2^{-n} in a running time polynomial in n. We choose

p_e such that for all n and $\zeta_n := p_\zeta(n)$

$$p_e(\zeta_n, n) = \sum_{l=0}^{n} \frac{\zeta_n^l}{l!}.$$

We get $\qquad |e^\zeta - p_e(\zeta_n, n)| \le |e^\zeta - e^{\zeta_n}| + |e^{\zeta_n} - p_e(\zeta_n, n)|$

and the upper bounds

$$
\begin{aligned}
|e^\zeta - e^{\zeta_n}| &= |e^\zeta| \cdot |1 - e^{\zeta_n - \zeta}| \\
&\le e^{|\zeta|} \cdot |1 - e^{c \cdot 2^{-n}}| \\
&= e^{|\zeta|} \sum_{l=1}^{\infty} \frac{c^l}{2^{n \cdot l} \cdot l!} < e^{|\zeta|} \cdot \frac{e^c - 1}{2^n} \\
&= O(2^{-n})
\end{aligned}
$$

and

$$
\begin{aligned}
|e^{\zeta_n} - p_e(\zeta_n, n)| &= \left| \sum_{l=n+1}^{\infty} \frac{\zeta_n^l}{l!} \right| \\
&< \frac{|\zeta_n|^n}{n!} \cdot \sum_{l=1}^{\infty} \frac{|\zeta_n|^l}{(n+1) \cdot \ldots \cdot (n+l)} \\
&< \frac{|\zeta_n|^n}{n!} \cdot e^{|\zeta_n|} \\
&= O(2^{-n}).
\end{aligned}
$$

In our example the degree of the polynomials $p_e(-, n)$ grows linearly with n. The evaluation of the polynomials can be done by the recursion

$$p(x, n+1) := p(x, n) + \frac{x^n}{n!} \cdot \frac{x}{n+1}$$

For the representation of ζ_n are n bits sufficient to achieve the precision 2^{-n}. It follows that we can compute $p_e(p_\zeta(n), n)$ in a time polynomial in n and approximate e^ζ in a time $< c \cdot n^k$ with precision $O(2^{-n})$. The constant c only depends from the constant in the time bound of the approximation of x and of G.

This result can be extended on $\mathscr{C}$ by using the relation

$$(e^\zeta)^m = e^{m \cdot \zeta},$$

choosing suitable η with $0 < |\zeta| \le 1$ and m such that $m \cdot \eta = \zeta$. But in this case it is not sufficient to represent ζ_n by n bits. But the correction depends only on the factor m and is independent from n. This means that for $G := \{\zeta : |\zeta| \le r\}$ we may choose c depending from r such that it holds for all $\zeta \in G$. It follows the first part of the following

Theorem 6 *There exist non trivial analytical functions $f \in \mathscr{F}_{Pol}$; $\mathscr{F}_{Pol}$ is a field and a category.*

The second part of the theorem follows because $\mathscr{C}_{Pol}$ is a field because for $f(\zeta)$, $g(\zeta) \in \mathscr{C}_{Pol}$ and $\zeta \in \mathscr{C}_{Pol}$ it follows $f(g(\zeta)) \in \mathscr{C}_{Pol}$. So it follows that the trigonometric functions are in $\mathscr{F}_{Pol}$ and even e^{e^x}.

14.3.1 Polynomial Time Convergent Analytical Computations

We consider infinite computations, which approximate in polynomial time analytical functions f in one variable. We assume additionally that these computations converge uniform over each finite interval $[0:a] \subset \mathscr{R}$. This means that the constant of the time bound to compute $f(\zeta)$ only depends on f, a, c_ζ for ζ approximable in time $C_\zeta \cdot n^k$ with precision 2^{-n} for $\zeta \in [0,a]$.

The representation theorem of Blum, Shub and Smale states that each finite computation on a $\mathscr{Q}$-machine described by the computation path defines a polynomial $p(x_1, \ldots, x_r)$ in the input variables $x_1, \ldots, x_r$ with constants which are polynomials in the input constants such that $p(\xi_1, \ldots, \xi_r)$ is the result of the computation, if the computation gives a single number as output. In the other case we get as much such polynomials as numbers are given out. If we consider infinite convergent computations these polynomials have to be substituted by power series. One problem is that these power series not necessarily are convergent. A second problem comes in because the arithmetic of the dyadic computation defines not a field. The arithmetic of the BSS $\mathscr{Q}$-machines is stronger because it includes the rational numbers, which have no finite binary representation. But in the case we wish to prove that certain algorithms do not exist we may use this stronger version of a machine. Then the axioms of the field allow us to multiply out expressions without changing the values we get by substituting the variables by numbers, what is not true in the calculus using only finite approximations of the resulting numbers. So we may use $\mathscr{Q}$-machines to apply the representation theorem of Blum, Shub and Smale, which states that the in a finite time computed functions can be represented by polynomials defined on algebraic or semi-algebraic sets. Because we simulate Turing machines we may restrict the branching operations on

$$w := \quad \text{if} \quad x = 0 \quad \text{then} \quad y \quad \text{else} \quad z$$

and have not to consider the branching condition $x > 0$. So we have only to consider algebraic sets as definition domain for the polynomials. Let $\chi(x)$ the characteristic function of the branching operation. We get

$$w := \chi(x) \cdot y + (1 - \chi(x)) \cdot z$$

and one χ-polynomial P_j representing the function computed after j steps. The χ-polynomials are polynomials in x and expressions in $\chi(x)$ as coefficients. If our original computations converge for each input sequence $\xi_j \to \zeta$ in time $O(n^{k+l})$ with precision 2^{-n}, then it holds for each $\zeta \in [0 : a]$

$$|f(\zeta) - P_j(\xi_j)| < 2^{-n} \quad \text{for } j = c \cdot n^{k+l}.$$

The degree of the polynomials may grow exponentially but not faster by multiplying out the expressions defined by the computation paths. So we may assume $degree(P_j) \leq 2^d$ for $d := c \cdot n^{k+l}$ and get

$$|f(\zeta) - P_j(\xi_j)| < 2^{-\left(\frac{\log(j)}{c}\right)^{\frac{1}{k+l}}} \quad \text{for } 0 \leq \zeta \leq a.$$

We eliminate in P_j each expression $\chi(g(x))$ by the substitution

$$\chi(g(x)) \to \left(\frac{\sin g(x)}{g(x)}\right)^{m_j} \quad \text{in the expression } p_j(x)$$

and get instead of P_j an analytic function f_j defined on $\mathscr{C}$ with

$$|P_j(x) - f_j(x)| < 2^{-j} \quad \text{for } x > 2^{-j} \text{ and a suitable chosen } m_j$$

Then f_j converges against f for $x \in [0 : a]$. f_j as a finite expression in $\frac{\sin x}{x}$ can be represented by a power serie converging on $\mathscr{C}$. We define inductively the coefficients a_i of the power serie $F(x) := \sum_{i=0}^{\infty} a^i \cdot x^i$.

$$a_0 := \lim_{j \to \infty} f_j(0), \qquad f_j^{(1)}(x) := \frac{1}{x}(f_j(x) - f_j(0))$$

$$a_i := \lim_{j \to \infty} f_j^{(i)}(0), \qquad f_j^{(i+1)}(x) := \frac{1}{x}(f_j^{(i)}(x) - f_j^{(i)}(0))$$

The power series f_1 converges for each $\zeta \in \mathscr{C}_{Pol,k}$ against $F(\zeta)$ this means $\lim_{i \to \infty}(a) = F(a)$. F is convergent for each $|\zeta| \leq a$.

Lemma 4 *Let be f an analytical function on $\mathscr{R}$ and $f(\xi)$ approximable for $\xi \in \mathscr{R}_{Pol,k} \cap [0 : a]$ and each a in a polynomial time $c_{a,c_\xi} \cdot n^{k+l}$ with precision 2^{-n} then there exists a power series converging on $\mathscr{C}$, which is an analytic extension of f.*

It is well known that there does not exist a function analytic on $\mathscr{C}$ to compute the inverse of a polynomial. So it follows the

Theorem 7 *There does not exist a program to compute in a uniform polynomial time the roots of a polynomial* $p(x) = x^m + a_1 \cdot x^{m-1} + \cdots + a_m \in \mathscr{R}_{Pol,k}$ *as a function* $f(a_m)$.

This theorem is of a special interest, because this function is in the following sense non deterministically computable: We know that the roots are in $\mathscr{C}_{Pol}$. So there exists for each $a_n \in \mathscr{R}_{Pol,k}$ a program to approximate the real root in a polynomial time. So if we guess this program and its polynomial time bound we may check it by an infinite computation. This can be done as stated by theorem 4 by an uniform polynomial time approximation. In other words: In connection with the uniform polynomial time approximability of analytical functions is the deterministic case unequal to the non determistic.

References

[Eig08] EIGENWILLIG, ARNO: *Real root isolation for exact and approximate polynomials using Descartes' rule of signs*. Doktorarbeit, Universität des Saarlandes, Saarbrücken, 2008.

[ESY06] EIGENWILLIG, ARNO, VIKRAM SHARMA and CHEE K. YAP: *Almost tight recursion tree bounds for the Descartes method*. In: *Proc. 2006 Internat. Symposium on Symbolic and Algebraic Computation (ISSAC 2006)*, pages 71–78. ACM, 2006.

[Ko91] KO, KER-I: *Complexity Theory of Real Functions*. Birkhäuser, 1991.

[Sch82] SCHÖNHAGE, ARNOLD: *The fundamental theorem of algebra in terms of computational complexity*. Preliminary report, Mathematisches Institut der Universität Tübingen, Electronic version (2004) at http:/www.cs.uni-bonn.de/ schoe/fdthmrep.ps.gz, 1982.

Teil IV
Neue Richtungen

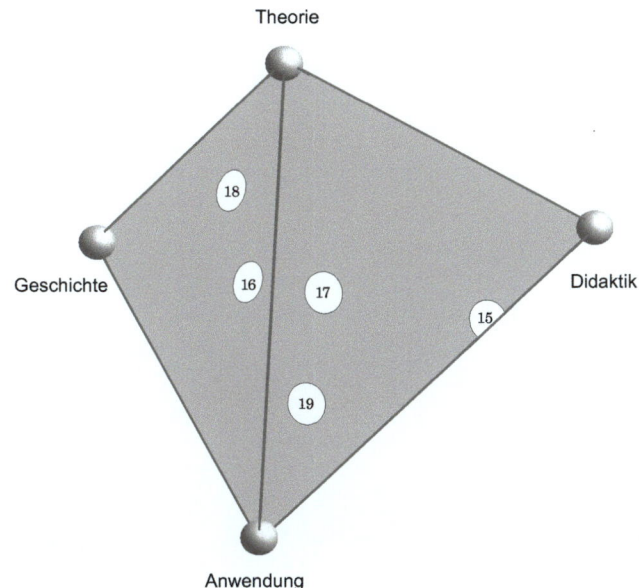

Theorie

Geschichte

Didaktik

Anwendung

15 Informatikdidaktische Forschung am Beispiel Internetworking

Sigrid Schubert, Universität Siegen, Didaktik der Informatik und E-Learning
Stefan Freischlad, Universität Siegen, Didaktik der Informatik und E-Learning

Zusammenfassung. Am Beispiel Internetworking werden Forschungsfragen und Ergebnisse zur Didaktik der Informatik vorgestellt. Eine Forschungsmethodik mit Interventionen im Lehr-Lernprozess bewährte sich dabei. Die schulpraktischen Ergebnisse wie Unterrichtsplanung, niveaubestimmende Aufgaben mit Musterlösungen und lernförderliche Software finden im Konzept „Didaktisches System Internetworking" ihre Begründung.

15.1 Motivation der Mitarbeit im DFG-Forschungskolleg

Der digitale Medienumbruch ermöglicht effiziente Arbeitsprozesse mittels Internet, aber nicht alle profitierten davon. Mit „digital divide" bezeichnet man die Benachteiligung in den Entwicklungsländern. Es existieren aber umfassende Bildungsdefizite in allen Ländern, da der Begriff Medienkompetenz die informatischen Bildungsanforderungen zur Struktur und Funktionsweise des Internets, die wir Internetworking nennen, verschleierte. Daraus entspringt die Motivation.

Aus der Arbeitshypothese der Medienumbrüche und der damit verbundenen Umwälzung des Bildungskanons folgt, dass diese dort besonders gut erforschbar sein müssen, wo sie erzeugt werden. Innerhalb der Informatik bilden Didaktik der Informatik und E-Learning Fachgebiete, die aufgrund ihrer Schnittstellen zu Medien- und Kulturwissenschaften für solche vernetzten Forschungsgegenstände geeignet sind. Erforderlich war ein Verbund, der die interdisziplinäre Forschung unterstützt. Deshalb förderte die DFG von 2005 bis 2009 mit dem Projekt A8 „Informatikunterricht und E-Learning zur aktiven Mitwirkung am digitalen Medienumbruch" im Rahmen des SFB/FK 615 „Medienumbrüche" der Universität Siegen erstmals ein Forschungsprojekt, das der Didaktik der Informatik zuzuordnen ist. Der Bildungsbedarf, ausgelöst vom digitalen Medienumbruch, war zu analysieren und für diesen geeignete Lehr-Lernprozesse zu entwerfen.

15.2 Realisierte Forschungsziele

Wir verstehen Medienumbrüche als einzelne Medien übergreifende, soziokulturelle, -kognitive und -technische Umwälzungen des gesamten Mediensystems, insbesondere die der Kulturtradition und des Bildungskanons. Informatiksysteme erfüllen im digitalen Medienumbruch eine didaktische Doppelfunktion, da sie sowohl Bildungsmedium als auch Bildungsgegenstand sind. Zu den daraus resultierenden Kompetenzanforderungen an Mediennutzer (alle Personenbezeichnungen gelten gleichermaßen für die männliche und die weibliche Form) gehören auch die der Informatik. Um diesen Bedarf zu erforschen und Bildungskonzepte dafür zu entwickeln, wählte das Teilprojekt drei Schwerpunkte im Bereich Internetworking aus: (a) Strukturen des Internets, (b) Kommunikationsbeziehungen im Internet, (c) Informationssicherheit im Internet. Das führte zu vier forschungsleitenden Fragen, von denen in diesem Beitrag die drei ersten diskutiert werden:

1. Welchen Beitrag der Informatik fordern die internationalen Bildungsempfehlungen zur aktiven Mitwirkung am digitalen Medienumbruch?
2. Welche theoretischen Anforderungen muss das Konzept der „Didaktischen Systeme" erfüllen für die Aneignung der unter 1) ermittelten Kompetenzen?
3. Welches Unterrichtskonzept ermöglicht die Umsetzung der unter 2) gefundenen Erkenntnisse in den Informatikunterricht?
4. Welche E-Learning-Konzeption ermöglicht die Umsetzung der unter 2) gefundenen Erkenntnisse in der beruflichen Weiterbildung?

Erforscht werden musste die Strukturierbarkeit und Digitalisierbarkeit von Bildungsangeboten. Notwendig war die Entwicklung von Unterrichtsmodellen und Lehr-Lernmaterialien für Informatik.

15.3 Forschungsmethodik

Kennzeichnend für die Fachdidaktikforschung mit Unterrichtsintervention ist die Umsetzung und Evaluation neuer Konzepte in der Bildungspraxis in Form von Feldstudien. Die kritische Reflexion und die damit verbundene Weiterentwicklung der theoretischen Ergebnisse fördert deren Akzeptanz und Wirksamkeit.

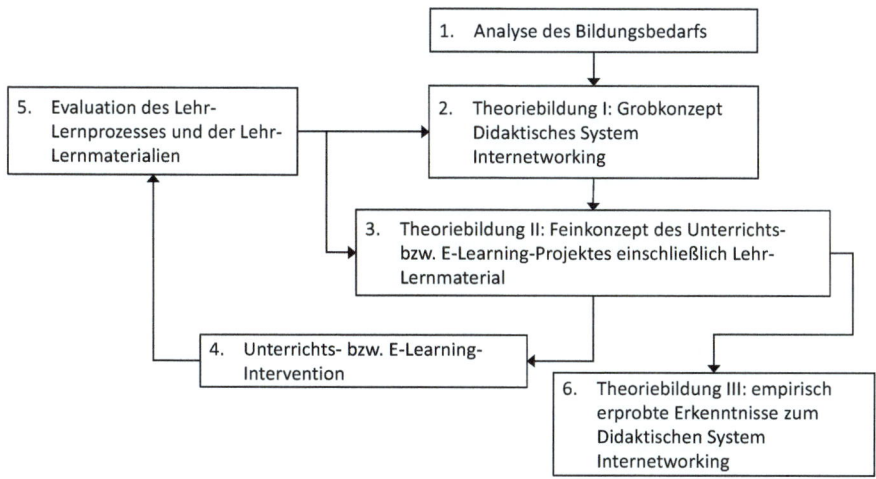

Abbildung 15.1: Forschungsmethodik mit Interventionen

Die Forschungsmethodik umfasst folgende Schritte (vgl. Abb. 15.1): (1) Analyse von Bildungsempfehlungen, (2) Entwurf und Begründung des Grobkonzeptes „Didaktisches System Internetworking", (3) Ausarbeitung des Feinkonzeptes des Unterrichts- bzw. E-Learning-Projektes einschließlich der erforderlichen Lehr-Lernmaterialien, (4) Beobachtung der Unterrichts- bzw. E-Learning-Intervention, (5) Evaluation des Lehr-Lernprozesses und der Lehr-Lernmaterialien mit Auswirkung auf Theoriebildung und Bildungsmedien, (6) Publikation der empirisch erprobte Ergebnisse zum „Didaktischen System Internetworking".

Im ersten Arbeitsschritt zur Analyse des Forschungsfeldes wurden die Anforderungen zu Internetworking in nationalen und internationalen Curricula und Empfehlungen untersucht. Die Formulierung von Forschungsfragen für den Lehr-Lernprozess und deren Beantwortung als Theoriebildung erforderte die Integration von Erkenntnissen aus der Fachwissenschaft, der Erziehungswissenschaft und anderen Fachdidaktiken in die Didaktik der Informatik. Die Auswahl und Beschreibung von Lernzielen nach der von Anderson und Krathwohl überarbeiteten Bloom'schen Lernzieltaxonomie [AK01] wurde am Ende des zweiten Arbeitsschritts vorgenommen. Der nächste Schritt war das Feinkonzept des Unterrichts- bzw. E-Learning-Projektes. Aus der Handlungs- und Anwendungsorientierung ergaben sich unverzichtbare Lerntätigkeiten, für deren Ausgestaltung Lehr-Lernmaterialien erstellt wurden.

Dazu gehörte die Entwicklung der Lernsoftware zu Internetworking, mit deren Hilfe Fachkonzepte und -methoden der Informatik in diesem Bereich handlungsorientiert angeeignet werden können. Als vierte Arbeitsphase folgte die Bildungsintervention. Da hier die Forschungsperson zugleich Lehrperson ist, bewerten Ansätze der quantitativen Forschung diesen Ansatz kritisch; qualitativ gewertet jedoch liefert eine solche Intervention Hinweise auf Machbarkeit, Durchführbarkeit und Akzeptanz bei den Lernenden und ist auch bei geringer Stichprobengröße aussagekräftig. Merkmal solcher quasiexperimenteller Felduntersuchungen ist, dass sie in natürlichen, im Zuge des Forschungsprozesses kaum veränderten Umgebungen stattfinden. Den fünften Arbeitsschritt bildete die Evaluation. Diese qualitativformativen Evaluationsaktivitäten, d.h. die durch den Einsatz von Interviews und Akzeptanzbefragung um eine Überprüfung des Lehr-Lernszenarios angereicherten Ergebnisse, führten zu einer Überarbeitung von Theorie und Bildungsmedien. Am Ende des Forschungsprozesses steht ein theoretisch fundiertes und überprüftes Bildungsmodell.

Im Rahmen dieses Beitrages kann nur eine kleine Auswahl der Ergebnisse zu den forschungsleitenden Fragen diskutiert werden. Deshalb konzentrieren wir uns hier auf den Informatikunterricht. Für Interessenten an den E-Learning-Ergebnissen wird verwiesen auf [Sch08a; Sch08b; ESS06; ESS07; ES08].

15.4 Forschungsergebnisse

15.4.1 Analyse des Informatikbildungsbeitrags

Charakteristische Eigenschaften von Informatiksystemen als Medium sind die Interaktivität mit Anwendern und die Vernetzung. Untersucht wurden die im Medienumbruch veränderten Anforderungen zu Internetworking mit den Schwerpunkten (a)–(c) an Mediennutzer anhand von nationalen und internationalen Bildungsempfehlungen [UNE00; ACM03; GI08]. Daraus resultiert eine konkrete informatische Bildung zur Bewältigung des digitalen Medienumbruchs [Fre06].

Eine Schwierigkeit bestand darin, dass die untersuchten Dokumente in erster Linie Bildungsinhalte beschreiben. Für eine Begründung der Bildungsziele sind aber die notwendigen Kompetenzen zu bestimmen. Die Inhalte mussten daher zu Bildungsanforderungen in Beziehung gesetzt werden. Damit wurde der Beitrag des Informatikunterrichts zur Bewältigung des digitalen Medienumbruchs konkretisiert.

Zur Strukturierung von Kompetenzbeschreibungen konnten in den Bildungsempfehlungen vier Bereiche von Alltagsanforderungen identifiziert werden, zu denen die informatische Bildung einen wichtigen Beitrag leisten muss: Um die internetbasierten Anwendungen einzusetzen sowie Möglichkeiten, Grenzen und Risiken zu bewerten, sind Wissen und Können zu Bereitstellung von Ressourcen im Internet (S_1), Informationsbeschaffung und -auswahl (S_2) und Kommunikation und Kollaboration (S_3) mit Informatiksystemen sowie die Nutzung internetbasierter Dienstleistungen (S_4) erforderlich. Diese Bereiche wurden für Lernende in Informatikunterricht und beruflicher Weiterbildung untersucht und zielgruppenspezifische Kompetenzanforderungen formuliert. Das Erfahrungswissen beim Arbeiten mit Informatiksystemen und die Lernerfolge aus informellen Lernprozessen sind deutlich zu unterscheiden von den Voraussetzungen, die in allgemein bildenden Schulen im Informatikunterricht erworben werden. Zu jedem der Bereiche S_1–S_4 werden daher Kompetenzen unterschiedlicher Anforderungsniveaus bestimmt, wobei S_{i1} die berufliche Weiterbildung und S_{i2} Lernende im Informatikunterricht adressiert (vgl. Tab. 15.1). Diese Kompetenzen müssen spezifisch für Lehr-Lernprozesse im Informatikunterricht und der beruflichen Weiterbildung konkretisiert werden.

15.4.2 Erweiterung des Konzeptes der Didaktischen Systeme

Um die Forschungslücke zwischen der erfolgreichen Ziel-Inhalt-Methoden-Relation der informatischen Bildung und der erforderlichen Kompetenzmodellierung zur aktiven Teilnahme am digitalen Medienumbruch zu schließen, wurde ein theoretisch fundierter Ansatz benötigt. Mit dem Konzept der „Didaktischen Systeme" steht ein Rahmenkonzept der Informatikdidaktik zur Verfügung, das auf die Übertragbarkeit in die Domäne Internetworking untersucht und entsprechend der spezifischen Anforderungen verfeinert werden musste [SS04]. Didaktische Systeme (vgl. Abb. 15.2) sind ein flexibler Verbund der Komponenten Wissensstrukturen, Aufgabenklassen und Explorationsmodul [FS06]. Dieser Ansatz wurde durch die Erkenntnisse in dem hier untersuchten Bereich weiterentwickelt: Ein Forschungsschwerpunkt konzentrierte sich auf die Verbindung von Alltagserfahrungen mit komplexen Internetanwendungen, die für die Strukturierung der Lernphasen erforderlich wurde [Sch08a]. Da Aufgaben Anforderungen beschreiben, denen Kompetenzniveaus zugeordnet werden sollen, besteht Bedarf an so genannten niveaubestimmenden Aufgaben.

Es wurde überprüft, inwieweit sich Aufgaben nach dem PISA-Muster mit dem charakteristischen Stimulusmaterial für den Bildungsgegenstand Internetworking gestalten und einsetzen lassen. Dabei bewährten sich Aufgabenklassen (einschließlich Lösungsvarianten), da sie es ermöglichen, Lerntätigkeiten zu beschreiben und von spezifischen Details einzelner Aufgabeninstanzen der Klasse zu abstrahieren.

Tabelle 15.1: Ausschnitt zum Analyseergebnis der internationalen Bildungsempfehlungen

S_{11}: Die Organisation von Websites und von Hyperlinks ist bekannt. Die Auswahl von geeigneten Informatiksystemen zur Bereitstellung von Ressourcen im Internet und Anpassung der Eigenschaften der öffentlichen Ressourcen erfolgt mit Anleitung.

S_{12}: Die Struktur des Internets wurde verstanden. Zur Bereitstellung von Ressourcen im Internet können Voraussetzungen hinsichtlich der Komponenten beschrieben werden. Anforderungen zur Informationssicherheit werden bewertet. Zugrunde liegende Konzepte zum Datenaustausch (z.B. *Client-Server*-Prinzip) werden verstanden und können auf bisher unbekannte Anwendungen übertragen werden.

S_{21}: Die Möglichkeiten der weltweiten Verfügbarkeit von Information werden in alltäglichen Situationen genutzt. Zum Auffinden von Information im WWW werden verschiedene Quellen (z.B. Suchmaschinen, Kataloge) genutzt. Voraussetzung dazu ist das Wissen, wie auf die Daten im Internet zugegriffen werden kann.

S_{22}: Zur Beschaffung von Information werden zielgerichtet verschiedene Strategien angewendet. Die Auswahl von Information erfolgt auch auf der Grundlage von Metainformation (z.B. das Änderungsdatum). Die Wirkprinzipien (z.B. Datenaustausch mit Protokollen) des zugrunde liegenden Informatiksystems werden verstanden.

S_{31}: Internetbasierte Informatiksysteme werden für einfache Aufgaben zur Kommunikation und Kollaboration im Alltag selbstständig eingesetzt. Softwareklassen und deren Anwendungsbereiche können beschrieben werden, z.B. E-Mail für die asynchrone und Chat für die synchrone Kommunikation.

S_{32}: Dokumente und Nachrichten werden über das Internet ausgetauscht. Mehrere Vertreter einer Softwareklasse (z.B. Informatiksysteme zur asynchronen Kommunikation) und ihre Unterschiede sind bekannt. Anforderungen an die Informationssicherheit und Eigenschaften einer Anwendung werden bewertet und ein geeignetes Informatiksystem zielgerichtet ausgewählt.

S_{41}: Für ausgewählte Bereiche der eigenen Lebenswelt werden internetbasierte Dienstleistungen genutzt. Anforderungen zum Schutz der Privatsphäre werden zur Bewertung von internetbasierten Angeboten heran gezogen.

S_{42}: Internetbasierte Dienstleistungen werden hinsichtlich Kriterien zur Informationssicherheit bewertet. Dazu werden Vor- und Nachteile technischer Maßnahmen zum Schutz der Privatsphäre werden abgewogen.

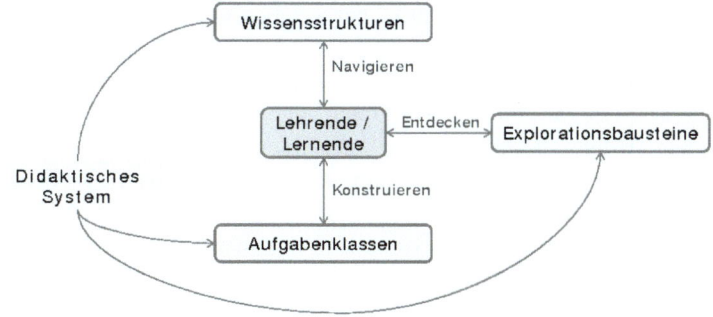

Abbildung 15.2: Komponenten eines Didaktischen Systems

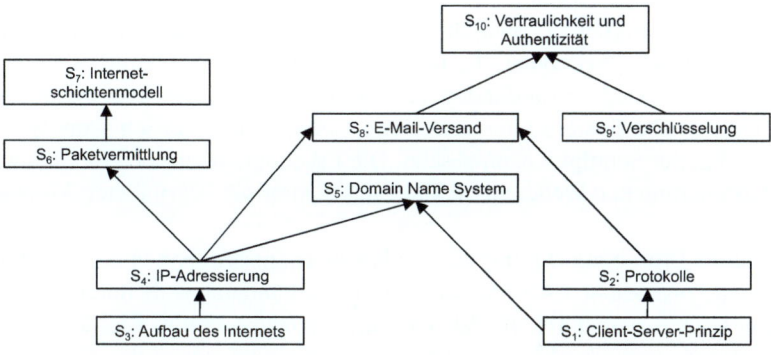

Abbildung 15.3: Wissensstrukturen zum Unterrichtsprojekt

Aufgedeckt wurden Besonderheiten verschiedener Zugänge zu Internetworking in der Informatikdidaktik für Hochschulen, die für die Gestaltung der hier adressierten Lernprozesse Gestaltungsimpulse lieferten [FS07]. Darauf aufbauend wurden zielgruppenspezifische Merkmale der erforderlichen, niveaubestimmenden Aufgaben abgeleitet [Fre08a; Sch08b].

Zur theoretischen Fundierung der Komponente „Wissensstruktur" (vgl. Abb. 15.3) des „Didaktischen Systems Internetworking" wurde das in der Informatikdidaktik etablierte Konzept der „Fundamentalen Ideen der Informatik" [Sch93] hinzugezogen. Aus umfangreichen Literaturstudien zu Internetworking (Lehrbuchsammlung) konnten die Wissensstrukturen als Vernetzung der zugrunde liegenden

„Fundamentalen Ideen der Informatik" beschrieben werden [Fre06]. Zur theoretischen Begründung des „Didaktischen Systems Internetworking" wurde die Lernzieltaxonomie mit den Erkenntnissen zu kognitiven Zusammenhängen zwischen den Fachkonzepten gewählt und erfolgreich angewendet [Fre08b].

Außerdem erfolgte die Erweiterung der Wissensstrukturen um die Theorie der Zugänglichkeit im Lernprozess, da damit die Erklärung von Beobachtungen aus den Unterrichts-Projekten unterstützt wurde. Insgesamt bewährte sich der theoretische Ansatz der Didaktischen Systeme. Der konkrete Theoriebeitrag des „Didaktischen Systems Internetworking" wird inzwischen national und international angewendet und weiterentwickelt.

15.4.3 Informatikunterricht zu Internetworking

Die durch das Didaktische System beschriebenen Ziele des Lehr-Lernprozesses und Lehr-Lerntätigkeiten sowie das Vorwissen der Lernenden erforderten Unterrichtsprojekte zur Erprobung, die in Kooperation mit dem Gymnasium „Auf der Morgenröthe" (Siegen) stattfanden. Auf der Grundlage eines ersten Ansatzes für das „Didaktische System Internetworking" wurde ein Unterrichtskonzept entwickelt und in der Schulpraxis umgesetzt. Die Erkenntnisse aus den Studien wurden zur Verfeinerung und Weiterentwicklung des theoretisch begründeten Ansatzes genutzt.

Die erste Erprobung [Fre06] wurde als Unterrichtssequenz von sieben Wochen mit einem zusätzlichen Abschlusstest in der Sekundarstufe II durchgeführt. Die Schüler lernten, dass durch die Paketvermittlung festgestellt werden kann, wer Daten im Internet austauscht. Das ist Grundlage zum Verstehen des Themas „Anonymität im Internet". Außerdem ging es um die Sicherheitsrisiken, die mit dem Versand von Nachrichten per E-Mail verbunden sind und wie man sich davor durch die Rekonstruktion des E-Mail-Übertragungsweges und durch Verschlüsselung und Signatur schützen kann. Ein dritter Themenbereich war der Schutz der Privatsphäre im Zusammenhang mit Cookies im World Wide Web. In der Erprobung konnte festgestellt werden, dass dieser bisher nicht in der Schule etablierte Bereich durch Schüler und Lehrer akzeptiert und positiv angenommen wird. Auftretende Schwierigkeiten bei Lernenden konnten darauf zurückgeführt werden, dass die Funktionsweise des Internets nicht direkt beobachtbar ist. Obwohl die Lernenden Programmiererfahrungen in anderen Anwendungsbereichen hatten, konnten sie die Programmieraufgaben zur Funktionsweise von Internetanwendungen nicht erfolgreich lösen. Deshalb wurde der Schwierigkeitsgrad der Aufgaben überprüft und Anforderungen für neue Lehr-Lernmedien, die einen Zugang mit angemessenem Schwierigkeitsgrad ermöglichen, spezifiziert und implementiert.

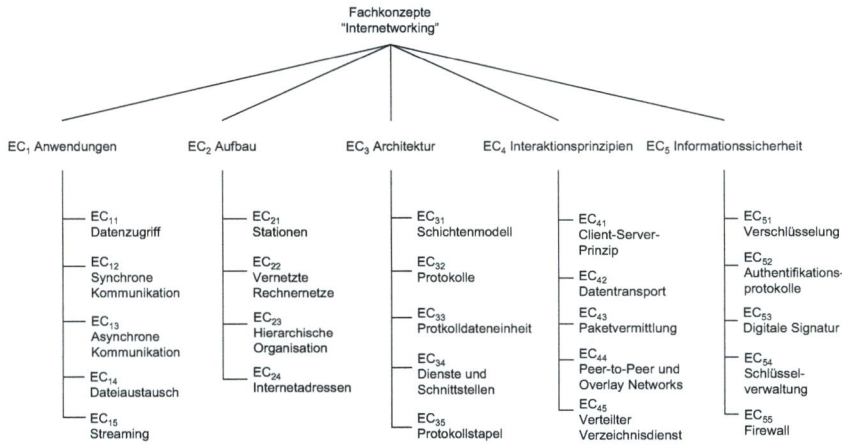

Abbildung 15.4: Struktur der Aufgabenklassen zu Internetworking

Die zweite Erprobung wurde als Unterrichtssequenz von acht Wochen mit einem zusätzlichen Abschlusstest in der Sekundarstufe II durchgeführt. Die Themen „Informationssuche im Internet" und „Versand vertraulicher Nachrichten" kamen neu dazu. Die informatischen Fachkonzepte zum Internetschichtenmodell wurden vertieft [Fre07; SFS$^+$07]. Dieser Erprobung lieferte Erkenntnisse zur Gestaltung von Aufgaben und Lernerfolgskontrollen zu Internetworking [Fre08a].

Einen Ansatz für die Beschreibung von Aufgabenklassen lieferte die Analyse anerkannter Lehrbücher. Dazu wurden die verschiedenen Strukturierungsansätze untersucht und auf ihre Eignung für den Informatikunterricht geprüft. Kriterien zur inhaltlichen Eingrenzung waren die Ziele des Lehr-Lernprozesses, die Ausrichtung des Unterrichts an den „Fundamentalen Ideen der Informatik" und die Ausführbarkeit im Unterricht. So wurden Aufgabenklassen (vgl. Abb. 15.4) zu Anwendungen, zum Protokollstapel, zur Adressierung, zum Datenaustausch und zum Aufbau des Internets bestimmt [FS07]. Außerdem lieferte die Erprobung weitere Erkenntnisse zur Verfeinerung der Wissensstrukturen [Fre08b] und zur Entwicklung von Unterrichtsmitteln. Aus den Interviews mit den begleitenden Lehrern und den Unterrichtsbeobachtungen konnten konkrete Anforderungen dafür bestimmt werden: Zum Verstehen von Internetanwendungen und -diensten ist es notwendig, sichtbare und nicht sichtbare informatische Konzepte und Komponenten für Lernende zugänglich zu machen. Für einen handlungsorientierten Zugang eignen sich interaktive Unterrichtsmittel, die eine Verbindung von mehreren Perspektiven auf den Lerngegenstand ermöglichen. Stechert und Schubert [SS07] liefern einen

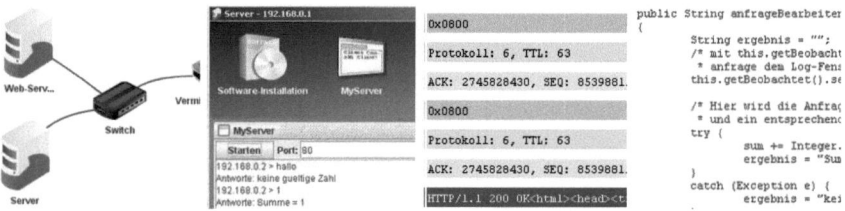

Abbildung 15.5: Sichten auf Internetanwendungen: Netzwerksicht, Anwendungssicht, Nachrichtensicht und Quelltextsicht

Ansatz für das Verstehen von Informatiksystemen, der insbesondere die Verknüpfung von nach außen sichtbarem Verhalten eines Informatiksystems mit der inneren Struktur fordert.

Auf der Grundlage der Erkenntnisse aus den Unterrichtsprojekten wurde im Rahmen einer studentischen Projektgruppe an der Universität Siegen eine Lernsoftware mit dem Schwerpunkt Strukturen des Internets entwickelt (vgl. Abb. 15.5 und www.die.informatik.uni-siegen.de/pgfilius).

Die prototypische Umsetzung der Lernsoftware begegnet den oben beschriebenen Anforderungen durch vier Sichten: Mit der Netzwerkansicht wird die grafische Darstellung des Internetaufbaus aus verschiedenen Komponenten wie Rechner und Switch umgesetzt. Die Anwendungssicht ermöglicht die Nutzung der grafischen Benutzungsschnittstelle verschiedener Programme, z.B. E-Mail-Programm und -Server, um die Simulation der Abläufe zu starten. Eine Nachrichtensicht zeigt dazu den Datenaustausch zwischen Rechnern und Programmen an. Mit einer Quelltextsicht ist es außerdem möglich, eigene Anwendungen zu konstruieren. Das nach außen sichtbare Verhalten der Internetanwendungen wird somit durch die Anwendungssicht dargestellt. Netzwerksicht und Nachrichtensicht gewähren Einblick in die innere Struktur des Informatiksystems. Die Quelltextsicht ermöglicht zusätzlich einen tieferen Einblick in ausgewählte Implementierungsaspekte. Die Lernsoftware wurde im dritten Unterrichtsprojekt erprobt. Geeignete Zugänge zu komplizierten Funktionsprinzipien wie dem Verbindungsauf- und -abbau wurden erst durch den Einsatz dieser Lernsoftware ermöglicht.

15.5 Veränderung des Informatikunterrichts

Dieses Forschungsprojekt konnte eine Lücke im aktuellen Informatikunterricht schließen. Informatiklehrkräfte fanden Internetworking schon immer interessant und notwendig für ihre Absolventen, die genau diese Kompetenzen zur Bewältigung beruflicher, aber auch persönlicher Anforderungen einsetzen müssen. Lange Zeit galt das Thema Internetworking als zu theoretisch für attraktive Unterrichtskonzepte wie Anwendungsorientierung und Handlungsorientierung.

Das änderte sich ab 2007 schrittweise als zur 12. GI-Fachtagung „Informatik und Schule – INFOS 2007" erstmals die schulpraktischen Ergebnisse in Form von Unterrichtsplanung, Beispielaufgaben mit Musterlösungen und lernförderlicher Software „FILIUS" vorgelegt wurden. Informatiklehrkräfte übernahmen das gesamte Konzept oder ausgewählte Module in ihren Unterricht und berichteten von der erfolgreichen Anwendung. In der Lehrerbildung zeigten sich ab 2008 erste Veränderungen. Informatikdidaktiker in Österreich, den Niederlanden und den Vereinigten Staaten von Amerika übernahmen das „Didaktische System Internetworking" mit Wissensstrukturen, Aufgabenklassen und lernförderliche Software als Anregung für ihre Ausbildung von Informatiklehrerstudenten. Aktuelle Informatiklehrbücher [FHW04; HSS07; HSS08] integrieren Internetworking.

15.6 Fortsetzung zu eingebetteten Mikrosystemen

Im Februar 2009 erfolgte die Begehung des SFB/FK 615 „Medienumbrüche" durch die Gutachter. Das Projekt A8 wurde positiv bewertet für die Förderung von 2009 bis 2013 mit dem Schwerpunkt eingebettete Mikrosysteme (EMS).

Aus der Konvergenz der Medien hat sich in den vergangenen fünf Jahren neuer Forschungsbedarf ergeben: Medienkonvergenz äußert sich in der zunehmenden Miniaturisierung und Integration von mobilen Endgeräten mit EMS und erfordert ein Informatiksystemverständnis, das auf diese Mikrosysteme ausgerichtet ist. EMS gewinnen bei Mediennutzern durch sinkende Preise und höhere Verfügbarkeit stetig an Bedeutung: Die kontinuierlich steigende Rechenkapazität, Qualität der Displays und Akkuleistung solcher Geräte führte zu einer Integration von Anwendungen wie Terminplanung und Kontaktdatenbank, sowie zur Integration von Dekodern für diverse Medienformate, wodurch zusätzliche Geräte und Utensilien weitgehend ersetzt werden konnten. Vernetzungsmöglichkeiten und Anbindung an verschiedene Übertragungsstandards (GPRS, EDGE, UMTS) sowie der Aufbau von Ad-hoc-Netzen, z.B. über Bluetooth, erweitern gegenwärtig die Infrastrukturen des Internetworkings, wodurch zusätzliche Kommunikations- und Informationsmöglichkeiten geschaffen werden.

Die theoretische Durchdringung von Kompetenzbeschreibungen und deren Aneignungsprozessen verlagert sich daher von Internetworking zu EMS, um Mixed Reality, die Verflechtung der Lebenswelt mit elektronischen Steuerungs-, Kommunikations- und Netzmedien, als neuartiges Phänomen des digitalen Medienumbruchs zu erforschen. Die Multifunktionalität der Geräte führt zu weniger spezifischen Einsatzszenarios und vielschichtigeren Anwendergruppen. Zum einen müssen Entwickler von EMS als Gestalter des digitalen Medienumbruchs auf den technologischen Fortschritt reagieren und Anwendern entsprechende Zugänge schaffen. Hierdurch werden Kompetenzanforderungen, welche bisher auf den Bereich Internetworking beschränkt waren, auch für diese Zielgruppe relevant. Diese Kompetenzen müssen theoretisch fundiert modelliert werden. Zum anderen weitet sich der Kreis der Anwender auf Nutzer ohne grundständige Informatikausbildung aus, die nun ebenfalls zu berücksichtigen sind.

Literaturverzeichnis

[ACM03] ACM: *A Model Curriculum for K-12 Computer Science*, 2003.

[AK01] ANDERSON, L. und D. KRATHWOHL (Herausgeber): *A taxonomy for learning, teaching and assessing: A revision of Bloom's Taxonomy of educational objectives*. Addison Wesley, New York, 2001.

[BI07] BENZIE, D. und M. IDING (Herausgeber): *Proceedings of IFIP-Conference on Informatics, Mathematics and ICT (IMICT 2007): A golden triangle*, 2007. http://www.die.informatik.uni-siegen.de/ifip-wg31/publications.html.

[DM06] DAGIENE, V. und R. MITTERMEIR (Herausgeber): *Proceedings of Second International Conference on Informatics in Secondary Schools. Evolution and Perspectives*, Vilnius, Lithuania, 2006. Institute of Mathematics and Informatics and Publishing House TEV.

[ES08] EIBL, C. und S. SCHUBERT: *Development of e-learning design criteria with secure realization concepts*. In: MITTERMEIR, R. und M. SYSLO (Herausgeber): *Informatics Education – Supporting Computational Thinking*, Seiten 327–336, Boston, 2008. Springer.

[ESS06] EIBL, C., B. VON SOLMS und S. SCHUBERT: *A framework for evaluating the information security of e-learning systems*. In: DAGIENE, V. und R. MITTERMEIR [DM06], Seiten 83–94.

[ESS07] EIBL, C., B. VON SOLMS und S. SCHUBERT: *Development and application of a proxy server for transparently, digitally signing e-learning content*. In: VENTER, H., M. ELOFF, L. LABUSCHAGNE, J. ELOFF und R. VON SOLMS (Herausgeber): *New Approaches for Security, Privacy and Trust in Complex Environments*, Seiten 181–192, Boston, 2007. Springer.

[FHW04] FREY, ELKE, PETER HUBWIESER und FERDINAND WINHARD: *Informatik 1*. Klett, Stuttgart, 2004.

[Fre06] FREISCHLAD, S.: *Learning media competences in informatics*. In: DA-GIENE, V. und R. MITTERMEIR [DM06], Seiten 591–599.

[Fre07] FREISCHLAD, S.: *Anwenden und Verstehen des Internets – eine Erprobung im Informatikunterricht*. In: SCHUBERT, S. (Herausgeber): *Didaktik der Informatik in Theorie und Praxis*, Nummer P-112 in *GI-Edition – Lecture Notes in Informatics (LNI)*, Seiten 195–206, 2007.

[Fre08a] FREISCHLAD, S.: *Design of exercises and test items for internetworking based on a framework of exercise classes*. In: KENDALL, M. und B. SAMWAYS [KS08], Seiten 261–268.

[Fre08b] FREISCHLAD, S.: *Knowledge networks for internetworking in the process of course design*. In: WHEELER, S. et al. [WBK08].
http://cs.anu.edu.au/iojs/index.php/ifip/issue/view/41.

[FS06] FREISCHLAD, S. und S. SCHUBERT: *Media upheaval and standards of informatics*. In: WATSON, D. und D. BENZIE (Herausgeber): *Proceedings of IFIP-Conference on Imagining the future for ICT and Education*, 2006.
http://www.die.informatik.uni-siegen.de/ifip-wg31/publications.html.

[FS07] FREISCHLAD, S. und S. SCHUBERT: *Towards high quality exercise classes for internetworking*. In: BENZIE, D. und M. IDING [BI07].
http://www.die.informatik.uni-siegen.de/ifip-wg31/publications.html.

[GI08] Gesellschaft für Informatik: *Grundsätze und Standards für die Informatik in der Schule. Bildungsstandards Informatik für die Sekundarstufe I*, 2008.

[HSS07] HUBWIESER, PETER, MATTHIAS SPOHRER und MARKUS STEI-NERT: *Informatik 2*. Klett, Stuttgart, 2007.

[HSS08] HUBWIESER, PETER, MATTHIAS SPOHRER und MARKUS STEI-NERT: *Informatik 3*. Klett, Stuttgart, 2008.

[KS08] KENDALL, M. und B. SAMWAYS (Herausgeber): *Learning to Live in the Knowledge Society*, Boston, 2008. Springer.

[Sch93] SCHWILL, A.: *Fundamentale Ideen der Informatik*. Zentralblatt für Didaktik der Mathematik, 25(1):20–31, 1993.

[Sch08a] SCHWIDROWSKI, K.: *A catalogue of exercise classes for internetworking*. In: WHEELER, S. et al. [WBK08].
http://cs.anu.edu.au/iojs/index.php/ifip/issue/view/41.

[Sch08b] SCHWIDROWSKI, K.: *Knowledge network internetworking*. In: KEN-
          DALL, M. und B. SAMWAYS [KS08], Seiten 157–160.

[SFS⁺07] SCHUBERT, S., S. FREISCHLAD, P. STECHERT, W. KEMPF und
          H. KOCH: *Internetworking und Verstehen von Informatiksystemen*. In:
          STECHERT, P. (Herausgeber): *Informatische Bildung in der Wissens-
          gesellschaft*, Seiten 65–74. Universität Siegen, 2007.

  [SS04] SCHUBERT, S. und A. SCHWILL: *Didaktik der Informatik*. Springer,
          Heidelberg, 2004.

  [SS07] STECHERT, P. und S. SCHUBERT: *A strategy to structure the learning
          process towards understanding of informatics systems*. In: BENZIE, D.
          und M. IDING [BI07].
          http://www.die.informatik.uni-siegen.de/ifip-wg31/publications.html.

[UNE00]   UNESCO: *Information and communication technology in secondary
          education*.
          http://wwwedu.ge.ch/cptic/prospective/projets/unesco/en/welcome.html,
          2000.

[WBK08]   WHEELER, S., D. BROWN und A. KASSAM (Herausgeber): *Procee-
          dings of IFIP-Conference on ICT and Learning for the Net Generation*,
          2008.
          http://cs.anu.edu.au/iojs/index.php/ifip/issue/view/41.

16 Aspects of Designing and Implementing a Synchronous Programming Language

Axel Poigné, Fraunhofer Institut Intelligente Analyse- und Informations Systeme

Abstract. Several aspects of the design and implementation of the synchronous language *synERJY* are discussed ranging from proof of correctness to timing considerations on μ-processors.

16.1 Introduction

Programming languages have been my interest since starting to work at Lehrstuhl II of the University of Dortmund in August 1972 as the second of Volker Claus' university assistents. Then theory up to "general abstract nonsense", otherwise called category theory, was in focus, but "project groups" aimed for an underpinning by practice. My second – overambitious – project group on compiler generation failed in glory trying to cover a wide range from category theory to concrete implementations. The present paper reports on a less ambitious but more successful story of implementing a programming language only, though the grounds covered are still broad. One might say that, at last, I took Volker Claus' advice to complement theory by practice.

synERJY is a language for embedded reactive systems that combines (i) *object-oriented modelling* for a robust and flexible design and (ii) *synchronous execution* for precise modelling of reactive behaviour. In particular, *synERJY* offers fine-grained integration of synchronous formalisms such as the "imperative" language ESTEREL [BG92], the data-flow language LUSTRE [HCRP91], and the state-based language STATECHARTS [Har87].

The integration of different paradigms asks for a common paradigm that will be discussed in Sect. 16.2. Sect. 16.3 provides a semantic model and a translation to this model. Sect. 16.4 indicates a proof of correctness relative to the operational semantics of ESTEREL. Implementation issues are discussed in Sect. 16.5. The presentation is informal trying to convey ideas rather than formalisms. I take some liberties in twisting syntax for a smoother presentation.

16.2 Modelling: Integration of Formalisms

Synchronous programming is based on the *perfect synchronization hypothesis* which assumes that the reaction of a system to an external request has finished under all circumstances before the next request arrives. We speak of one such reaction as an *instant*. Interaction with the environment takes place via *sensors* and *signals*. Sensors may be updated by the environment while otherwise being read-only. Signals may be updated by the program.

Sensors and Signals. Both sensors and signals may be *present* or *absent*. A sensor or signal is present at an instant if and only if it updated at an instant. Otherwise it is absent. Operators related to sensors are

$?s$: checks whether the sensor s is *present* or *absent*.

$\$s$: yields the *value* of the sensor s.

Signals can be updated using the statement

emit $s(v)$: The signal s is emitted to be present at an instant, and the value of s is updated to be v.[1]

Reactive statements. Reactive behaviour is specified by reactive statements such as

```
loop {
    if (?sensor) { emit actuator($actuator + 1); };
};
```

At each instance of the loop, the presence of the sensor `sensor` is checked. If `sensor` is present the signal `actuator` is emitted with a new value being the value `$sensor` of the sensor increased by one.

It is often convenient to use traces to illustrate the reactive behaviour. *Traces* are sequences of values signals have at an instant.

i	0	1	2	3	4	5	...
sensor		*			*		...
actuator	0	**1**	*1*	*1*	**2**	*2*	...

Both `sensor` and `actuator` are present at the second and fourth instant (the index i specifies the instants). We use a bold typeface to indicate that a signal is present,

---

[1] emit s for pure signals.

and italic to indicate that the value can be read only. sensor is a so-called pure signal that does not have a value (or equivalently, if you prefer, a value of unit type). Hence we use only a * to indicate presence.

Note that the loop runs forever. It can be stopped using a "pre-emption operator"

```
do
  loop {
    if (?sensor) { emit actuator($actuator + 1); };
  };
watching ?stop;
```

Execution of the loop stops when stop is present.

i		0	1	2	3	4	5	...
sensor			*			*		...
stop						*		...
actuator		*0*	**1**	*1*	*1*	*1*	*1*	...

Note that the construct first checks for pre-emption and only later executes the body. Hence the value of actuator is not changed. This is called strong pre-emption as compared to weak pre-emption where the body is computed before checking for pre-emption.[2]

For a final example of the same kind consider

```
loop {
  await ?start;
  do
    loop {
      if (?sensor) { emit actuator($actuator + 1); };
    };
  watching ?stop;
};
```

The await waits till the sensor start is present. Then it terminates and the inner loop starts working till the sensor stop is present and the wait starts again.

Integration of formalisms. So far we have considered statements in the "imperative" style of ESTEREL [Ber93]. A different kind of reactive statements are data flow equations (as in LUSTRE [HCRP91])

$$\{|\ \text{var} := 1 \rightarrow \text{pre}(\text{var}) + 1;\ |\};$$

---

[2] Weak pre-emption will not be discussed in this paper.

We speak of a *data-flow block* delimited by {| ... |}. The value of the signal var is updated at each instant; at the first instant it is updated to 1 and at later instants either to the value at *pre*vious instant plus 1.[3]

i	0	1	2	3	4	5	...
var	**1**	**2**	**3**	**4**	**5**	**6**	...

Note the notational gadget that, in data-flow equations, sensors and signals always update the value. Hence we used *var* instead of $var.

The imperative style can be freely combined with the data-flow style as in

```
loop {
    await ?start;
    do
        {| var := 1 -> pre(var) + 1; |};
    watching ?stop;
};
```

The behaviour is quite elaborated as the following example demonstrates:

i	0	1	2	3	4	5	6	7	...
start		*					*		...
stop					*				...
var	0	**1**	**2**	**3**	3	3	**1**	**2**	...

The data-flow block becomes operational only after the start sensor is present. The the signals var and toggle are updated, at the first instant as the left hand side of the -> specifies. Updating stops when the stop sensor is present. The same behaviour is to be seen when the start sensor is present for the second time.

A very different kind of behaviour is obtained if we consider

```
loop {
    await ?start;
    do
        {| var := pre(var) + 1; |};
    watching ?stop;
};
```

Here no "re-initialisation" takes place, the data-flow block continues to count upwards if active.

---

[3] What happens at the first instant is specified on the left hand side of the -> and at later instants on the right hand side. pre(x) refers to the value of x at the previous instant.

i	0	1	2	3	4	5	6	7	...
start		*					*		...
stop					*				...
var	0	1	2	3	3	3	4	5	...

The upshot of these sketchy examples is that, based on the abstraction of signals being present and absent and that signals are present only if they are updated, ostensibly different formalisms are reduced to common paradigms. The actual integration is more sophisticated when the clock mechanisms of LUSTRE [HCRP91] for down- and up-sampling is to be accommodated, but the somewhat simple example hopefully conveys the general idea.

16.3 Semantics

Finding the proper paradigms when designing *synERJY* was a first step, the next being to define a proper semantics. The starting points of *synERJY* was trying to understand the "hardware" semantics of ESTEREL [Ber91] that resulted in defining a different semantical scheme.

Processes for semantics. The semantics corresponds – with minor modifications – to that specified in [PH97], [PMMH98], [BPS06]. The general idea is that a reactive statement denotes a semantic entity P we refer to as a *synchronous process*. These will be presented in terms of a simple language comprised of "assembler" statements of the form

$$s \mathrel{<=} \phi ; \qquad \text{(set a signal)}$$
$$r \mathrel{<-} \phi ; \qquad \text{(set a register)}$$
$$\text{if } (s) \ \{ f \}; \qquad \text{(trigger a data action)}$$

where s is a *wire*, r a *register*, and f an *action* on data. The distinction of wires and registers is that a wire s is set to be "up" at an instant if the Boolean condition ϕ evaluates to true. In contrast, the register r is set for the *next* instant.

Translation. The translation is denotational, i.e. the behaviour of a statement is synthesised from that of its sub-statements. We present a very simplified version of the translation scheme in the subsequent table in that only a kernel of reactive statements and only pure signals are considered and the only Boolean expressions are of the form ?s. There is one inherited attribute α that denotes the *start* signal, and one synthesised attribute ω for *termination*. The set S comprises all signals and the set R all registers involved. The variables P and Q range over synchronous processes.

nothing	$S, L, R = \emptyset$
	$\emptyset, \omega = \alpha$
halt	$S, L = \emptyset, R = \{r\}$
	$\{r \mathrel{<-} \alpha \vee r\}, \omega = false$
emit s	$S = \{s\}, L, R = \emptyset$
	$\{s \mathrel{<=} \alpha \}, \omega = \alpha$
$P \; ; \; Q$	$S = S_P \cup S_Q, L = L_P + L_Q, R = R_P + R_Q$
	$P \vee Q[P.\omega/\alpha], \omega = false$
$P \parallel Q$	$S = S_P \cup S_Q, L = L_P + L_Q, R = R_P + R_Q$
	$P \vee Q, \omega = (P.\omega \wedge Q.\omega)$
	$\qquad \vee (P.\omega \wedge \bigvee R_P \wedge \neg \bigvee R_Q)$
	$\qquad \vee (Q.\omega \wedge \bigvee R_Q \wedge \neg \bigvee R_P)$
if (?s) {P} else {Q}	$S = S_P \cup S_Q \cup \{s\}, L = L_P + L_Q, R = R_P + R_Q$
	$P[\alpha \wedge \phi/\alpha] \vee Q[\alpha \wedge \neg\phi/\alpha], \omega = P.\omega \vee Q.\omega$
loop { P }	$S = S_P, L = L_P, R = R_P$
	$P[\alpha \vee P.\omega/\alpha], \omega = false$
do P watching ?s	$S = S_P \cup \{S\}, L = L_P, R = R_P$
	$P_\alpha \vee \neg\phi \wedge P_\eta, \omega = \phi \wedge \bigvee R_R$
{ sig s; P }	$S = S_P \backslash \{s^*\}, L = L \cup \{s, s^*\}, R = R_P$
	$P_\alpha[s^*/\!/s \mid s \in L_P + \{\bar{s}\}] \vee P_\eta$

The result of a rule always consists of a synchronous process P followed by a the termination condition.

Most of the rules are straightforward to read. For instance, the rule for sequential composition states that the second process Q immediately starts when the first process P terminates. Here disjunction is naturally extended to synchronous processes: let $P.x$ refer to the right hand side of the defining equation of x in P, i.e., $x \mathrel{<=} P.x$ or $x \mathrel{<-} P.x$. Then $(P \vee Q).x = P.x \vee Q.x$. Similarly, $P[t/y].x = P.x[t/y]$.

The termination condition for parallel composition is somewhat more sophisticated: it terminates if either both the processes terminate at the same instant $(P.\omega \wedge Q.\omega)$ or if one of the processes has terminated at earlier instant and the other terminates, e.g. the condition $P.\omega \wedge \bigvee R_P \wedge \neg \bigvee R_Q$ states that P terminates $(P.\omega \wedge \bigvee R_P)$ and that Q is not active $(\bigvee R_Q)$, a process being *active* if some of its "control" registers are up. Control registers are introduced by the `halt` statement.

The `watching` statement needs some explanation as well. It terminates if the process P is active $(\bigvee R_P)$ and if the signal s is present. A side condition, however, is that the body should execute for at least one instant before pre-emption can take place. This is achieved by splitting the synchronous process P into two sub-processes: the behaviour at the first instant $P_\alpha = P[false/R]$ and the behaviour at later instants $P_\eta = P[false/\alpha]$. Again the notation $\neg s \wedge P_\eta$ implies that $(\neg s \wedge P_\eta).x = \neg s \wedge P_\eta.x$.

The conditional may be one-sided. We use `if (?s) {P}` as an abbreviation of `if (?s) {P} else {nothing}` and `if !(?s) {Q}` as an abbreviation of `if (?s) {nothing} else {Q}`.

As an example, we claim that the reactive statement

```
loop {
  await ?start;
  do
    loop {
      if (?sensor) { emit actuator; };
      next;
    };
  watching ?stop;
};
```

translates to

$$actuator <= sensor \wedge (start \wedge r_{await} \vee \neg stop \wedge r_{next});$$
$$r_{await} <- \alpha \vee \neg start \wedge r_{await} \vee stop \wedge r_{next};$$
$$r_{next} <- start \wedge r_{await} \vee \neg stop \wedge r_{next};$$

noting that `await ?s;` is an abbreviation of `do halt watching ?s.`[4]

Reincarnation. The translation of the signal statement is confused by a peculiar consequence of the synchrony hypothesis: *reincarnation*. Consider the simple

---

[4] The indices indicate how the registers are generated.

example due to Berry [Ber93]:

```
loop {
  { sig local;
    if (?local) { emit actuator };
    await sensor;
    emit local;
  };
};
```

Leaving the loop, we should forget about the present incarnation of the signal s, and use a new incarnation immediately when restarting the loop. Since the loop restarts immediately due to the synchrony hypothesis, the two incarnations have to "exist at the same time". We achieve this effect with a minor trick renaming the signal s to s^* but only for those copies of s which relate to the initialization phase, i.e., rename s to s^* in P_α. Then we obtain

$$
\begin{aligned}
\texttt{local}^* &\;\texttt{<=}\; \texttt{false} \\
\texttt{local} &\;\texttt{<=}\; \texttt{sensor} \wedge \texttt{r} \\
\texttt{actuator} &\;\texttt{<=}\; local^* \wedge (\alpha \vee \texttt{sensor} \wedge r_{await}) \\
\texttt{r}_{await} &\;\texttt{<-}\; \alpha \vee \texttt{sensor} \wedge \texttt{local} \vee \neg\texttt{sensor} \wedge r_{await} \\
\omega &\;\texttt{=}\; \texttt{false}
\end{aligned}
$$

and the signal `actuator` is never emitted as `local`* never is.

Execution strategy. Although the setting suggests a natural execution model there are options to explore. A synchronous process essentially consists of a representation of a Boolean circuit, hence the same evaluation strategy is applied as for circuits, that is *write-before-read*: once signal is read within an instant its status – presence or absence – and value it is not allowed to chance within the instant.

Causality. There is a second consequence of the synchrony hypothesis: not every synchronous program generates an executable synchronous process. Consider

$$\texttt{if (?a) \{ emit b; \}; || if (?b) \{ emit a; \};}$$

which translates to (omitting the termination condition)

$$
\begin{aligned}
\texttt{b} &\;\texttt{<=}\; \texttt{?a} \wedge \alpha; \\
\texttt{a} &\;\texttt{<=}\; \texttt{?b} \wedge \alpha;
\end{aligned}
$$

Whatever the order of execution is, the write-before-read strategy is violated. In hardware terms this is called a shortcut. We speak of a *causality error*. A causality loop can be eliminated if a delay is added, e.g.

```
if (?a) { next; emit b; }; || if (?b) { emit a; };
```

Detection of causality loops is a tricky business. It is essentially equivalent to checking whether, for a given circuit, there exists an equivalent sequential circuit [Mal93]. *synERJY* uses topological sort on dependencies between reads and writes, the dependencies being discovered by data flow analysis.

Transition system. Execution is modelled by a transition system

$$\langle P, \sigma \rangle \quad \xrightarrow[E]{E'} \quad \langle P, \sigma \rangle$$

where P is a synchronous process. The *event* E consists of all the sensors and signals present at an instant. The *state* σ is either the initial state $\{\alpha\}$ or a subset of the registers, i.e. $\sigma \subseteq R_P$. The requirement is that, for all signal equations s <= ϕ in P, it holds that $s \in E'$ iff ϕ evaluates to *true* given $E \cup \sigma$ and, for all register equations r <- ϕ', it holds that $r \in \sigma'$ iff ϕ' evaluates to *true* given $E \cup \sigma$.

Note that the definition does not presume that the P is causally correct. It is just required that $E \cup \sigma$ is a consistent solution of the "signal equations".

16.4 Correctness

ESTEREL has a formal semantics defined in terms of a structural operational semantics.[5] A correctness proof of our translation scheme for *synERJY* implies that we have to show that both the semantics coincide on the intersection of the two languages, similarly for the intersection with LUSTRE (the latter is more boring because of the simpler semantics of LUSTRE. Hence we concentrate on ESTEREL). We do not have the space here to give a proof but try to indicate the difficulties involved.

Structural operational semantics. The structural operational semantics for ESTEREL is defined by transitions of the form

$$P \quad \xrightarrow[E]{E', k} \quad P'$$

---

[5] As a reminiscence: my first ever report in computing [PH77; Poi77] introduced a ALGOL68-like language in terms of a structural operational semantics way before the ground-breaking work of Plotkin [Plo81]. The report was a result of teacher courses, Volker Claus was among the first to organise in Germany.

The event E consists of the set of all signals present at an given instant. Hence E must contain the set E' of emitted signals. The integer k codes *termination* conditions; 0 stands for "terminates immediately", and 1 for "keeps control".[6]

$$\text{halt} \xrightarrow[E]{\emptyset,1} \text{halt} \qquad\qquad \text{emit s} \xrightarrow[E]{\{s\},0} \text{nothing}$$

$$\frac{\text{P} \xrightarrow[E]{E'_1,k} \text{P'} \quad k>0}{\text{P ; Q} \xrightarrow[E]{E'_1,k} \text{P' ; Q}} \qquad\qquad \frac{\text{P} \xrightarrow[E]{E'_1,0} \text{P'} \quad \text{Q} \xrightarrow[E]{E'_2,k} \text{Q'}}{\text{P ; Q} \xrightarrow[E]{E'_1 \cup E'_2,k} \text{Q'}}$$

$$\frac{s \in E \quad \text{P} \xrightarrow[E]{E',k} \text{P'}}{\text{if (?s) \{P\} else \{Q\}} \xrightarrow[E]{E',k} \text{P'}} \qquad\qquad \frac{s \notin E \quad \text{Q} \xrightarrow[E]{E',k} \text{Q'}}{\text{if (?s) \{P\} else \{Q\}} \xrightarrow[E]{E',k} \text{Q'}}$$

$$\frac{\text{P} \xrightarrow[E]{E',k} \text{P'} \quad k>0}{\text{loop P end} \xrightarrow[E]{E',k} \text{P'; loop P end}} \qquad\qquad \frac{\text{P} \xrightarrow[E]{E'_1,k_1} \text{P'} \quad \text{Q} \xrightarrow[E]{E'_2,k_2} \text{Q'}}{\text{P || Q} \xrightarrow[E]{E'_1 \cup E'_2,\max\{k_1,k_2\}} \text{P' || Q'}}$$

$$\frac{\text{P} \xrightarrow[E]{E',k} \text{P'}}{\text{do P watching (?s)} \xrightarrow[E]{E',k} \text{if !(?s) \{ do P' watching ?s \}}}$$

$$\frac{\text{P} \xrightarrow[E \cup \{s\}]{E',k} \text{P'} \quad s \in E}{\text{\{sig s; P\}} \xrightarrow[E]{E' \setminus \{s\},k} \text{\{sig s; P'\}}} \qquad \frac{\text{P} \xrightarrow[E \setminus \{s\}]{E',k} \text{P'} \quad s \notin E}{\text{\{sig s; P\}} \xrightarrow[E]{E',k} \text{\{sig s; P'\}}}$$

Interpretation of the rules should be straightforward in most cases. Note that the first rule for sequential composition formalises the case that P has not terminated yet, while the second captures termination. The rules for the signal statements reflects the *coherence law* [Ber91]

> *A local or output signal is present at an instant if and only if it is emitted by executing an* emit-*statement at that instant.*

in that, within the body, they impose that a local signal is present in E if and only if it is emitted.

---

[6] The mechanism is much more sophisticated if weak pre-emption is considered. We have sacrificed weak pre-emption for simpler presentation.

Bisimulation. We consider two transition systems are as being equivalent if they are bisimilar. The transition relations of concern are that of synchronous processes and that of ESTEREL programs. We restrict the definition of bisimulation to this case.

Definition 5 *Let* P *a reactive statement,* $\underline{P}$ *be the corresponding synchronous process. A relation* R *is called a* bisimulation *if* $(P, \langle \underline{P}, \sigma \rangle) \in R$ *implies that, for all* E, E' *such that* $E' \subseteq E$,

- *whenever* P $\xrightarrow[E]{E'}$ P' *then, for some* σ', $\langle \underline{P}, \sigma \rangle \xrightarrow[E]{E'} \langle \underline{P}, \sigma' \rangle$ *and* $(P', \langle \underline{P}, \sigma' \rangle) \in R$,
- *whenever* $\langle \underline{P}, \sigma \rangle \xrightarrow[E]{E'} \langle \underline{P}, \sigma' \rangle$ *then, for some* P', P $\xrightarrow[E]{E'}$ P' *and* $(P', \langle \underline{P}, \sigma' \rangle) \in R$.

where P $\xrightarrow[E]{E'}$ P' *if* P $\xrightarrow[E]{E',k}$ P' *for some k.*

The difficulty is to relate the "static" synchronous process to the dynamically changing reactive terms. We follow [Mig94]:

Definition 6 *Let* P *a reactive statement,* $\underline{P}$ *be the corresponding synchronous process, and* $R \subseteq R_{\underline{P}}$. *A mapping* $\mathscr{T}$ *is defined by*

$$
\begin{aligned}
\mathscr{T}(\mathrm{P}, \{\alpha\}) &= \mathrm{P} \\
\mathscr{T}(\mathrm{P}, \emptyset) &= \texttt{nothing} \\
\mathscr{T}(\texttt{emit } s, R) &= \texttt{nothing} \\
\mathscr{T}(\texttt{halt}, R) &= \texttt{halt} && \text{if } h \in R \\
\mathscr{T}(\mathrm{P} ; \mathrm{Q}, R) &= \mathscr{T}(\mathrm{P}, R) ; \mathrm{Q} && \text{if } \emptyset \neq R \subseteq R_{\underline{P}} \\
\mathscr{T}(\mathrm{P} ; \mathrm{Q}, R) &= \mathscr{T}(\mathrm{Q}, R) && \text{if } R \subseteq R_{\underline{Q}} \\
\mathscr{T}(\mathrm{P} \parallel \mathrm{Q}, R) &= \mathscr{T}(\mathrm{P}, R \cap R_{\underline{P}}) \parallel \mathscr{T}(\mathrm{Q}, R \cap R_{\underline{Q}}) \\
\mathscr{T}(\texttt{if } (?s) \{ \mathrm{P} \}\texttt{else}\{ \mathrm{Q} \}, R) &= \mathscr{T}(\mathrm{P}, R) && \text{if } R \subseteq R_{\underline{P}} \\
\mathscr{T}(\texttt{if } (?s) \{ \mathrm{P} \}\texttt{else}\{ \mathrm{Q} \}, R) &= \mathscr{T}(\mathrm{Q}, R) && \text{if } R \subseteq R_{\underline{Q}} \\
\mathscr{T}(\texttt{loop P end}, R) &= \mathscr{T}(\mathrm{P}, R) \texttt{ ; loop P end} \\
\mathscr{T}(\texttt{do P watching } ?s, R) &= \texttt{if !(?s) \{ do } \mathscr{T}(\mathrm{P}, R) \texttt{ watching s \}} \\
\mathscr{T}(\{ \texttt{ sig } s; \mathrm{P} \}, R) &= \texttt{\{ sign s; } \mathscr{T}(\mathrm{P}, R) \texttt{ \}}
\end{aligned}
$$

Theorem 1

- *The relation* $\langle \underline{P}, \sigma \rangle \approx \mathscr{T}(\mathrm{P}, \sigma)$ *defines a bisimulation relation.*
- *The translation of* ESTEREL *to synchronous processes is correct in that* P $\approx < \underline{P}, \{\alpha\} >$

Explicitly, we prove that, for all statements P,

- if $\sigma \xrightarrow[I \cup O]{O} \sigma'$ then $\mathscr{T}(P, \sigma) \xrightarrow[I \cup O]{O} \mathscr{T}(P, \sigma')$
- if $\mathscr{T}(P, \sigma) \xrightarrow[I \cup O]{O} P'$ then,

  for some σ', $\langle P, \sigma \rangle \xrightarrow[I \cup O]{O} \langle P, \sigma' \rangle$ and $P' = \mathscr{T}(\underline{P}, \sigma')$,

The proof of theorem is given in [PH95].

16.5 Implementation

Target architectures. *synERJY* targets a number of different architectures including workstations, micro controllers, Digital Signal Processors (DSP), and Field Programmable Gate Arrays (FPGA). In general, the strategy is to translate to C as an intermediate language and then to use back-end compilers for the specific target architecture. Since *synERJY* is object-oriented with the language Java-like[7] this implies that essentially a Java to C compiler is included. Targeting even small micro controllers further implies that all overhead caused by object-orientation is to be avoided: in particular, singletons should be used without indirection by a this pointer.

One of the targets is a simulator for which the C-code is instrumented, meaning that additional commands are added that are stripped off for the production code. Thus it is guaranteed that simulator and production code behave exactly the same.

For FPGAs, the target language used is Verilog but the translation is restricted so far to singletons avoiding the intricacies of this pointers. One should note that the translation to a "hardware language" is straightforward since the intermediate code of synchronous processes may be considered as a hardware dialect, only that exact triggering mechanisms are missing.

For the same reason, input for a model checker (NuSMV [NUS]) can be generated. Formulas of computation tree logic (CTL,[CES86]) and of linear temporal logic (LTL, [EH86]) can be embedded as verification conditions within *synERJY* and then correctness of the code with regard to the conditions can be proved by push-button verification. Change of language, of course, implies that production code does not coincide with verification code. But since the push-button verification only addresses the control structure specified in terms of a Boolean circuit (though certain data abstractions are supported additionally) one can safely assume that the languages coincide on the Boolean kernel.

---

[7] Actually, apart from minor syntactic differences due to the inclusion of the reactive sub-langue the major missing component is dynamic loading, which does not make sense in the context of hard real time applications.

All the compilers and all of the programming environment are written in the functional language Ocaml[8] except that Tk is used for widgets.

Complexity issues. There are a couple of computationally expensive operations like the splitting of a synchronous process P into P_α and P_η. An interesting, but well known, feature[9] is that growth of code size may be quadratic, which is due to the combination of the loop construct and local signal declaration (cf. [Gon88]). Though spending a lot of energy on reducing at least the constants, it turned out that the theoretical result in practice is "theoretical" since the specific conditions for quadratic growth almost never occur in real life.

Periodic timing. Just to extend the scope from theory to practice even a bit further, we finally are concerned with a question digging deeper into hardware.

Synchronous languages are meant for hard real time but was does this mean. *synERJY* runs in two modes, periodically triggered or "free running". The latter means that a next execution instant of a synchronous process takes places only after the previous has finished computation. Let us consider the periodic case which may be specified on the granularity of micro seconds. Depending on the target architecture very different mechanisms should be used.

The most convenient one is that the target offers a hard real time operating system, as for instance DSPs often do. Then only the synchronous process needs to be triggered by an external event, the timing behaviour of which can be specified precisely (usually at a finer granularity than micro seconds), and the operating system takes care that execution takes place exactly as specified. The synchronous process only needs to raise a flag when the synchrony hypothesis is violated, i.e. computation at an instant has not been completed before the next trigger event.

Workstations with one of the standard operating systems as another target usually support real time only approximately. One typically would use the system clock that has a rather fine resolution. But computation of the trigger event needs storing of the last time stamp, comparison of that one with the time stamp when finishing computing an instant, and possibly delaying computation till the period finishes, all of which needs machine cycles that must be deducted to obtain the "real" time

---

[8] Another reminiscence: My addiction to functional languages started at Lehrstuhl II when becoming interested in λ-calculi. My first project group on a railway information system for costumers used a self-developed variant of Peter Lauer's Vienna Definition Language, the second on compiler generation used Category Theory as an intermediate language for specifying semantics and then translated the categorical language to λ-calculus and λ-calculus into SIMULA. We just missed the much more clever approach of Cosineau, Curien, and Mauny at the same time to use the categorical language directly for compilation [CCM87], which led to the Objective Categorical Machine Language, that is Ocaml. At least, we published a paper [PV87] on a related subjects that build on the results of the project group.

[9] which is included to commemorate Lehrstuhl II's strong interest in complexity theory.

for executing an instant of a synchronous process (apart from other effects that dilute the "hard" real time assumption).

The same effects apply for micro controllers as targets though here the set-up is simpler because of the lack of an operating system. Given an implementation of the timing regime, the clock cycles needed can be computed (of course for each brand of micro controller individually) and deducted from the timing specification of the period in order to guarantee the synchrony hypothesis. The timing will typically be implemented by running a hardware clock up to a pre-set time. Since hardware clocks cover only a short period of time, a counter is needed to count the number of cycles needed till the next trigger event. In consequence, the number of machine cycles to be deducted depends on the length of the period.

All this, and more, needs to be done for guaranteeing precise real time, which can only be achieved by wrapping the executable of the synchronous process by bits and pieces written in assembler, diving really deep into – for many – almost archaic fields of computing.

16.6 Concluding Remarks

Our aim was to demonstrate that development of a programming language such as *synERJY* needs a wide range of activities from conceptual modelling over proofs and complexity considerations to bit banging, covering much of what Volker Claus advocated for in his teaching.

The *synERJY* programming environment is not online at present but available via the author. This includes an extensive documentation, reference manual, et cetera.

Acknowledgements. *synERJY* is joint work with Reinhard Budde and Karl-Heinz Sylla, the reactive component discussed here being my original contribution with input from Leslek Holenderski.

References

[Ber91] BERRY, GERARD: *A Hardware Implementation of Pure Esterel.* Rapports de Recherche 1479 1479, INRIA, 1991.

[Ber93] BERRY, GERARD: *The Semantics of Pure Esterel.* In: BROY, MANFRED (editor): *Program Design Calculi*, volume 118 of Series F: Computer and System Sciences of series *NATO ASI Series*, 1993.

[BG92] BERRY, GERARD and GEORGES GONTHIER: *The* ESTEREL *synchronous programming language: design, semantics, implementation.* Science of Computer Programming, 19(2):87–152, 1992.

[BPS06] BUDDE, REINHARD, AXEL POIGNÉ and KARL-HEINZ SYLLA: *synERJY An Object-oriented Synchronous Language.* Electronic Notes in Theoretical Computer Science, 2006.

[CCM87] COUSINEAU, GUY, PIERRE-LOUIS CURIEN and MICHEL MAUNY: *The Categorical Abstract Machine.* Science of Computer Programming, 1987.

[CES86] CLARKE, E.M., E.A. EMERSON and A.P. SISTLA: *Automatic verification of finite-state concurrent systems using temporal logic specifications.* ACM transactions on Programming Languages and Systems, 8(2):244–263, 1986.

[EH86] EMERSON, E. and J. HALPERN: *"Sometimes" and "not never" revisited: on branching versus linear time temporal logic.* Journal of the ACM, 1986.

[Gon88] GONTHIER, GEORGES: *Sémantique et modès d'ex'ecution des languages réactifs synchrones; application à Esterel.* Doktorarbeit, Université d'Orsay, 1988.

[Har87] HAREL, DAVID: *Statecharts: A visual approach to complex systems.* Science of Computer Programming, 8:231–274, 1987.

[HCRP91] HALBWACHS, NICHOLAS, PAUL CASPI, PASCAL RAYMOND and DANIEL PILAUD: *The Synchronous Dataflow Programming Language Lustre.* Proc. of the IEEE, 79(9), 1991.

[Mal93] MALIK, SHARAD: *Analysis of cyclic combinational circuits.* In: *1993 IEEE/ACM International Conference on Computer-Aided Design,* 1993.

[Mig94] MIGNARD, FRÉDÉRIC: *Compilation du langage Esterel en systèmes d'équations booléennes.* Doktorarbeit, École des Mines, Paris, 1994.

[NUS] *NuSMV: a new symbolic model checker, http://nusmv.irst.itc.it.*

[PH77] POIGNÉ, AXEL and HAGEN HUWIG: *Ein rekursionsorientierte Einführung in eine ALGOL 68 - ähnliche Sprache.* Bericht 46, Abt. Informatik, Universität Dortmund, Dortmund, 1977.

[PH95] POIGNÉ, AXEL and LESZEK HOLENDERSKI: *Boolean Automata for Implementing Pure Esterel.* Arbeitspapiere der GMD 964, GMD, 1995.

[PH97] POIGNÉ, AXEL and LESZEK HOLENDERSKI: *On the combination of synchronous languages*. In: DE ROEVER, W. P. (editor): *Workshop on Compositionality: The Significant Difference*, volume 1536 of series *LNCS*, pages 490–514, Malente, September 1997. Springer Verlag.

[Plo81] PLOTKIN, GORDON D.: *A Structural Approach to Operational Semantics*. Tech. Rep. DAIMI FN 19, Aarhus University, 1981.

[PMMH98] POIGNÉ, AXEL, MATTHEW MORLEY, OLIVIER MAFFEÏS and LESLEK HOLENDERSKI: *The synchronous approach to designing reactive systems*. Formal Methods in System Design, V:1–25, 1998.

[Poi77] POIGNÉ, AXEL: *Teaching Programming Languages*. Bericht 41, Abteilung Informatik, Universität Dortmund, 1977.

[PV87] POIGNÉ, AXEL and JOSEF VOSS: *On the implementation of abstract data types by programming language constructs*. Journal of Computer and System Sciences, 34(2/3):340–376, 1987.

17 Modeling an Operating System Kernel

Egon Börger, Università di Pisa, Dipartimento di Informatica
Iain Craig, University of Northhampton, Faculty of Applied Sciences

Abstract. We define a high-level model of an operating system (OS) kernel which can be refined to concrete systems in various ways, reflecting alternative design decisions. We aim at an exposition practitioners and lecturers can use effectively to communicate (document and teach) design ideas for operating system functionality at a conceptual level. The operational and rigorous nature of our definition provides a basis for the practitioner to validate and verify precisely stated system properties of interest, thus helping to make OS code reliable. As a by-product we introduce a novel combination of parallel and interruptable sequential Abstract State Machine steps.

17.1 Introduction

We show how to develop from scratch an easily understandable, accurate high-level view of an OS kernel. The model we propose is algorithmic in nature and can be understood without prior knowledge of formal methods. It can be used by lecturers for teaching the principles of OS design and by practitioners for experiments in OS design (they can realise alternative design decisions by refining the abstract model). In addition, the mathematically accurate character of our operational model permits validation (by simulation) and verification (by proof) of the behavioral properties of such kernels.

We base our work on the recent book [Cra07a], a study of formal models of operating systems kernels which comes with a companion book on the refinement of such models [Cra07b]. The two books use Z [Spi92], and sometimes Object-Z [Smi00], as well as CCS [Mil89] as their description languages. In order to make our model understandable by readers without knowledge of formal specification languages, we use pseudo-code descriptions written as Abstract State Machines (ASMs). We introduce a novel combination of parallel and interruptable sequential ASM steps. ASMs guarantee that our descriptions have a mathematically precise meaning (given by the semantics of ASMs [BS03]); this accurately and directly supports the intuitive operational understanding of the pseudo-code. Using ASMs also implies that the model can be seamlessly refined to code, a process that can be difficult when starting from purely axiomatic Z specifications [Hal97]. Refinements of ASMs to code can be performed either by programming (e.g., [Mea97; BBD$^+$96]) or compiling to executable code (e.g., [BPS00]).

Our OS kernel model mainly follows the swapping kernel in [Cra07a, Ch. 4], which captures the essentials of the MINIX Kernel [Tan87]. As a by-product, the ASM model defined here and the Z model in [Cra07a, Ch. 4] can be used in a concrete comparison of the two specification methods.

The kernel is organized as a layered architecture. At the bottom is the hardware. It is linked, via interrupt service routines (ISRs) to a scheduler. It also connects to layers of (in priority order) communicating device, system and user processes. It uses a clock to implement alarms and a storage-management scheme including a swapping mechanism for storing active processes on disk. The link between the hardware and the software model is a collection of hardware-controlled locations monitored by the software model. The kernel model is a collection, inter alia, of interacting components such as the clock process (and associated driver and ISR), the swapper, the scheduler. Due to space limitations, we focus on the clock interrupt but the method is general and can also be used for other kinds of interrupt.

17.2 Clock Interrupt Service Routine

An OS Kernel consists of various interacting components. Central to the kernel is the clock process. It interacts with priority-based scheduling of device, system and user processes that pre-empts user-defined processes. It controls the timing of the swapping of active user processes between main store and a disk; it also implements alarms that wake sleeping processes when their sleep period has expired. The main program of this component is the clock interrupt service routine CLOCKISR. It is triggered by hardware clock ticks, here formalized by a monitored predicate *HwClockTick*. Ticks are assumed to occur at regular intervals, whose length is expressed abstractly by the constant function, *ticklength*.[1]

Upon a *HwClockTick*, one execution round of the clock interrupt service routine is triggered. It consists of three successive steps of CLOCKISR:

- DESCHEDULE the current process *currp*, changing its *status* from *running* to *ready* and saving its current state. In case *currp* is a user process that had

---

[1] Some hardware clock ticks can be missed, due to locking. Thus the system time *now* reflects the relative time resulting from the perceived hardware clock ticks.

RunTooLong, it is moved from the head to the tail of the queue of user processes that are ready to execute (thus implementing a round robin scheme).
- DRIVETIMEDFEATURES. This decomposes into:
  - Update the current system time *now*;
  - Wake up the CLOCKDRIVER component which performs further timing updates related to process suspension and storage management. Then trigger the SWAPPER, a storage management process using a time criterion to swap user processes between main store and disk;
  - Wake up the DEZOMBIFIER which is related to swapping.

- RESCHEDULE: schedule the next *currp* (which may be the interrupted process DESCHEDULEd in the first step of CLOCKISR). It is selected from the processes ready to execute and its state is restored.

We assume the *HwClockTick* event to be preemptive (read: the monitored predicate becomes false once the triggered rule has fired).

CLOCKISR = **if** *HwClockTick* **then**
    DESCHEDULE **step**[2] DRIVETIMEDFEATURES **step** RESCHEDULE

We will describe the concepts involved in the description of CLOCKISR (*Process*es of various kinds, the current process *currp* ($\in$ *Process*), scheduler and time and storage management) in the following sections.

17.2.1 Defining the Submachines of CLOCKISR

The dynamic set *Process* of processes is divided into three disjoint subsets representing three distinct kinds of processes with different scheduling level *schedlev*: user, system and device processes. *idleProcess* is an additional special process.

Process = *DeviceProcess* $\cup$ *SystemProcess* $\cup$ *UserProcess* $\cup$ {*idleProcess*}
RealProcess = *Process* \ {*idleProcess*}

The currently executing process *currp* can be thought of as the only one with *status*(*currp*) = *running* (read: instruction pointer *ip* pointing into its code); it is selected by the scheduler from a queue, *readyq*, of processes whose *status* is *ready*. Each process has a current state which is saved when the process is DESCHEDULEd and restored when it is RESCHEDULEd. The two submachines SAVESTATE and RESTORESTATE are detailed in Sect. 17.6.

---

[2] **step** denotes an interruptable sequential composition of ASMs, defined in Sect. 17.8, to be distinguished from the atomic sequential composition denoted by **seq** and defined in [BS03, Ch. 4.1]

When the current process is DESCHEDULEd, besides saving its state, its *status* is changed from *running* to *ready*. If *currp* is a user process, its time quantum is updated. This means that a location, *timeQuant(currp)*, is decremented, followed by a check whether *currp* has consumed the assigned time quantum and must therefore be removed from the processor. If *currp* has *RunTooLong*, it is removed from the head of the queue *readyq(schedlev(currp))*[3] of all *ready* processes of its scheduler level that can be be chosen by the scheduler for execution. This is where it was when the scheduler selected it as *currp* (but did not remove it from this queue). When *currp* is returned to the queue, it is placed at the end.[4]

Locking Mechanism. Since the synchronous parallelism of simultaneously executing all applicable rules of an ASM, M, implies the atomicity of each single M-step, at this level of abstraction, we need no other locking techniques. If, in further refinement steps which map the simultaneous one-step execution of different submachines to a sequence of single machine steps, a locking mechanism is required, we indicate this at the top level by a pair of brackets $(M)_{Lck}$. Formally this stands for the execution of M to be preceded by an execution of an appropriate LOCK and to be followed by an UNLOCK machine, using the atomic **sequential** composition of ASMs (see [BS03, Ch. 4.1]):

$(M)_{Lck} = $ LOCK **seq** M **seq** UNLOCK
DESCHEDULE $=$
$$\text{SAVESTATE } \textbf{seq} \left(\begin{array}{l} status(currp) := ready \\ \text{HANDLEPROCESSQUANTUM}(currp) \end{array} \right)_{Lck}$$
where
HANDLEPROCESSQUANTUM$(p) =$
  if $p \in UserProcess$ **then**
    $timeQuant(p) := timeQuant(p) - 1$
    if $RunTooLong(p)$ **then**
      REMOVEHEAD$(readyq(schedlev(p)))$ **seq**
        ENQUEUE$(p, readyq(schedlev(p)))$ // insertion at the end
$RunTooLong(p) = (timeQuant(p) - 1 \leq minUserTimeQuant)$

---

[3] The removal is needed because SCHEDULENEXT selects a ready process to become the new *currp* but does not remove that process from the ready queue. The definition of *OnInterrupt* in [Cra07a, p.177] uses MAKEREADY(p), but does not include the removal from the head of the queue.

[4] This deviates from the definition of *UpdateProcessQuantum* in [Cra07a, p.133] and from its use in the clock driver run process [Cra07a, p.184]. If *UpdateProcessQuantum* is called only by the clock driver run process (which is signaled by the *ServiceISR* of the *CLOCKISR*), the process which was *currp* when the interrupt occurred and should be subject to HANDLEPROCESSQUANTUM has already been descheduled by the *ServiceISR* of the *CLOCKISR* [Cra07a, p.177] and is not current any more so that *UpdateProcessQuantum* does not apply to it, but to the clock driver process (for which it would have no effect because the clock driver run process is not a user process).

Similarly, RESCHEDULE involves saving the value of *currp* in a location *prevp*, letting the scheduler determine the new value for *currp* and to RESTORESTATE of the selected process. When no process is ready, the *idleProcess* is scheduled for execution. Otherwise, a *ready* process is selected by the scheduler and is made the new *currp* (with *status running*). We treat the scheduler level of *currp* as a derived location defined by $currplev = schedlev(currp)$.

We recall that, by selecting a new element in SCHEDULENEXT making it the *currp*rocess, this element is not removed from the *readyq*. The removal may be done when the process is DESCHEDULEd, as explained above.

RESCHEDULE $=$ SCHEDULENEXT **seq** RESTORESTATE$(currp)^5$
where SCHEDULENEXT $=$
  prevp $:=$ *currp* // record *currp* as previous current process
  let $p = select_{LowLevelScheduler}(readyq)$
    if $p =$ **undef** // nothing to select since *readyq* is empty
    then *currp* $:=$ *idleProcess* **else**
      currp $:= p$
      $status(p) :=$ *running*

DRIVETIMEDFEATURES updates the system time *now* by adding *ticklength* to it and triggers driver processes CLOCKDRIVER and DEZOMBIFIER, in that order. CLOCKDRIVER updates the various time counters related to process suspension and swapping, readies (or "alarms") the processes that are to be resumed and wakes up the SWAPPER process. DEZOMBIFIER kills all zombie processes which by (the updated value of) *now* remain without children processes. Both processes are detailed below. The triggering macros WAKE(*ClockDriver*) and WAKE(*DeZombifier*) are defined in terms of semaphore SIGNALing, which we define in Sect. 17.7, together with the corresponding semaphore mechanism to PUTTOSLEEP(*device*), which is defined in terms of the semaphore WAIT operation. At this point it suffices to be aware that, for a device process p, when the device semaphore is signaled, MAKEREADY(p) is called, whereas WAIT calls MAKEUNREADY(p).

$$\text{MAKEREADY}(p) = \left(\begin{array}{c} \text{ENQUEUE}(p, readyq(schedlev(p))) \\ status(p) := ready \end{array} \right)_{Lck}$$

MAKEUNREADY$(r) =$
  DELETE$(r, readyq(schedlev(r)))$
  if $r = head(readyq)$ **then** RESCHEDULE

---

[5] The use of **seq** could be avoided here by including RESTORESTATE(p) into SCHEDULENEXT.

We assume a unique semaphore *device_sema* for each *device*.

DRIVE TIMED FEATURES =
  now := *now* + *ticklength*
  WAKE(*clockDriver*) **seq** WAKE(*deZombifier*)

17.3 The CLOCKDRIVER Component

The role of the CLOCKDRIVER routine is twofold, based on the new value of system time *now* which was previously updated during execution of CLOCKISR.

- UPDATE STORAGE TIMES deals with the time a process, *p*, has been main-store (*residencyTime(p)*) or swap-disk resident (*swappedOutTime(p)*). As a consequence WAKE(*swapper*) calls SWAPPER for the updated time values.
- RESUME ALARMED PROCESSES in case there are suspended real processes whose waiting time has elapsed by *now*, i.e. processes, *p*, with a defined sleeping time *alarmTime(p)* which no longer exceeds the system time, *now*. RESUME ALARMED PROCESSES cancels these *alarmTime(p)* (by making them undefined) and calls MAKEREADY(*p*) so that *p*'s execution can continue.

CLOCKDRIVER is assumed to be initialized as sleeping by executing operation *clockDriver_sema*.WAIT, which is also performed each time the clock driver has finished one of its runs and is PUTTOSLEEP.

$$
\text{CLOCKDRIVER} = \left(\begin{array}{l} \text{UPDATESTORAGETIMES} \\ \text{WAKE}(swapper) \\ \text{RESUMEALARMEDPROCESSES} \end{array} \right)_{Lck} \\ \text{PUTTOSLEEP}(clockDriver)
$$

On every clock tick, UPDATE STORAGE TIMES increments the time that each process has been main-store or swap-disk resident.[6] It is assumed that a process that is not marked as swapped out is resident in main store.

UPDATE STORAGE TIMES = **forall** *p* ∈ *RealProcess*
  if *status(p)* = *swappedout*
    then *swappedOutTime(p)* := *swappedOutTime(p)* + 1
    else *residencyTime(p)* := *residencyTime(p)* + 1

---

[6] For the reasons explained in Sect. 17.2.1 we have transfered the submachine HANDLEPROCESSQUANTUM [Cra07a, p.184] from CLOCKDRIVER to DESCHEDULE.

RESUMEALARMEDPROCESSES =
   let $alarmed = \{p \in RealProcess \mid alarmTime(p) \leq now\}$
   forall $p \in alarmed$
     $alarmTime(p) :=$ **undef**
     MAKEREADY(p)

17.4 The DEZOMBIFIER Component

The DEZOMBIFIER process counts as a driver process. Its execution is triggered using the *deZombifier_sema*phore. It is assumed that it is initialized as sleeping using *deZombifier_sema*.WAIT. It handles the dynamic set, *zombies*, of so-called zombie processes, i.e. processes, p, with $status(p) = zombie$, which have almost terminated but could not release their storage due to their sharing code with their children processes, some of which up to *now* have not yet terminated. It is necessary, in an atomic action, to delete from *zombies* all those elements which remain without child processes, canceling these 'dead' zombies as children of their parent processes (if any). We consider *children* as derived from the *parent* function by $children(p) = \{q \mid parent(q) = p\}$.

$$DEZOMBIFIER = \frac{(\text{ KILLALLZOMBIES })_{Lck}}{\text{PUTTOSLEEP}(deZombifier)}$$
   where KILLALLZOMBIES =
     let $deadzs = \{z \in zombies \mid children(z) = \emptyset\}$
     $zombies := zombies \setminus deadzs$
     forall $z \in deadzs$ $parent(z) :=$ **undef**

17.5 The SWAPPER Component

SWAPPER swaps user processes between main store and disk memory, so that more processes can be in the system than main store alone could otherwise support. A process is swapped from disk when its value of *swappedOutTime* is the maximum of the *swappedOutTime*s of all processes currently on disk. SWAPPER counts as a driver process. It is assumed that it is initialized in a sleeping state (by execution of *swapper_sema*.WAIT). The *swapper_sema*phore is used to restart the swapper using the WAKE(*swapper*) operation. SWAPPER is suspended again after one round of DISKSWAPs.

   SWAPPER = DISKSWAP **step** PUTTOSLEEP(*swapper*)

17.5.1 The DISKSWAP Component

DISKSWAP uses a function, *nextProcessToSwapIn*, to determine the next process, *p*, that is to be swapped. If *p* exists, it is the process with maximum value of *swappedOutTime*. DISKSWAP then computes the memory size of the process, *memSize*(*p*), and checks whether the system *CanAllocateInStore* the requested memory space (*s*). If yes, the machine executes SWAPPROCESSINTOSTORE(*p*,*s*); otherwise, it determines the *swapOutCandidate*(*s*) with the requested memory size, *s*. If such a *cand*idate exists, SWAPPROCESSOUT(*cand*, *mem*(*cand*)) frees the main store region, *mem*(*cand*), occupied by *cand*. The machine will then use the freed memory region and perform SWAPPROCESSIN(*p*,*s*).

> DISKSWAP = **if** *nextProcessToSwapIn* $\neq$ **undef then**
>   **let** *p* = *nextProcessToSwapIn*
>   **let** *s* = *memSize*(*p*) // determine needed process memory size
>   **if** *CanAllocateInStore*(*s*) // enough free space in main store?
>   **then** START(SWAPPROCESSINTOSTORE(*p*,*s*))[7]
>   **else let** *cand* = *swapOutCandidate*(*s*)
>   **if** *cand* $\neq$ **undef then**
>   START(SWAPPROCESSOUT(*cand*, *mem*(*cand*))
>   **step** SWAPPROCESSINTOSTORE(*p*,*s*))
>   **where**[8]
>   *nextProcessToSwapIn* =
> ιp (*swappedOutTime*(*p*) =
> $max\{swappedOutTime(q) \mid status(q) = swappedout\}$)
>   *swapOutCandidate*(*s*) = $\iota p \in$ *UserProcess* **with**
>   *status*(*p*)   =   *ready*
>   *memSize*(*p*) $\geq$ *s*
>   *residencyTime*   = $max\{residencyTime(q) \mid q \in UserProcess$ **and**
> $status(p) \neq swappedout\}$

This definition implies that no swap takes place if there are no swapped-out processes (and thus there are no processes that can be swapped in) or if the next process to be swapped out (the one with the greatest main-store residency time) does not make the requested main-store space available.

---

[7] START is defined in Sect. 17.8.

[8] Hilbert's ι operator denotes the unique element with the indicated property, if there is one; otherwise its result is **undef**ined.

17.5.2 Storage Management Background

The storage management used by DISKSWAP works on an abstract notion of main *memory*: a sequence of *Primary Storage Units* (e.g. bytes or words), i.e. *mem* : *PSU**. It is assumed that each process, *p*, occupies a contiguous subsequence (called a *memory region*) of *mem*, starting at address *memStart(p)*, of size *memSize(p)* and denoted *mem(p)* = (*memStart(p)*, *memSize(p)*). Thus the storage area of *p* is

$$[mem(memStart(p)), \ldots, mem(memStart(p) + memSize(p) - 1)].$$

The entire main store is considered to be partitioned into a) memory regions occupied by user processes and b) free memory regions. The former are denoted by a set, *usermem*, of *RegionDescr*iptions, (*start*, *size*), with start address *start* and length *size*. The latter are denoted by the set *holes* ⊆ *RegionDescr*.

These concepts allow us to define what, for a given memory region of size *s*, *CanAllocateInStore(s)* means: namely that there is a memory hole *h* ∈ *holes* of that size. The computation of this predicate must be protected by a pair of LOCK and UNLOCK machines.

CanAllocateInStore(s) = **forsome** *h* ∈ *holes s* ≤ *size(h)*

SWAPPROCESSINTOSTORE(*p, s*) will first ALLOCATEFROMHOLE(*s*) a hole, *h*, of sufficient size and use it as the main-store region in which to REQUESTSWAPIN of *p*, starting at *start(h)*.[9] The request is put into the *swapReqBuff*er of the swap disk driver process, SWAPDISKDRIVER (defined below), which will SIGNAL the *swapDiskDriver_done*semaphore when the requested disk-to-main-store transfer operation has been completed. Then SWAPPROCESSINTOSTORE(*p, s*) can update the attributes of the newly swapped-in process (its base address, in the relocation register, *memStart*,[10] status, *residencyTime*, *swappedOutTime*[11]) and then insert it into the scheduler's queue using MAKEREADY(*p*).

SWAPPROCESSINTOSTORE(*p, s*) also invokes READYDESCENDANTS if there are process descendants sharing code the process owns. In fact, when *p* is swapped out, all its descendants are suspended and placed in the set *blockswaiting(p)* (see below). Once the parent is swapped in again, all of its children become ready to execute since the code they share has been reloaded into main store (it is supposed to be part of the parent's memory region).

---

[9] We succinctly describe this sequence with the ASM construct **let** *y* = *M(a)* **in** *N*, defined in [BS03, p.172].

[10] There is no need to update *memSize(p)* since it is known to be *s*, the size of *p*=*nextProcessToSwapIn*.

[11] Resetting *swappedOutTime(p)* to 0 prevents it from being considered when looking for future *swapOutCandidates*.

SWAPPROCESSINTOSTORE$(p, s) =$
  let $h =$ ALLOCATEFROMHOLE(s) **in** $memStart(p) := start(h)$
  step REQUESTSWAPIN$(p, memStart(p))$
  step $swapDiskDriver\_donesema$.WAIT
  step
    DELETE$(p, SwappedOut)$
    UPDATERELOCATIONREG(p) // update process base address
    $residencyTime(p) := 0$
    $swappedOutTime(p) := 0$
    MAKEREADY(p)
  step if $children(p) \neq \emptyset$ **and** $IsCodeOwner(p)$ **then**
    READYDESCENDANTS(p)
where
  READYDESCENDANTS$(p) =$ **forall** $q \in blockswaiting(p)$
  DELETE$(q, blockswaiting)$
  MAKEREADY(q)

REQUESTSWAPIN uses a $swapDiskMsg\_sema$phore to ensure exclusive access to the $swapReqBuff$er. After writing the request to the buffer, the machine wakes up the SWAPDISKDRIVER (defined below) to handle the request.

REQUESTSWAPIN$(p, loadpt) =$
  $swapDiskMsg\_sema$.WAIT
  step $swapReqBuff := $ SWAPIN$(< p, loadpt >)$
  step
    $swapDiskMsg\_sema$.SIGNAL
    WAKE$(swapDiskDriver)$

ALLOCATEFROMHOLE chooses a hole, h, of the requested size. When the machine is called, there is at least one such hole and typically the first appropriate hole in mem is chosen. It places the region $(start(h), s)$ into $usermem$; it is also assigned to the output location **result**. It deletes h from the set of $holes$ and inserts the new hole $(start(h) + s, size(h) - s)$ provided that $size(h) - s > 0$.

ALLOCATEFROMHOLE$(s) =$
$$\left(\begin{array}{l} \textbf{choose } h \in holes \textbf{ with } s \leq size(h) \\ \text{INSERT}((start(h), s), usermem) \\ \textbf{result}{:=} (start(h), s) \\ \text{DELETE}(h, holes) \\ \textbf{if } size(h) - s > 0 \textbf{ then } \text{INSERT}((start(h) + s, size(h) - s), holes) \end{array}\right)_{Lck}$$

SWAPPROCESSOUT(p,st,sz) will SWAPPROCESSOUTOFSTORE(p,st,sz); if p has children it must also BLOCKDESCENDANTS(p). The reason for blocking the children is that they share the code of their parent. Therefore, when a parent process is swapped out, one has to MAKEUNREADY its children (and transitively their children, etc.) since their code is no longer in store but on disk. All descendants of the process are put into a set $blockswaiting(p)$, their $status$ is updated to $waiting$.[12] The descendants form the transitive closure $child^+$ of the $child$ function.

SWAPPROCESSOUT$(p,st,sz) =$
    SWAPPROCESSOUTOFSTORE(p,st,sz)
    step if $children(p) \neq \emptyset$ **and** $IsCodeOwner(p)$ **then**
        BLOCKDESCENDANTS(p)
where
    BLOCKDESCENDANTS$(p) =$ **forall** $q \in child^+(p)$
        INSERT$(q, blockswaiting(p))$
        $status(q) := waiting$
        MAKEUNREADY(q)

SWAPPROCESSOUT(p,st,sz) and SWAPPROCESSINTOSTORE(p,sz) are inverse operations. The former performs REQUESTSWAPOUT of p's memory region (starting at st upto $st+sz$) by storing the request in the $swapReqBuffer$ of the SWAPDISKDRIVER. It inserts p into $SwappedOut$ and updates its attributes (its $status$, $swappedOutTime$ and $residencyTime$[13]). It uses FREEMAINSTORE(st,sz) to delete the memory region to be swapped out from $usermem$ (of size sz, starting at st) and to insert it into $holes$, merging any adjacent holes that result. Finally it must MAKEUNREADY(p).

SWAPPROCESSOUTOFSTORE$(p,st,sz) =$
    REQUESTSWAPOUT$(p,st,st+sz)$
    step $swapDiskDriver\_donesema$.WAIT[14]
    step
        INSERT$(p, SwappedOut)$
        $status(p) := swappedOut$

---

[12] This leaves the case open that a child may be waiting for a device request completion and not in the $readyq$ when its parent is swapped out, so that really it cannot immediately be stopped.

[13] Setting the $residencyTime$ to 0 prevents it from being considered when looking for a future $nextProcessToSwapIn$.

[14] In [BS03, p.188] this protection does not appear as part of $swapProcessOut$. We include it to guarantee that before the attributes of the process to be swapped out are updated, the process has actually been swapped out, so that no interference is possible with the subsequent $swapReqBuff$ value of SWAPPROCESSINTOSTORE.

$$residencyTime(p) := 0$$
$$swappedOutTime(p) := 0$$
$$\text{FREEMAINSTORE}(st, sz)$$
$$\text{MAKEUNREADY}(p)$$

The submachines of SWAPPROCESSOUTOFSTORE are defined as follows:

$\text{FREEMAINSTORE}(region) =$
(FREEMAINSTOREBLOCK($region$) **seq** MERGEADJACENTHOLES)
where

$$\text{FREEMAINSTOREBLOCK}(region) = \frac{\text{DELETE}(region, usermem)}{\text{INSERT}(region, holes)}$$

MERGEADJACENTHOLES = **forall** $h_1, h_2 \in holes^{15}$
if $start(h_1) + size(h_1) = start(h_2)$ **then**
$\quad$ DELETE($h_1, holes$)
$\quad$ DELETE($h_2, holes$)
$\quad$ INSERT$((start(h_1)), size(h_1) + size(h_2)), holes)$

REQUESTSWAPOUT(p, s, e) uses a *swapDiskMsg_sema*phore to ensure exclusive access to *swapReqBuff*, like REQUESTSWAPIN. It writes the request to swap out the main store region of p (the region between the start and end values s, e) and wakes up SWAPDISKDRIVER to handle the request.

REQUESTSWAPOUT(p, s, e) =
$\quad$ *swapDiskMsg_sema*.WAIT
$\quad$ **step** *swapReqBuff* := $SWAPOUT(< p, s, e >)$
$\quad$ **step**
$\quad\quad$ *swapDiskMsg_sema*.SIGNAL
$\quad\quad$ WAKE(*swapDiskDriver*)

SWAPDISKDRIVER is assumed initially to wait on *swapDiskDriver_sema*. When the semaphore is signaled, it READs the *swapReqBuff*er, which holds the code for data transfer operations the swapper requests the disk to perform. It performs HANDLEREQUEST (if the operation is not the empty *NullSwap*). It signals its *done*semaphore before it suspends on *swapDiskDriver_sema*. HANDLE-REQUEST performs the requested data transfer (between main store *mem* and disk memory *dmem*), process deletion or creation (with a given process image) on the disk. The *swapReqBuff*er is cleared when it is READ.

---

[15] A similar but slightly more complex machine is needed when three or more consecutive holes $h_1, h_2, h_3, \ldots$ may occur which are pairwise $(h_1, h_2), (h_2, h_3), \ldots$ adjacent.

SWAPDISKDRIVER =
  let rq = READ($swapReqBuff$)
    if $rq \neq NullSwap$ **then**
      HANDLEREQUEST(rq)
      $swapDiskDriver\_donesema$.SIGNAL
    PUTTOSLEEP($swapDiskDriver$)
where
  HANDLEREQUEST(rq) = **case** rq **of**
    $SwapOut(p, start, end)$ → $dmem(p) := [mem(start), \ldots, mem(end)]$
    $SwapIn(p, ldpt)$ →   **forall** $ldpt \leq i < ldpt + memSize(dmem(p))$
                           $mem(i) := dmem(p)(i)$
    $DelProc(p)$ → $dmem(p) :=$ **undef**
    $NewProc(p, img)$ → $dmem(p) := img$

The swap request buffer READ and WRITE operations are defined using a semaphore $swapDiskMsg\_sema$ which provides the necessary synchronization between the swap disk process and the swapper process.[16]

                 $swapDiskMsg\_sema$.WAIT
WRITE(rq) =   **step** $swapReqBuff := rq$
              step $swapDiskMsg\_sema$.SIGNAL

READ =
  $swapDiskMsg\_sema$.WAIT
  step
    result$:= swapReqBuff$
    $swapReqBuff := Nullswap$
  step $swapDiskMsg\_sema$.SIGNAL

17.6 Scheduling and State Handling

A standard specialization of SCHEDULENEXT comes as a data refinement of the $select_{LowLevelScheduler}$ function to select $head(readyq)$. Selecting a process should respect the priorities of the three kinds of processes and apply the FIFO principle within each kind. To this end, device processes, p, are declared to have highest priority (lowest $schedlev(p) = 1$) and user processes the lowest priority (so

---

[16] In [Cra07a, p.160] a more complex scheme is used for READing, where, in order to guarantee mutual exclusion, another semaphore $swapDiskBuff\_mutex$ is used to protect the access to $swapDiskMsg\_sema$.

highest $schedlev(p) = 3$). Each subqueue is managed as a FIFO queue (a Round-Robin scheduler), refining for these queues both ENQUEUE = INSERTATEND and DEQUEUE = REMOVEHEAD. Thus *readyq* is a derived location: the concatenation of the three $readyq(i)$ for device, system and user processes ($i = 1, 2, 3$). They are concatenated in priority order, so that when selecting the head of *readyq*, the scheduler always chooses a ready process with highest priority.

$$readyq = readyq(1).ready(2).readyq(3)$$

$$select_{LowLevelScheduler}(readyq) = \begin{cases} head(readyq) & \textbf{if } readyq \neq [] \\ \textbf{undef} & \textbf{else} \end{cases}$$

17.6.1 Defining SAVESTATE and RESTORESTATE.

SAVESTATE copies the current processor (hardware) frame, composed of the 'state' of *currp* consisting of the instruction pointer *ip*, a set *regs* of registers, the *stack*, the status word *statwd*, which are implicitly parameterized by a processor argument *hw*, to the process *currp* (read: its description in the process table).[17]

SAVESTATE = **if** $currp \neq idleProcess$ **then**
$ip(currp) := ip$
$regs(currp) := regs$
$stack(currp) := stack$
$statwd(currp) := statwd$

RESTORESTATE is the inverse operation. It installs the new current processor frame from the one stored in the process description, whereas the *idleProcess* has no stack and has empty registers and a cleared status word.

RESTORESTATE =
if $currp \neq idleProcess$ **then**
$ip := ip(currp)$
$regs := regs(currp)$
$stack := stack(currp)$
$statwd := statwd(currp)$
else
$ip := idleProcessStartPoint$
$regs := nullRegs$
$stack := nullStack$
$statwd := clearStatWord$

---

[17] We suppress here the *timeQuant* location because we use only its process description version *timeQuant(p)*. See rule HANDLEPROCESSQUANTUM in Sect. 17.2.1.

17.7 Semaphores

Semaphores are described in detail in operating systems texts (e.g., [Tan87]). They are composed of a counter, *semacount*, and a queue of processes waiting to enter the critical section, *waiters*. The semaphore counter is initialized to the value *allowed*, the number of processes simultaneously permitted in the critical section. The increment and decrement operations performed by SIGNAL and WAIT must be atomic, hence the use of LOCK and UNLOCK pairs.

To access the critical section, WAIT must be executed and SIGNAL is executed to leave it. WAIT subtracts 1 from *semacount*; SIGNAL adds 1 to it. As long as *semacount* (initialized to *allowed* > 0) remains non-negative, nothing else is done by WAIT and the *currp*rocess can enter the critical section. If *semacount* is negative, at least *allowed* processes are currently in the critical section (and have not yet left it). Therefore, if *semacount* < 0, the *currp*rocess must be added to the set of *waiters*, processes waiting on the semaphore. It is unreadied and its state is saved; its status becomes *waiting*.

$$
\text{WAIT} = \left(
\begin{array}{l}
\textbf{let } newcount = semacount - 1 \\
semacount := newcount \\
\textbf{if } newcount < 0 \textbf{ then} \\
\quad \text{ENQUEUE}(currp, waiters) \text{ // insert at the end} \\
\quad status(currp) := waiting \\
\quad \text{SAVESTATE}(currp) \\
\quad \text{MAKEUNREADY}(currp)
\end{array}
\right)_{Lck}
$$

The SIGNAL operation adds one to *semacount*. If, after this addition, *semacount* is still not positive, *waiters* contains processes. The one which first entered *waiters* is removed and leaves the critical section; it is made ready. Otherwise only the addition of 1 is performed.

$$
\text{SIGNAL} = \left(
\begin{array}{l}
\textbf{let } newcount = semacount + 1 \\
semacount := newcount \\
\textbf{if } newcount \le 0 \textbf{ then} \\
\quad \textbf{let } cand = head(waiters) \\
\quad \text{MAKEREADY}(cand) \\
\quad \text{DELETE}(cand, waiters)
\end{array}
\right)_{Lck}
$$

We define WAKE and PUTTOSLEEP for the semaphore associated with each *device* with *allowed* = 1 as follows. The typical assumption is that the device is initialized by a WAIT use (omitting the critical section).

WAKE(*device*) = *device_sema*.SIGNAL
PUTTOSLEEP(*device*) = *device_sema*.WAIT

17.8 Appendix. The step Mechanism for ASMs

Unlike the **seq** mechanism for sequential substeps of atomic turbo ASM steps, defined in [BS03, Ch. 4.1], the **step** mechanism defined here provides a form of non-atomic, interruptable sequential ASM execution that can be smoothly integrated with the basic synchronous parallelism of standard ASMs. The definition is in terms of the control states (also called internal states) found in Finite State Machines (FSMs). A step is considered to consist of the execution of an atomic machine which passes from a source to a target control state. An interrupt can occur in each control state (or more generally in each control state belonging to a specified subclass of control states); when the interrupted machine is readied again, it continues in the control state in which it was interrupted.[18]

The definition of what one might call *stepped* ASMs starts with control state ASMs as defined in [BS03, p.44]. That is, ASMs whose rules are all of the form shown in Fig. 17.1.

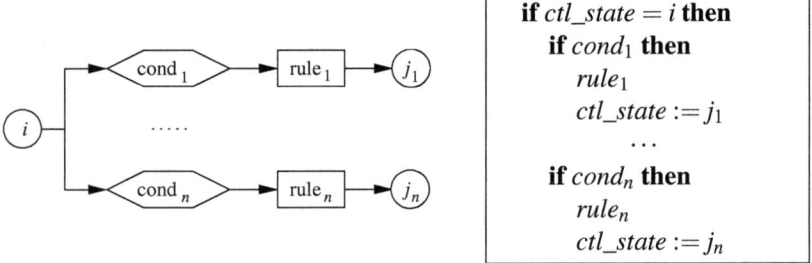

Figure 17.1: Control state ASMs: flowchart and code

A stepped ASM is defined as a control state ASM, with rules as in Fig. 17.1, such that all submachines $rule_j$ ($j \in \{j_1, \ldots, j_n\}$) are *step-free*, i.e. contain no *ctl_state* update.[19] The additional step-freeness condition guarantees the atomicity of what is considered here as a 'step' passing from one source control state i to another

---

[18] This definition is converse of the one Lamport used for the +*CAL* language [Lam08], where atomicity is grafted upon the basic sequential execution paradigm. See also [AB09].

[19] For example turbo ASMs are step-free.

control state j; in other words the execution of any $rule_j$ in a given state terminates in one 'step' if the update set of $rule_j$ is defined in this state (using the standard definition of the semantics of ASM rules, see [BS03, Table 2.2]), otherwise the step is not defined.[20]

Notation. For a stepped ASM M, we write the start ctl_state value as $start(M)$; where needed we denote the end ctl_state value by $end(M)$.

$$\text{START}(M) = (ctl\_state := start(M))$$

The following notation hides the control states underlying a stepped ASM.

$$M_1 \textbf{ step } \ldots \textbf{ step } M_n = \textbf{case } ctl\_state \textbf{ of}$$
$$start(M_i) \textbf{ with } i < n : \left\{ \begin{array}{l} M_i \\ ctl\_state := start(M_{i+1}) \end{array} \right.$$
$$start(M_n) : \left\{ \begin{array}{l} M_n \\ ctl\_state := end(M_n) \end{array} \right.$$

where usually every M_i is step-free. However, we also use the following notational short form (flattening out the steps in submachine definitions):

$M \textbf{ step } N =$
$\quad M_1 \textbf{ step } \ldots \textbf{ step } M_m \textbf{ step } N_1 \textbf{ step } \ldots \textbf{ step } N_n$
$\textbf{where}$
$\quad M = M_1 \textbf{ step } \ldots \textbf{ step } M_m$
$\quad N = N_1 \textbf{ step } \ldots \textbf{ step } N_n$

The above definition of stepped ASMs also covers the use of interruptable structured iteration constructs. For example, if M is a stepped ASM with unique end control-state $end(M)$, the following machine is also a stepped ASM with unique start and end control states, say $start$ and, respectively, end. It can be depicted graphically by the usual FSM-like flowchart.

$\textbf{while } Cond \textbf{ do } M =$
$\quad \textbf{if } ctl\_state = start \textbf{ then}$
$\quad \quad \textbf{if } Cond \textbf{ then } \text{START}(M)$
$\quad \quad \quad \textbf{else } ctl\_state := end$
$\quad \textbf{if } ctl\_state = end(M) \textbf{ then } ctl\_state := start$

Acknowledgment. We thank Donato Ferrante and Andrea Vandin for critical remarks on an early draft of this paper.

---

[20] For example for an ASM with an iterative submachine, the update set might not be defined in some states.

References

[AB09] ALTENHOFEN, M. and E. BÖRGER: *Concurrent Abstract State Machines and ⁺CAL Programs*. In: CORRADINI, A. and U. MONTANARI (editors): *Proc. WADT'08*, LNCS. Springer, 2009. to appear.

[BBD⁺96] BEIERLE, C., E. BÖRGER, I. DURDANOVIĆ, U. GLÄSSER and E. RICCOBENE: *Refining Abstract Machine Specifications of the Steam Boiler Control to Well Documented Executable Code*. In: ABRIAL, JEAN-RAYMOND, EGON BÖRGER and HANS LANGMAACK (editors): *Formal Methods for Industrial Applications 1995*, volume 1165 of series *LNCS*, pages 52–78. Springer, 1996.

[BPS00] BÖRGER, E., P. PÄPPINGHAUS and J. SCHMID: *Report on a Practical Application of ASMs in Software Design*. In: GUREVICH, YURI, PHILIPP W. KUTTER, MARTIN ODERSKY and LOTHAR THIELE (editors): *Abstract State Machines, Theory and Applications, International Workshop, ASM 2000*, volume 1912 of series *LNCS*, pages 361–366. Springer, 2000.

[BS03] BÖRGER, E. and R. F. STÄRK: *Abstract State Machines. A Method for High-Level System Design and Analysis*. Springer, 2003.

[Cra07a] CRAIG, I.D.: *Formal Models of Operating System Kernels*. Springer, 2007.

[Cra07b] CRAIG, I.D.: *Formal Refinement for Operating System Kernels*. Springer, 2007.

[Hal97] HALL, J. A.: *Taking Z seriously*. In: *ZUM '97: The Z Formal Specification Notation*, volume 1212 of series *LNCS*, pages 89–91. Springer, 1997.

[Lam08] LAMPORT, L.: *The +CAL Algorithm Language*. URL http://research.microsoft.com/users/lamport/tla/pluscal.html, 2008.

[Mea97] MEARELLI, L.: *Refining an ASM Specification of the Production Cell to C++ Code*. J. Universal Computer Science, 3(5):666–688, 1997.

[Mil89] MILNER, R.: *Communication and Concurrency*. Prentice-Hall, 1989.

[Smi00] SMITH, G.: *The Object-Z Specification Language*. Kluwer, 2000.

[Spi92] SPIVEY, J. M.: *The Z Notation: A Reference Manual*. Prentice-Hall, 1992.

[Tan87] TANNENBAUM, A.: *Modern Operating Systems: Design and Implementation*. Prentice-Hall, 1987.

18 Automata-Theoretic Verification based on Counterexample Specifications

Ernst-Rüdiger Olderog, University of Oldenburg, Department of Computing
Science
Roland Meyer, LIAFA, Paris Diderot University & CNRS

Abstract. The automata-theoretic approach to verification by Vardi and Wolper is used to identify the common structure of automatic verification methods for safety properties of reactive and real-time systems. To this end, safety properties are presented by counterexample specifications.

18.1 Introduction

Proving properties of programs or more general of computer systems is an important and challenging topic of computer science since Turing's early paper "Checking a Large Routine" written in 1949 [MJ84]. The research on automatic verification using so-called model checkers initiated by Clarke and Emerson [CE81] and Sifakis and Queille [QS82] has been honoured by the 2007 ACM Turing Award. Whereas Turing considered the computation of function values, today's computers are often concerned with the control of reactive or real-time systems.

A *reactive system* continuously interacts with an environment by providing outputs to given inputs. In safety-critical applications time plays a paramount role. A *real-time system* is a reactive system which, for certain inputs, has to compute the corresponding outputs within given time bounds [OD08]. An example of such a system is an airbag. When a car is forced into an emergency braking its airbag has to unfold within a short period of time to protect the passenger's head. Thus there is a tight upper time bound for the reaction. However, there is also a lower time bound. If the airbag unfolds too early, it will deflate and lose its protective impact before the passenger's head sinks into it.

In this paper we consider the verification of safety properties for reactive and real-time systems. A *safety property* is one that can be falsified by exhibiting a finite run of the system violating the property. Given a computer system *Sys* and a safety property *Prop* the *verification problem* is whether *Sys* satisfies *Prop*, in symbols $Sys \models Prop$. Throughout this paper we assume that *Prop* is given by a *counterexample specification* describing a set of finite runs that the system should *not* exhibit. By describing the undesired system behaviour, often very short specifications can be obtained. In the *automata-theoretic approach* [Var91; VW86] both the system and the property are represented by or translated into automata so that checking $Sys \models Prop$ is reduced to the emptiness problem of languages or the reachability problem of states, respectively.

We use this approach to present the verification problem in three different settings in a uniform way. First, reactive systems are represented by finite automata, then real-time systems are represented by timed automata, and finally, real-time systems with possibly infinite data are represented by phase event automata.

18.2 Finite Automata

For finite-state reactive systems, automata-theoretic verification based on counterexample specifications can be exemplified already in the setting of finite automata and regular languages as we find them, e.g., in the course "Grundbegriffe der Theoretischen Informatik (GTI)" designed by Volker Claus. Here we take finite automata as the system model and regular expressions as properties.

For some given alphabet Σ we consider languages as subsets of Σ^*, the set of finite words over Σ. As usual we write $\mathcal{L}(\mathcal{A})$ for the language accepted by the automaton $\mathcal{A}$ and $\mathcal{L}(re)$ for the language represented by the regular expression *re*. As we model reactive systems characterized by arbitrarily long input/output sequences, we assume that all states of $\mathcal{A}$ are accepting. For convenience, we extend the syntax of regular expressions by the negation operator ($\neg$). This allows us to write counterexample specifications in the form of $\neg re$ where the regular expression *re* describes the undesired behaviour of the system, i.e., the set of counterexamples. Of course, we stay within the class of regular languages because it is closed under complementation.

Example 1 *Consider two programs that access a shared printer via the operations* b_1 *and* b_2, *and that signal the end of their access via the operations* e_1 *and* e_2. *It should not be allowed that the two programs access the printer simultaneously. By considering the alphabet* $\Sigma = \{b_1, b_2, e_1, e_2\}$, *we can specify the set of* undesirable runs *of the two programs by the regular expression*

$$re = \Sigma^* b_1 b_2 \Sigma^* + \Sigma^* b_2 b_1 \Sigma^*$$

describing the set of all words where both access operations follow each other without corresponding end operations in between. So an automaton $\mathscr{A}$ modelling the printer access of two programs should exhibit only runs specified by $\neg re$.

The verification problem is now to check whether $\mathscr{A} \models \neg re$ holds for some finite automaton $\mathscr{A}$ and some counterexample specification $\neg re$, where the satisfaction relation $\models$ is defined by set inclusion of the corresponding languages:

$$\mathscr{A} \models \neg re \quad \Leftrightarrow \quad \mathscr{L}(\mathscr{A}) \subseteq \mathscr{L}(\neg re).$$

In applications the system is usually represented as a network of automata running in parallel. To this end, several versions of parallel composition are in use [Hoa85; Mil89]. The simplest is the *synchronous parallel product* $\mathscr{A}_1 \parallel \mathscr{A}_2$ which makes a transition accepting a letter $s \in \Sigma$ if both $\mathscr{A}_1$ and $\mathscr{A}_2$ agree on it.

In the automata-theoretic approach we transform the regular expressions explicitly into finite automata accepting the corresponding languages. Writing $\overline{X}$ for the complement of a language X w.r.t. Σ^*, we have the following equivalences:

$$\mathscr{A} \models \neg re$$
$$\Leftrightarrow \quad \mathscr{L}(\mathscr{A}) \subseteq \mathscr{L}(\mathscr{A}(\neg re))$$
$$\Leftrightarrow \quad \mathscr{L}(\mathscr{A}) \cap \overline{\mathscr{L}(\mathscr{A}(\neg re))} = \emptyset$$
$$\Leftrightarrow \quad \mathscr{L}(\mathscr{A}) \cap \mathscr{L}(\mathscr{A}(re)) = \emptyset$$
$$\Leftrightarrow \quad \mathscr{L}(\mathscr{A} \parallel \mathscr{A}(re)) = \emptyset.$$

The last equation holds if and only if in the synchronous parallel product none of the final states of the automaton $\mathscr{A}(re)$ is reachable. Therefore these final states are called *bad* states. Thus altogether we have:

$$\mathscr{A} \models \neg re \quad \Leftrightarrow \quad \text{In } \mathscr{A} \parallel \mathscr{A}(re) \text{ no bad state of } \mathscr{A}(re) \text{ is reachable.}$$

Since the reachability problem for states in finite automata is decidable, so is the verification problem. Practically, this automata-theoretic approach to verification is supported by tools like COSPAN [HK89] or SPIN [Hol03].

For a regular expression re the finite automaton $\mathscr{A}(re)$ is computed by induction on the structure of re. For the cases of concatenation and Kleene star it is convenient to admit nondeterministic finite automata with ε-moves. However, for the case of negation one needs a deterministic finite automaton $\mathscr{A}(re)$ to obtain $\mathscr{A}(\neg re)$ by complementing the set of final states in $\mathscr{A}(re)$. Thus for dealing with negation the *powerset construction* by Rabin and Scott [RS59] is applied to convert a given nondeterministic finite automaton into an equivalent deterministic one.

18.3 Timed Automata

Alur and Dill [AD94] introduced *timed automata* as an operational model of real-time systems. Timed automata extend finite automata by adding to the finitely many (control) states *clock variables* ranging over the non-negative real numbers (modeling continuous time). Thus a timed automaton operates on *infinitely* many configurations of the form $\langle q, v \rangle$ where q is a control state and v is a clock valuation. Constraints on the values of the clock variables serve as guards of the transitions and as invariants in the control states of a timed automaton.

The most important result on timed automata is the decidability of the reachability problem for control states. Following [AD94] this is proven by constructing for a given timed automaton $\mathscr{A}$ a corresponding finite automaton $\mathscr{R}(\mathscr{A})$ representing the so-called *regions* of $\mathscr{A}$, which are sets of bisimilar configurations. Then a control state q is reachable in $\mathscr{A}$ if and only if q is reachable in $\mathscr{R}(\mathscr{A})$. Since reachability of states is decidable for finite automata, so is the reachability of control states for timed automata. This decidability result led to the development of tools for automatically verifying behavioural properties of timed automata, e.g., the model checker UPPAAL [LPW97].

Behavioural properties of real-time systems are mostly specified by formulas in dedicated real-time logics, like Timed Computation Tree Logic (TCTL) [ACD93] or the Duration Calculus (DC) [ZHR91; ZH04]. An alternative are timed regular expressions [ACM02]. We outline now the automata-theoretic approach to verification detailed in [OD08]. For specifying counterexamples, we use Duration Calculus formulas $\neg ce$ where ce is of the form

$$true \,;\, (ph_1 \wedge \delta \in I_1) \,;\, \ldots \,;\, (ph_n \wedge \delta \in I_n) \,;\, true. \tag{18.1}$$

Formula (18.1) specifies that after some time a sequence of phases $(ph_k \wedge \delta \in I_k)$ occurs, each of a *duration* δ given by the time interval I_k.

Example 2 *The counterexample specification*

$$\neg(true \,;\, b_1 \,;\, (\neg e_1 \wedge \delta > 5) \,;\, e_1 \,;\, true)$$

requires that a printing phase of the first program ends within five minutes.

It is defined when a given timed automaton $\mathscr{A}$ satisfies a counterexample specification $\neg ce$, in symbols $\mathscr{A} \models \neg ce$. Then it is shown that for each formula ce as above a timed automaton $\mathscr{A}(ce)$ with a distinguished *bad* state can be constructed such that the following equivalence holds:

$$\mathscr{A} \models \neg ce \quad \Leftrightarrow \quad \text{In } \mathscr{A} \,\|\, \mathscr{A}(ce) \text{ no bad state of } \mathscr{A}(ce) \text{ is reachable.}$$

Here $\|$ is the parallel composition of timed automata. This approach to verification can be put into practice using the model checker UPPAAL. In general, not every DC formula is translatable into an equivalent timed automaton, and the search for more expressive specifications is very much alive [FH07].

18.4 Phase Event Automata

Timed automata only reflect the control structures of real-time systems. A less abstract model also has to take data into account. For describing real-time systems with data, the high-level system modeling language CSP-OZ-DC (combining subsets from Communicating Sequential Processes for behavioural aspects [Hoa85], Object-Z for data aspects [Smi00], and Duration Calculus for real-time aspects [ZHR91]) has been developed [HO02; Hoe06].

In the project "Beyond Timed Automata" of the Transregio-SFB AVACS (Automatic Verification and Analysis of Complex Systems) [BPD$^+$07] the automatic verification of CSP-OZ-DC is investigated. Key to this is an operational semantics of the language in terms of *phase event automata* (PEA) [Hoe06]. PEA extend timed automata [AD94] by data variables ranging over possibly infinite data domains like integers or lists. As a consequence the reachability problem for control states in PEA is only *semi-decidable*.

PEA are equipped with a parallel composition operator $\|$ that synchronizes on both data values and events. This permits the definition of a compositional semantics for CSP-OZ-DC. More precisely, the function $\mathscr{A}[\![\bullet]\!]$ assigns to each model C-O-D consisiting of CSP part C, Object-Z part O, and a DC part D the PEA

$$\mathscr{A}[\![C\text{-}O\text{-}D]\!] := \mathscr{A}[\![C]\!] \| \mathscr{A}[\![O]\!] \| \mathscr{A}[\![D]\!],$$

where $\mathscr{A}[\![S]\!]$ denotes the PEA giving semantics to the syntactic construct S.

Timing properties inside the DC part and of the whole CSP-OZ-DC model are expressed by an extended class of *counterexample specifications* with facilities to constrain the occurrences of both state changes and communication events.

Example 3 *The counterexample specification*

$$\neg(true\,;b_1\,;\,(\neg e_1 \wedge page < 100 \wedge \delta > 5)\,;e_1\,;\,true)$$

requires that printing less than 100 pages does not take more than five minutes.

The main theorem established in [Hoe06] is that every counterexample formula $\neg ce$ has an operational semantics in form of a PEA $\mathscr{A}[\![\neg ce]\!]$ such that the runs of

$\mathscr{A}[\![\neg ce]\!]$ are equivalent to the DC interpretations of $\neg ce$. In this translation, control states of $\mathscr{A}[\![\neg ce]\!]$ correspond to ce phases $(ph \wedge \delta \in I)$ as defined in (18.1). This justifies the name *phase* event automata. The proof of the theorem uses a *powerset construction* (inspired by the work of Rabin and Scott [RS59] for finite automata) to compute a deterministic automaton $\mathscr{A}[\![ce]\!]$, which copes with the nondeterminism arising from overlapping phases in ce. Such overlapping phases allow for concise specifications. The determinism of $\mathscr{A}[\![ce]\!]$ permits an easy treatment of negation in $\neg ce$.

To verify CSP-OZ-DC models *C-O-D* against (Boolean combinations of) counterexample specifications $\neg ce$, the automata-theoretic approach exploits the following equivalence:

$$C\text{-}O\text{-}D \models \neg ce$$
$$\Leftrightarrow \quad \text{In } \mathscr{A}[\![C\text{-}O\text{-}D]\!] \parallel \mathscr{A}(ce) \text{ no bad state of } \mathscr{A}(ce) \text{ is reachable.}$$

Thus in order to check whether a model *C-O-D* satisfies a real-time property $\neg ce$, both the model and the property are translated to phase event automata running in parallel. The property $\neg ce$ is translated to an automaton $\mathscr{A}(ce)$ which unlike $\mathscr{A}[\![ce]\!]$ has a distinguished *bad* state such that the specification *C-O-D* satisfies $\neg ce$ if and only if at the PEA level the bad state is *not* reachable in $\mathscr{A}(ce)$ in the context of the overall parallel composition. For checking implications $\neg ce_1 \Rightarrow \neg ce_2$, we again rely on the powerset construction to compute $\mathscr{A}(\neg ce_1)$.

To verify CSP-OZ-DC models in practice, the resulting PEA are translated further into *transition constraint systems*, which serve as input for two model checkers, the *abstraction refinement model checker* ARMC [PR07] and the deductive *slicing abstraction* model checker SLAB [BDFW07]. With these model checkers the verification problem is semi-decidable, i.e., termination is not guaranteed. Current research pushes the limits of the verification methods so that practically important applications can be handled. For example, real-time properties of *emergency messages* in the AVACS case study of the European Train Control System (ETCS) were verified fully automatically [FJSS07; MFHR08].

18.5 Conclusion

We have shown how to view three verification methods for safety properties of reactive and real-time systems as instances of the automata-theoretic approach based on counterexample specifications. The current version of this approach applied to real-time systems with data modeled in CSP-OZ-DC has the following limitations.

- The parallel composition of phase event automata has to be unfolded to a (possibly very large) interleaving before the model checkers ARMC or SLAB can be invoked. This may lead to an "explosion" of the state space.
- General duration properties that are expressed with the integral operator of the Duration Calculus are not covered by the counterexample specifications shown in Sect. 18.4.

These issues are addressed in the current, second phase of the AVACS project "Beyond Timed Automata".

References

[ACD93] ALUR, R., C. COURCOUBETIS and D. DILL: *Model-checking in dense real-time*. Information and Computation, 104(1):2–34, 1993.

[ACM02] ASSARIN, E., P. CASPI and O. MALER: *Timed regular expressions*. Journal of the ACM, 49:172–206, 2002.

[AD94] ALUR, R. and D.L. DILL: *A theory of timed automata*. Theoretical Computer Science, 126:183–235, 1994.

[BDFW07] BRÜCKNER, I., K. DRÄGER, B. FINKBEINER and H. WEHRHEIM: *Slicing abstractions*. In: ARBAB, F. and M. SIRJANI (editors): *FSEN 2007: International Symposium on Fundamentals of Software Engineering*, volume 4767 of series *LNCS*, pages 17–32. Springer, 2007.

[BPD+07] BECKER, B., A. PODELSKI, W. DAMM, M. FRÄNZLE, E.-R. OLDEROG and R. WILHELM: *SFB/TR 14 AVACS – Automatic verification and analysis of complex systems*. it – Informatiton Technology, 49(2):118–126, 2007. See also http://www.avacs.org.

[CE81] CLARKE, E. M. and E. A. EMERSON: *Design and synthesis of synchronization skeletons using branching-time temporal logic*. In: *Logic of Programs: Workshop, Yorktown Heights, New York*, volume 131 of series *LNCS*, pages 52–71. Springer, 1981.

[FH07] FRÄNZLE, M. and M. R. HANSEN: *Deciding an interval logic with accumulated durations*. In: GRUMBERG, O. and M. HUTH (editors): *TACAS 2007: Tools and Algorithms for the Construction and Analysis of Systems*, volume 4424 of series *LNCS*, pages 201–215. Springer, 2007.

[FJSS07] FABER, J., S. JACOBS and V. SOFRONIE-STOKKERMANS: *Verifying CSP-OZ-DC specifications with complex data types and timing para-*

meters. In: DAVIES, J. and J. GIBBONS (editors): *Integrated Formal Methods*, volume 4591 of series *LNCS*, pages 233–252. Springer, Juli 2007.

[HK89] HAR'EL, Z. and B. KURSHAN: *Automatic verification of coordinating systems*. In: SIFAKIS, J. (editor): *Proc. of the Workshop on Automatic Verification Methods for Finite-State Systems*, volume 407 of series *LNCS*, pages 1–16. Springer, 1989.

[HO02] HOENICKE, J. and E.-R. OLDEROG: *CSP-OZ-DC: A combination of specification techniques for processes, data and time*. Nordic Journal of Computing, 9(4):301–334, 2002.

[Hoa85] HOARE, C. A. R.: *Communicating Sequential Processes*. Prentice Hall, 1985.

[Hoe06] HOENICKE, J.: *Combination of Processes, Data, and Time*. Doktorarbeit, Report Nr. 9/2006, University of Oldenburg, July 2006.

[Hol03] HOLZMANN, G. J.: *The SPIN Model Checker: Primer and Reference Manual*. Addison-Wesley, 2003.

[LPW97] LARSEN, K.G., P. PETTERSON and WANG YI: *UPPAAL in a nutshell*. STTT – International Journal on Software Tools for Technology Transfer, 1(1+2):134–152, 1997.

[MFHR08] MEYER, R., J. FABER, J. HOENICKE and A. RYBALCHENKO: *Model checking duration calculus: A practical approach*. Formal Aspects of Computing, 20(4–5):481–505, 2008.

[Mil89] MILNER, R.: *Communication and Concurrency*. Prentice Hall, 1989.

[MJ84] MORRIS, F. L. and C. B. JONES: *An early program proof by Alan Turing*. IEEE Annals of the History of Computing, 6(2):139–143, 1984.

[OD08] OLDEROG, E.-R. and H. DIERKS: *Real-Time Systems – Formal Specification and Automatic Verification*. Cambridge University Press, 2008.

[PR07] PODELSKI, A. and A. RYBALCHENKO: *ARMC: the logical choice for software model checking with abstraction refinement*. In: HANUS, M. (editor): *PADL'2007: Practical Aspects of Declarative Languages*, volume 4354 of series *LNCS*, pages 245–259. Springer, 2007.

[QS82] QUEILLE, J. P. and J. SIFAKIS: *Specification and verification of concurrent systems in CESAR*. In: *Proc. of the 5th International Symposium on Programming*, volume 137 of series *LNCS*, pages 337–351. Springer, 1982.

[RS59] RABIN, M. O. and D. S. SCOTT: *Finite automata and their decision problems*. IBM Journal of Research, 3(2):115–125, 1959.

[Smi00] SMITH, G.: *The Object-Z Specification Language*. Kluwer Academic Publisher, 2000.

[Var91] VARDI, M. Y.: *Verification of concurrent programs: The automata-theoretic framework*. Annals of Pure and Applied Logic, 51(1–2):79–98, 1991.

[VW86] VARDI, M. Y. and P. WOLPER: *Automata-theoretic techniques for modal logics of programs*. Journal of Computer and System Sciences, 32:183–221, 1986.

[ZH04] ZHOU, C. and M. R. HANSEN: *Duration Calculus: A Formal Approach to Real-Time Systems*. Springer, 2004.

[ZHR91] ZHOU C., C.A.R. HOARE and A.P. RAVN: *A calculus of durations*. Information Processing Letters, 40/5:269–276, 1991.

19 Färbung des Origamistern

Nicole Weicker, Pädagogische Hochschule Heidelberg, Institut für
Datenverarbeitung/Informatik
Karsten Weicker, Hochschule für Technik, Wirtschaft und Kultur Leipzig,
Fakultät Mathematik, Informatik und Naturwissenschaft

Zusammenfassung. Der Origamistern bietet zahlreiche Möglichkeiten für
mathematische und informatische Fragestellungen. In diesem Artikel werden
verschiedene Färbungsprobleme des Origamisterns diskutiert. Abschließend
wird kurz dargestellt, wie sich die Behandlung des Origamisterns im fächer-
verbindenden Unterricht einbetten lässt.

19.1 Motivation

Das aus der Graphentheorie bekannte Färbungsproblem, findet sich in zahlreichen
Fragestellungen aus dem Alltag wieder. Eine direkte Umsetzung stellt beispielsweise die Färbung von Ländern in einem Atlas dar. Auch das Stundenplanproblem
lässt sich ebenfalls leicht als Färbungsproblem beschreiben [dW85]. In diesem
Beitrag wird ein jahreszeitliches Färbungsproblem aus dem Alltag thematisiert:
Wie kann der Origamistern regelmäßig mit drei Farben gefärbt werden und welche anderen regelmäßigen farblichen Muster gibt es?

19.2 Der Origamistern

Der Origamistern besteht aus dreißig quadratischen Blättern, die gefaltet und ineinander gesteckt einen stabilen dreidimensionalen Stern mit zwanzig Zacken bilden. Jede Zacke wird durch drei Blätter geformt, wobei jedes Blatt zu zwei Zacken
gehört. Eine ausführliche Faltanleitung ist beispielsweise in dem Buch [BW07]
enthalten. Abb. 19.1 zeigt auf der linken Seite einen Origamistern. Auf der rech-
ten Seite ist oben ein gefaltetes einzelnes Blatt und unten eine aus drei Blättern
zusammengesteckte Zacke abgebildet.

Abbildung 19.1: Links ein Origamistern; rechts oben eines der dreißig benötigten gefalteten Blätter; rechts unten eine aus drei Blättern gesteckte Zacke

Es handelt sich bei dem Origamistern um einen sterneckigen Ikosaeder (vgl. [LE52]) oder auch großen Sterndodekaeder (als einen der Kepler-Poinsot-Körper), der als sternförmige Version aus dem Ikosaeder (einer der fünf platonischen Körper) entsteht. Speziell besteht ein Ikosaeder aus zwanzig gleich großen, gleichseitigen Dreiecken, die durch dreizig gleich lange Kanten und zwölf Ecken, in denen jeweils fünf Flächen zusammentreffen. Die Sternform entsteht dadurch, dass jede der dreieckigen Flächen eine Zacke, d.h. einen Tetraeder, aufgesetzt bekommt.

19.3 Modellierung des Origamisterns

Wir modellieren den Origamistern als Graphen, indem wir für jedes beim Basteln benutzte Blatt einen Knoten einführen. Da jeweils drei Blätter eine Zacke des Sterns bilden, werden die entsprechenden Knoten im Graphen miteinander durch Kanten verbunden. Da jedes Blatt zu genau zwei Zacken gehört, ergibt sich damit das in Abb. 19.2 dargestellte Modell. Stellt man dies dreidimensional dar, ergibt sich der in der Abbildung rechts dargestellte Ikosidodekaeder. Man erkennt in beiden Darstellungen deutlich die aus jeweils drei Knoten bestehenden Zacken als Dreiecke und die kreisförmige Anordnung von jeweils fünf Zacken als Pentagone.

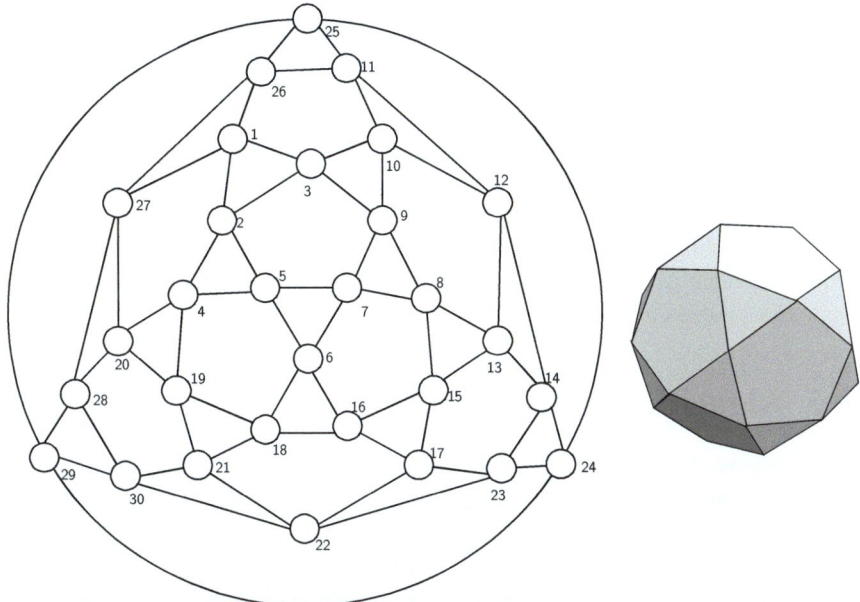

Abbildung 19.2: Modellierung des Origamisterns als Graph – links planar dargestellt, rechts als räumlicher Körper (Isosidodekaeder)

19.4 Färbungsproblem des Origamistern

Die üblichen Färbungen, die in einschlägiger Fachliteratur zur Faltung von Origamisternen zu finden sind, sind entweder einfarbig oder zweifarbige Färbungen, die allein durch zweifarbiges Papier (Vorder-/Rückseite) erreicht werden.

Beide sind aus Sicht des Informatikers wie auch des Bastlers nicht anspruchsvoll. Als herausfordernder stellt sich jedoch die Aufgabe dar, einen Stern regelmäßig mit jeweils zehn Blättern in drei verschiedenen Farben zu basteln.

Definition 7 (Dreifarb-Zacken-Problem) *Wir bezeichnen die folgende Aufgabe als* Dreifarb-Zacken-Problem: *Jedem Blatt ist eine von drei Farben zuzuordnen, sodass sich jede Zacke aus genau drei Farben zusammen setzt.*

Aus obige Definition folgt sofort, dass von jeder Farbe die gewünschten zehn Blätter benutzt werden.

Einfaches Ausprobieren führt in der Regel zunächst zu suboptimalen Lösungen, bei der mehrere Zacken nur zwei verschiedene Farben aufweisen. Aus diesem

Grund wollen wir zunächst klären, wie groß eigentlich der Entscheidungsraum dieses Problems ist.

Wenn wir keine Einschränkung über die Anzahl der Blätter bei drei vorhandenen Farben machen, gibt es insgesamt $3^{30} \approx 2.059 \cdot 10^{14}$ mögliche Sterne. Werden 10 Blätter pro Farben herangezogen, ergeben sich nur noch $\binom{30}{10} \cdot \binom{20}{10} = \frac{30!}{3 \cdot 10!} \approx 5.551 \cdot 10^{12}$ mögliche Färbungen. Wenn wir jedoch berücksichtigen, dass jede Zacke des Sterns nur auf drei unterschiedliche Arten gefärbt werden kann, reduziert sich der Suchraum auf $3^{20} \approx 3.487 \cdot 10^9$ mögliche Lösungen. Tatsächlich werden wir im folgenden Algorithmus allerdings keine Einschränkung bzgl. des Entscheidungsraums nutzen und mit dem erstgenannten Suchraum arbeiten.

19.5 Algorithmus zur Lösung

Auch wenn die Anzahl der möglichen Färbungen den Einsatz eines Backtracking-Algorithmus nicht zwingend nahe legt, haben wir uns aus den weiter unten angeführten Gründen für diese Variante entschieden.

Der resultierende Algorithmus (dargestellt als Pseudo-Code in Abb. 19.3) arbeitet auf einem globalen Feld *faerbung*[30], in welchem die Farbe für jeden Knoten gespeichert wird.

Nach insgesamt 361 rekursiven Aufrufen der Funktion BACKTRACKINGREK und deutlich weniger als 1 Sekunde Laufzeit lieferte der Algorithmus insgesamt zehn mögliche Färbungen.

SUCHEFAERBUNG()
1   **for** $i \in \{1, 2, 3\}$
2   **do** $\llcorner$*faerbung*[i] $\leftarrow i$
3   BACKTRACKINGREK(4)

BACKTRACKINGREK(Tiefe des Entscheidungsbaums i)
1   **for** *farbe* $\in \{1, 2, 3\}$
2   **do** $\ulcorner$*faerbung*[i] $\leftarrow$ *farbe*
3   **if** kein Konflikt durch Färbung für i
4   **then** $\ulcorner$**if** $i < 30$
5   **then** $\llcorner$BACKTRACKINGREK($i + 1$)
6   $\llcorner$ $\llcorner$**else** $\llcorner$PRINT(,,Erfolg mit ", *faerbung*)

Abbildung 19.3: Algorithmus zur Lösung des Dreifarb-Zacken-Problems

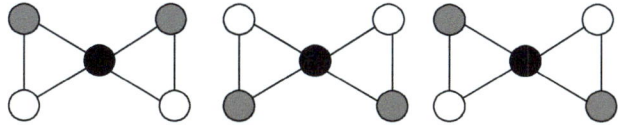

Abbildung 19.4: Die lokale Färbbarkeit ist stark eingeschränkt.

Während Backtracking nicht immer als „effizienter" Algorithmus bezeichnet werden kann, löst er obiges Problem quasi im Handumdrehen. Das ist einerseits bedingt durch die Struktur des Graphen – jeder Knoten hat vier adjazente Knoten, wovon jeweils zwei wieder miteinander adjazent sind. Dies schränkt natürlich die Menge der möglichen Färbungen schon lokal ein: Für eine festgewählte Farbe eines Knotens gibt es nur noch drei Muster, wie die adjazenten Knoten gefärbt sein können (Abb. 19.4). Andererseits wurde die Reihenfolge der betrachteten Knoten so gewählt, dass möglichst früh die Dreiecke, d.h. die Farben einer Zacke des Sterns, vollständig gefärbt ist. Aus den bereits durch andere Zacken gefärbten Knoten einer Zacke und der im Modell angegebenen Reihenfolge ergeben sich die folgenden Entscheidungsspielräume:

3 Knoten:	Anfangszacke mit fest gewählten Farben.
9 Knoten:	Entscheidung zwischen 2 Farben, da nur ein weiterer zur Zacke gehörige Knoten schon gefärbt ist.
18 Knoten:	nur eine Farbe ist möglich.

Damit ergeben sich bei fester Wahl für den Anfangsknoten nur noch max. $2^9 = 512$ mögliche Färbungen. Alle anderen Punkte des Problemraums werden frühzeitig im Entscheidungsbaum abgeschnitten. Abhängig von der bisher gewählten Färbung können einige der 9 Knoten mit 2 potentiellen Farben auf lediglich eine Farbe reduziert werden, wenn der Knoten zu zwei Zacken gehört, die beide bereits einen – allerdings mit unterschiedlichen Farben – gefärbten Knoten aufweisen.

Letztendlich ist also ein Lösungskandidat für dieses Problem (in der vorliegenden Form) durch viele Randbedingungen frühzeitig aussortierbar, wenn die Färbung nicht zum Erfolg führen kann. Dieses Prinzip kennt man aus der Literatur – es wird beispielsweise auch bei der Restriktionsstellen-Kartierung in der DNA-Sequenzierung beim sog. Partial-Digest-Problem angewandt, das ebenfalls durch einen Backtracking-Algorithmus lösbar ist [BB03].

Doch nun zurück zu unserem eigentlichen Problem des gefärbten Origamisterns. Eine Lösung des Algorithmus ist beispielhaft in Abb. 19.5 dargestellt. Ein inter-

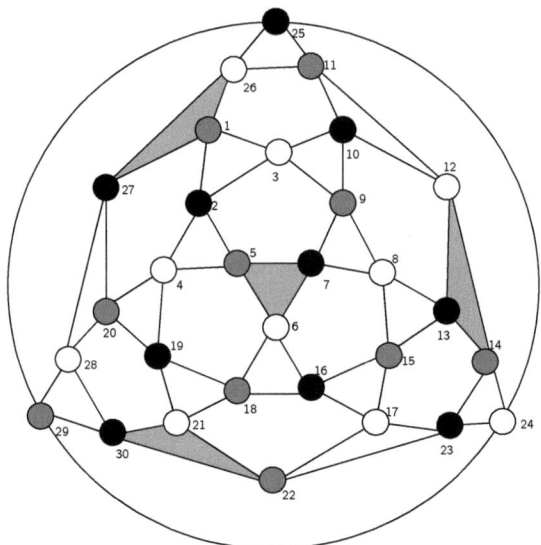

Abbildung 19.5: Ergebnis der Suche nach einem Stern mit jeweils dreifarbigen Zacken. Grau hinterlegt sind die „achsengespiegelten" Zacken.

essantes Detail ergibt sich, wenn man die Färbung in Abb. 19.5 auf die vorkommenden Muster der lokalen Färbbarkeit aus Abb 19.4 untersucht. Dabei erkennt man, dass fast an allen Knoten das rechte punktsymmetrische Muster auftritt. Lediglich an vier gleichmäßig äquidistant verteilten Zacken kommt an allen drei Seiten das achsensymmetrische Muster vor. Diese Zacken sind in Abb. 19.5 grau hinterlegt.

Interessant ist dabei auch, dass alle gelieferten Lösungen (und damit natürlich auch die 20 weiteren, die sich durch Vertauschen der Farben in den ersten drei Knoten ergeben) isomorph zueinander sind. Strukturell betrachtet gibt es also tatsächlich nur eine mögliche Färbung, die gemäß Abb. 19.5 leicht auch gebastelt werden kann.

19.6 Weitere Fragestellungen

Ausgehend von dem obigen Erfolgsbeispiel ergeben sich rasch weitere Fragestellungen der Färbbarkeit. Beispielhaft wollen wir hier auf zwei Probleme kurz eingehen.

19.6.1 Färbung mit zwei Farben

Wenn wir den Origamistern mit nur zwei Farben basteln wollen, stellt sich die Frage, was für regelmäßige Muster möglich sind. Eine Problemstellung ist als Variante der Dreifärbbarkeit wie folgt definiert.

Definition 8 (Zweifarb-Zacken-Problem) *Wir bezeichnen die folgende Aufgabe als* Zweifarb-Zacken-Problem: *Jedem Blatt ist eine von zwei Farben zuzuordnen, sodass sich jede Zacke aus zwei Blättern einer Farbe und ein Blatt einer anderen Farbe zusammen setzt. Ferner darf jede Farbe nur 15 mal benutzt werden.*

Zunächst schränkt sich der Suchraum ein, da nur noch eine binäre Entscheidung für jedes Blatt gefällt wird. Allerdings lassen sich nun auch Konflikte nicht so früh erkennen, sodass die Erzeugung aller möglichen Färbungen des Zweifarb-Zacken-Problems aus Zeitgründen nicht möglich war – der durchsuchte Entscheidungsbaum bleibt zu groß.

19.6.2 Einfarbige Zacken

Eine andere Variante des Ursprungsproblems bekommen wir, wenn wir für einzelne Zacken eine Färbung aller Blätter mit einer Farbe erlauben.

Definition 9 (Dreifarb-Uni-Zacken-Problem) *Wir bezeichnen die folgende Aufgabe als* Dreifarb-Uni-Zacken-Problem: *Jedem Blatt ist eine von drei Farben zuzuordnen, sodass jede Zacke entweder einfarbig oder dreifarbig gefärbt ist. Ferner darf jede Farbe nur zehn mal benutzt werden und einfarbig gefärbte Zacken einer Farbe sind nicht benachbart.*

Aus der Definition folgt sofort, dass in einer Lösung immer gleich viele einfarbige Zacken jeder Farbe vorliegen.

Auch dieses Problem wird effizient und vollständig durch Backtracking gelöst (siehe Abb. 19.6): die Funktion BACKTRACKINGREK2 wird dabei genau 43412 Mal aufgerufen und es werden 138 Lösungen mit mindestens einer einfarbigen Zacke ausgegeben. Davon besitzen genau 24 Lösungen jeweils sechs einfarbigen Zacken; die restlichen 114 Lösungen haben genau drei einfarbige Zacken.

Sechs einfarbige Zacken Allen ausgegebenen Lösungen mit sechs einfarbigen Zacken ist gemein, dass sich jeweils drei einfarbige Zacken um eine dreifarbig gefärbte Zacke in einer Y-Form gruppieren. Interessant ist, wie die beiden einfarbigen Zackengruppen sich zueinander verhalten. Tatsächlich stehen sich bei sechs der 24 ausgegebenen Lösungen diese beiden Y-förmigen Gruppierungen einfarbiger Zacken direkt gegenüber und sind isomorph zueinander, da auch die Stellung

SUCHEFAERBUNG2()
1   **for** $i \in \{1,2,3\}$
2   **do** $\lfloor faerbung[i] \leftarrow 1$
3   $benutzt[1] \leftarrow 3$
4   $benutzt[2] \leftarrow 0$
5   $benutzt[3] \leftarrow 0$
6   BACKTRACKINGREK2(4)

BACKTRACKINGREK2(Tiefe des Entscheidungsbaums i)
1   **for**
2   **do** $\ulcorner farbe \in \{1,2,3\}$**if** $benutzt[farbe] < 10$
3   **then** $\ulcorner faerbung[i] \leftarrow farbe$
4               $benutzt[farbe] \leftarrow benutzt[farbe] + 1$
5   **if** Zacken zu i unvollständig oder ein-/dreifarbig
6   **then** $\ulcorner$ **if** $i < 30$
7   **then** $\lfloor$ BACKTRACKINGREK2$(i+1)$
8   **else** $\ulcorner$ **if** keine ein- und gleichfarbigen Zacken benachbart
9                   $\llcorner$ $\llcorner$ **then** $\lfloor$ PRINT(„Erfolg mit ", $faerbung$)
10      $\llcorner$ $\llcorner benutzt[farbe] \leftarrow benutzt[farbe] - 1$

Abbildung 19.6: Algorithmus zur Lösung des Dreifarb-Uni-Zacken-Problems

der Farben zueinander stets gleich ist. Die linke Seite der Abb. 19.7 zeigt ein Beispiel dafür.

Die Anzahl der möglichen Lösungen mit sechs einfarbigen Zacken ergibt sich durch den oben angegebenen Algorithmus, da die ersten drei Blätter in einer Farbe vorgegeben sind und damit bereits eine erste einfarbige Zacke bilden. Ausgehend von dieser ersten einfarbigen Zacke gibt es sechs Möglichkeiten, wie sich zwei der anderen einfarbigen Zacken zu einer Y-förmigen Gruppierung einfarbiger Zacken hinzufinden können: ausgehend von der ersten einfarbigen Zacke kann sich diese Gruppierung um jede der drei angrenzenden Zacken bilden. Durch die Variation der Farben gibt es sechs Möglichkeiten. Die gegenüberliegende einfarbige Zackengruppe ergibt sich aus der Wahl der ersten Zackengruppe eindeutig.

Falls die beiden Y-förmigen Gruppierungen einfarbigen Zacken nicht einander gegenüber liegen, sind sie über einen Knoten direkt miteinander verbunden (siehe Abb. 19.7 rechts). Für die erste Gruppierung gibt es ebenso viele Möglichkeiten wie bei den einander gegenüberliegenden Varianten. Für jede dieser Möglichkeiten kann die zweite Gruppierung an drei verschiedenen Stellen der benachbar-

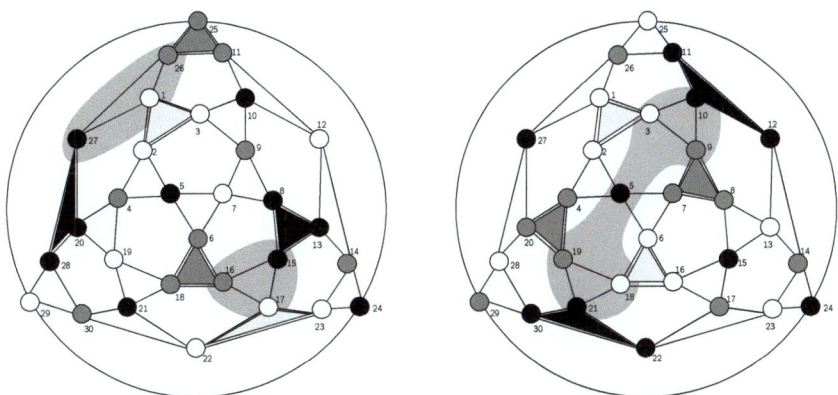

Abbildung 19.7: Sechs einfarbige Zacken: links einander gegenüberliegende Y-förmige Gruppierung einfarbiger Zacken; rechts benachbarte Gruppierungen

ten Pentagone ansetzen. Damit ergeben sich insgesamt 18 Möglichkeiten, wie die Y-förmigen Gruppierungen benachbart auftreten können.

Drei einfarbige Zacken Im Gegensatz zu den Sternen mit sechs einfarbigen Zacken taucht bei den Sternen mit drei einfarbigen Zacken die oben beschriebene Y-förmige Gruppierung der einfarbigen Zacken bei den möglichen 114 Lösungen nicht auf. Allerdings lassen sich andere typische Strukturen und Regelmäßigkeiten erkennen, von denen wir einige beispielhaft vorstellen wollen:

- genau gegenüberliegende Zacken können nicht beide einfarbig sein.
- die drei einfarbigen Zacken können eine Folge mit jeweils einer dreifarbigen Zacke dazwischen bilden (siehe Abb. 19.8 links).
- die drei einfarbigen Zacken können mit jeweils zwei dreifarbigen Zacken zwischen sich einen Kreis um drei Pentagone herum bilden (siehe Abb. 19.8 rechts).
- zwei der einfarbigen Zacken können über eine dreifarbige Zacke benachbart sein, während die dritte einfarbige Zacke weiter entfernt ist.

19.7 Verallgemeinerung des Origamistern-Problems

Nachdem nun einige interessante Fragen bzgl. des Origamisterns mit 20 Zacken beantwortet sind, wollen wir kurz darauf eingehen, ob sich darauf evtl. eine ganze

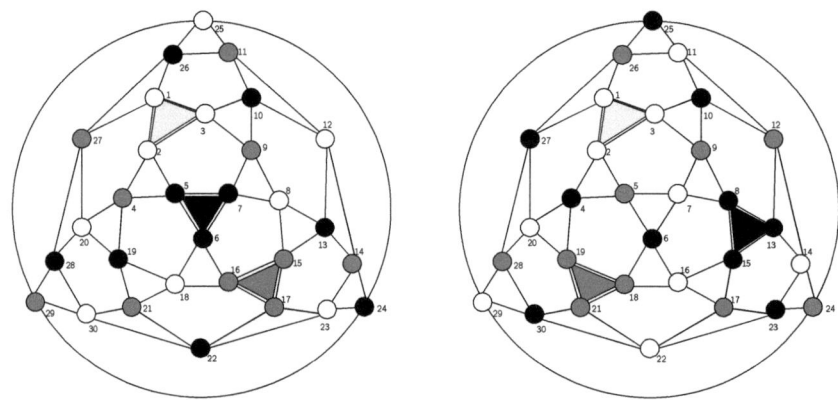

Abbildung 19.8: Drei einfarbige Zacken: links eine Folge bildend; rechts einen Kreis um drei Pentagone bildend

Theorie gründen lässt. Dafür wäre es notwendig, eine ganze Klasse an ähnlichen Problemen zu definieren, um dann beispielsweise zu asymptotischen Laufzeitaussagen für Backtracking auf dem Problem zu gelangen.

Definition 10 *Ein allgemeiner Origamistern* (*zack*, *kreiszahl*) *besteht aus zack Zacken mit drei nach außen sichtbaren Seiten, wobei jede Zacke zu drei Kreisen – bestehend aus kreiszahl Zacken – gehört.*

Wie bereits oben ausgeführt ist das Modell des großen Sterndodekaeders ein Ikosidodekaeder. Im Weiteren möchten wir in diesem Abschnitt über die Körper der Modelle von allgemeinen Origamisternen argumentieren.

Für einen solchen Körper gemäß Definition 10 lässt sich die Anzahl der Ecken E, der Flächen F und der Kanten K wie folgt berechnen:

$$E = \frac{3 \cdot zack}{2} \qquad\qquad F = \frac{3 \cdot zack}{kreiszahl} + zack \qquad\qquad K = 3 \cdot zack$$

Die Flächen setzen sich zusammen aus den Kreisen (erster Anteil) und den Dreiecken für die Zacken (zweiter Anteil).

Wenn man nun diese Werte in den Eulerschen Polyedersatz für konvexe Polyeder $E + F - K = 2$ einsetzt, ergibt sich folgende Gleichung:

$$6 \cdot zack - kreiszahl \cdot zack - 4 \cdot kreiszahl = 0$$

Diese Gleichung ist falsch für *kreiszahl* = 6 . Für *kreiszahl* ≠ 6 lässt sich die Anzahl der Zacken wie folgt berechnen:

$$zacken = \frac{4 \cdot kreiszahl}{6 - kreiszahl}$$

Wie man sofort erkennt, ist *zack* < 0 für *kreiszahl* > 6 und die einzigen positiven Lösungen neben der in dieser Arbeit diskutierten sind die Origamisterne (4, 3) und (8, 4). Deren Modelle sind in Abb. 19.9 angegeben und aus Sicht der Färbbarkeit leider trivial. Insgesamt bleibt die Färbung des Origamisterns ein singuläres, nicht verallgemeinerbares Problem.

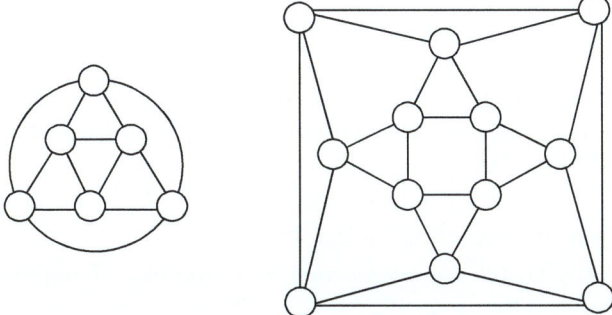

Abbildung 19.9: Modelle für die kleineren Origamisterne (4, 3) links und (8, 4) rechts.

19.8 Didaktische Überlegungen

Der Origamistern kann als handlungsorientiertes, fächerverbindendes Unterrichtsthema bzgl. der Fächer Mathematik, Informatik und Kunst behandelt werden. Die Betrachtung der platonischen Körper sowie die praktische Erstellung von besonders gefärbten Origamisternen fällt in den Bereich des Kunstunterrichts. Im Mathematikunterricht kann berechnet werden, welche allgemeinen Origamisterne möglich sind. Für den Informatikunterricht stellt der Origamistern ein besonders schönes Beispiel dar, bei dem die durch das Backtracking bedingte Verkleinerung des Suchraums explizit bestimmt werden kann. Durch die Wahl der Reihenfolge, in der die Knoten betrachtet werden, kann das Backtrackingverfahren früher bzw. später Irrwege erkennen. Insgesamt handelt es sich um ein im wahrsten Sinne des Wortes begreifbares Problem, bei dem jeder Modellierungsschritt ebenso wie die Analyse leicht nachvollziehbar ist.

19.9 Ausblick

Die vorliegende Arbeit stellt einige mögliche informatisch interessante Fragestellung zum Origamistern vor. Das *Dreifarb-Zacken-Problem* und das *Dreifarb-Uni-Zacken-Problem* für sechs einfarbige Zacken werden erschöpfend behandelt. Die abgebildeten Graphfärbungen können als Konstruktionsanleitungen benutzt werden. Die andere andiskutierten Problemstellungen überlassen wir ebenso wie weitere Fragestellungen (beispielsweise die nach regelmäßigen Strukturen mit zwei Farben (je Farbe 15 Blätter)) zur weiteren Bearbeitung Professor Volker Claus Emeritus.

Literaturverzeichnis

[BB03] BÖCKENHAUER, HANS-JOACHIM und DIRK BONGARTZ: *Algorithmische Grundlagen der Bioinformatik*. Teubner Verlag, Stuttgart, Leipzig, Wiesbaden, 2003.

[BW07] BASCETTA, PAOLO und Y. ROGER WEBER: *Bascettas Origami Stern: 3D Stern aus Papier*. Q-Verlag, Berlin, 2007.

[dW85] WERRA, D. DE: *An introduction to timetabling*. European Journal of Operational Research, 19:151–162, 1985.

[LE52] LOCHER-ERNST, L.: *Wie viele regelmäßige Polyeder gibt es?* Archiv der Mathematik, 3(3):193–197, 1952.

Autorenverzeichnis

Hans-Jürgen Appelrath ist Professor für Praktische Informatik an der Universität Oldenburg. Er studierte und promovierte an der Universität Dortmund und war Assistenzprofessor an der ETH Zürich. Prof. Dr. Dr. h.c. Hans-Jürgen Appelrath ist im Vorstand des OFFIS, im Beirat verschiedener Forschungsinstitute und Mitglied im Aufsichtsrat mehrerer Unternehmen. Im Jahre 2007 wurde ihm die Ehrenpromotion von der TU Braunschweig verliehen.
Kontakt: Universität Oldenburg, Fakultät II, Department für Informatik, Escherweg 2, D-26121 Oldenburg, appelrath@informatik.uni-oldenburg.de

Egon Börger studierte Philosophie, Logik und Mathematik an der Sorbonne (Paris), in Louvain (Belgien) und Münster. Nach der Promotion (1971) und Habilitation (1976) in Mathematik an der Universität Münster lehrte er an den Universitäten in Salerno (Italien), Münster, Dortmund, Udine (Italien) und seit 1985 in Pisa (Italien). Als Gastforscher arbeitete er an zahlreichen Universitäten, im IBM Scientific Center (Heidelberg) und bei Siemens Corporate Research (München), Microsoft Research (Redmond) und SAP Research (Karlsruhe). Prof. Börger gewann 2007 den Humboldt-Forschungspreis. Er ist (Ko)Autor von vier Büchern und über 100 wissenschaftlichen Veröffentlichungen und hat zwei Tagungsreihen mitbegründet (CSL und International ASM Workshops).
Kontakt: Dipartimento di Informatica, Universita di Pisa, Largo Bruno Pontecorvo, n.3, I-56127 PISA, Italien, boerger@di.unipi.it

Iain Craig has been involved in Formal Methods since undergraduate days at the University of Oxford (where he specialised in Logic and Linguistics). His first employer was Logica Ltd, where he worked on a multi-processor operating system. Since then, he has held various academic appointments at Imperial College, London and the Universities of Lancaster and Warwick. He is currently a senior lecturer at Northampton University. His research interests center on Formal Methods, Operating Systems, Programming Languages, their Semantics and implementation, as well as the application of Logic in Computer Science. He has published many papers, as well as 10 original books on Computer Science. He holds a PhD in Computing from the University of Lancaster and was elected a Chartered Fellow of the British Computer Society in 2005.
Kontakt: University of Northampton, Faculty of Applied Sciences, St. George's Avenue, Northampton NN2 6JD, Großbritannien, iain.craig@northampton.ac.uk

Volker Diekert wurde 1955 in Hamburg geboren und studierte Mathematik in Hamburg bei H. Brückner und in Montpellier (Frankreich) bei A. Grothendieck. Er promovierte 1983 bei J. Neukirch mit einer Arbeit über algebraische Zahlentheorie an der Universität Regensburg und wechselte dann in die Informatik. Er wurde 1990 an der TU München bei W. Brauer in Informatik habilitiert und ist seit 1991 Lehrstuhlinhaber für Theoretische Informatik an der Universität Stuttgart. Zu seinem Arbeitsgebiet gehören die algebraischen und automatentheoretischen Grundlagen der Informatik. In den Jahren 2005 bis 2008 war er Mitglied im Gödelpreiskomitee und führte 2008 den Vorsitz.
Kontakt: Universität Stuttgart, Institut für Formale Methoden der Informatik, Universitätsstraße 38, D-70569 Stuttgart, volker.diekert@informatik.uni-stuttgart.de

Stefan Freischlad hat Technische Informatik an der Universität Siegen studiert und ist seit seinem Diplom 2005 wissenschaftlicher Mitarbeiter am dortigen Fachbereich Elektrotechnik und Informatik. Seine Aufgabenschwerpunkte sind Didaktik der Informatik, Medienbildung und Informatikunterricht zu Internetworking. Im Rahmen seiner Arbeit als Mitglied des DFG SFB/FK 615 „Medienumbrüche" entstand seine Dissertationsschrift zum Didaktischen System Internetworking.
Kontakt: Universität Siegen, FB Elektrotechnik und Informatik, Didaktik der Informatik und E-Learning, D-57068 Siegen, stefan.freischlad@uni-siegen.de

Rul Gunzenhäuser studierte Mathematik, Physik und Philosophie an den Universitäten Stuttgart und Tübingen. Von 1973 bis 1998 war er Universitäts-Professor für Informatik an der Universität Stuttgart. Seine Arbeitsgebiete waren rechnerunterstütztes Lehren und Lernen, interaktive Systeme und Didaktik der Informatik und Schulen und Hochschulen.
Kontakt: Universität Stuttgart, Institut für Visualisierung und Interaktive Systeme (VIS), Universitätsstraße 38, D-70569 Stuttgart, Rul.Gunzenhaeuser@informatik.uni-stuttgart.de

Ulrich Hertrampf wurde 1956 in Langen (Hessen) geboren und studierte Mathematik in Heidelberg bei J. Ritter. Er promovierte 1987 bei P. Schulthess in der praktischen Informatik an der Uni Augsburg mit einer Arbeit über graphische Benutzeroberflächen. Anschließend wechselte er zur theoretischen Informatik. Er wurde 1995 an der Uni Würzburg bei K. Wagner in Informatik habilitiert und ist seit 1996 an der Universität Stuttgart, zunächst als Hochschuldozent und seit 2001 als außerplanmäßiger Professor. Seine Arbeitsgebiete liegen auf dem Gebiet der Komplexitätstheorie, insbesondere Komplexitätsklassen zwischen P und PSPACE, sowie kombinatorische Beweise in der Komplexitätstheorie.
Kontakt: Universität Stuttgart, Institut für Formale Methoden der Informatik, Universitätsstraße 38, D-70569 Stuttgart, ulrich.hertrampf@informatik.uni-stuttgart.de

Ludwig Hieber ist Vorsitzender des Informatik-Forum Stuttgart und Honorarprofessor an der Universität Stuttgart. Nach seinem Studium an der Universität Stuttgart und Newcastle upon Tyne, England, hat er 1970 in Stuttgart mit einem Thema zur Berechnung von Wartezeiten in Kommunikationsnetzen promoviert. Als Gründungsvorstand und Direktor der Datenzentrale Baden-Württemberg hat er nahezu 20 Jahre lang die Nutzung der Informations- und Kommunikationstechnik im öffentlichen Bereich mitgeprägt. Prof. Hieber ist Gründungsmitglied der Gesellschaft für Informatik und war mehrere Jahre Gutachter bei der Europäischen Union in Brüssel.

Kontakt: Informatik-Forum Stuttgart e.V., Universitätsstraße 38, D-70569 Stuttgart, ludwig.hieber@informatik.uni-stuttgart.de

Günter Hotz studierte Mathematik und Physik und hat 1958 im Gebiet der Knotentheorie promoviert. Nach einer dreijährigen Industrietätigkeit ist er seit 1962 an der Universität Saarbrücken tätig. Prof. Hotz war Gründungspräsident der Gesellschaft für Informatik. Er wurde mit dem Leibnizpreis, Dr. h.c. der Universitäten Frankfurt, Darmstadt, Tiflis, Paderborn sowie Ehrenprofessuren der chinesischen Akademie der Wissenschaften und der „Beihang University" in Peking ausgezeichnet. Er ist ordentliches Mitglied der „Akademie der Wissenschaften und der Literatur in Mainz" und auswärtiges Mitglied der ehemaligen „Akademie der Wissenschaften der DDR" und der „Nordrhein-Westfälischen Akademie der Wissenschaften und Künste'. Prof. Hotz wurde 2001 emeritiert.

Kontakt: Universität des Saarlandes, Fachbereich 14 – Informatik, Postfach 151150, D-66041 Saarbrücken, hotz@cs.uni-sb.de

Joachim Kieschke ist der Ärztliche Leiter der Registerstelle des Epidemiologischen Krebsregisters Niedersachsen bei der OFFIS CARE GmbH in Oldenburg. Seit 1993 hat er als Projektleiter den Aufbau des Landeskrebsregisters betrieben und dabei entscheidend konzeptionell mitgestaltet. Als Leiter der Registerstelle ist er insbesondere für die epidemiologischen Auswertungen der Daten verantwortlich.

Kontakt: OFFIS CARE GmbH, Industriestr. 9, D-26121 Oldenburg, kieschke@offis-care.de

Walter Knödel studierte Mathematik und Physik an der Universität Wien, wo er 1948 promovierte und 1953 habilitierte. Er lehrte 1960-1991 als titl.a.o.Prof. an der TU Wien und seit 1961 an der TH (später Universität) Stuttgart. Dort war er bis 1972 Direktor des Rechenzentrums. In den 1960er/70er Jahren war er Mitglied des ad-hoc Ausschusses „Informatik" des Bundesministeriums für Bildung und Wissenschaft und Mitglied des Sachverständigenkreises „Forschungsprogramm Informatik". Prof. Knödel ist Gründungsmitglied der Gesellschaft für Informatik und hat ab 1970 den Studiengang Informatik an der Universität Stuttgart aufgebaut. Nach seiner Emeritierung an der Universität Stuttgart hat er 1991-93 die Informatik an der Universität Leipzig wieder aufgebaut. Er ist der Autor zahlreicher Artikel in wissenschaftlichen Zeitschriften und Bücher sowie (Mit)Herausgeber der Zeitschrift „Computing" seit Gründung 1966.

Kontakt: Universität Stuttgart, Institut für Formale Methoden der Informatik, Universitätsstraße 38, D-70569 Stuttgart, knoedel@informatik.uni-stuttgart.de

Klaus-Jörn Lange wurde 1952 in Hamburg geboren und studierte Informatik in Hamburg bei H. Brauer. Er wurde 1983 mit einer Arbeit über ET0L-Systeme an der Universität Hamburg promoviert. Die Universität Hamburg habilitierte ihn im Jahre 1986. Er war von 1987 bis 1994 Professor für theoretische Informatik an der Technischen Universität München und ist seit 1995 Ordinarius für Theoretische Informatik an der Universität Tübingen. Seine Arbeitsschwerpunkte liegen in den Bereichen Formale Sprachen und Komplexitätstheorie.

Kontakt: Universität Tübingen, Wilhelm-Schickard-Institut für Informatik, Sand 13, D-72076 Tübingen, lange@informatik.uni-tuebingen.de

Ulla Levens, geboren 1953, studierte Informatik, u.a. bei Prof. Dr. V. Claus, und Mathematik an der Universität Dortmund 1972–80 (Diplom), studierte Musik und Mathematik an der Carl von Ossietzky Universität Oldenburg 1978–86 (1. Staatsexamen für das Lehramt an Gymnasien), forschte in den 90ern im Bereich Computermusik, ist Mitglied des Kulturorchesters „basel sinfonietta", gibt Konzerte in verschiedenen Kammermusikbesetzungen, arbeitet als Musikpädagogin im Institut für Musik der Carl von Ossietzky Universität Oldenburg und ist freischaffende Musikerin.

Kontakt: Carl von Ossietzky Universität Oldenburg, Fk. III, Institut für Musik, Ammerländer Heerstraße 114-118, D-26129 Oldenburg, ursula.levens@uni-oldenburg.de

Roland Meyer hat Informatik an der Universität Oldenburg studiert. Seine Diplomarbeit über Realzeitsysteme schloss er 2005 ab und seine Promotion über dynamisch rekonfigurierbare, in dem π-Kalkül modellierte Systeme 2009. Zur Zeit arbeitet er am Laboratoire d'Informatique Algorithmique: Fondements et Applications (LIAFA) der Universität Paris Diderot.

Kontakt: LIAFA, Paris Diderot University, Case 7014, F-75205 Paris Cedex 13, roland.meyer@liafa.jussieu.fr

Ernst-Rüdiger Olderog ist seit 1989 Professor für Informatik an der Universität Oldenburg. Seine Forschungsinteressen liegen in Spezifikations- und Verifikationsmethoden für die Entwicklung korrekter Systeme. Er hat Informatik an der Universität Kiel studiert und im Rahmen von Forschungsaufenthalten in Oxford, Amsterdam, Saarbrücken und Zürich gearbeitet. Er ist (Ko-)Autor von drei Büchern und zahlreicher wissenschaftlicher Artikel. Zur Zeit ist seine Forschung durch die Mitarbeit am Transregio-SFB AVACS (Automatic Verification and Analysis of Complex Systems) geprägt, in dem die Universitäten Oldenburg, Freiburg und Saarbrücken zusammenarbeiten. Außerdem ist er Sprecher des DFG-Graduiertenkollegs TrustSoft (Vertrauenswürdige Software-Systeme).

Kontakt: Carl von Ossietzky Universität Oldenburg, Department für Informatik, D-26111 Oldenburg, olderog@informatik.uni-oldenburg.de

Wolfgang Pohl ist Geschäftsführer des Bundeswettbewerbs Informatik. Nach Studium, Promotion und Forschung im Bereich intelligenter Benutzungsschnittstellen wechselte er 1999 Position und Perspektive und engagiert sich seitdem für Informatiknachwuchs und informatische Bildung.
Kontakt: Bundeswettbewerb Informatik, Ahrstr. 45, D-53175 Bonn, pohl@bwinf.de

Axel Poigné war nach seinem Studium der Elektrotechnik als Mitarbeiter am Lehrstuhl II, Abteilung Informatik der Universität Dortmund tätig, wo er 1979 promovierte. Von 1984–1987 lehrte er als Lecturer am Imperial Colege (London) und als Vertretungsprofessor 1988 in Dortmund. Seit 1987 ist er bei der GMD sowie der Fraunhofergesellschaft tätig: im Zeitraum 2001–2006 am Institut „Autonome intelligente Systeme" sowie seit 2001 am Institut „Intelligente Analyse- und Informationssysteme" Forschungsgebiete sind Semantik von Programmiersprachen, Kategorientheorie in der Informatik, Abstrakte Datentypen, Concurrency, Synchrone Programmierung und Verlässliche Systeme, eingebettete Systeme in der Adaptronik sowie Sensornetzwerke.
Kontakt: Fraunhofer-Institut für Intelligente Analyse- und Informationssysteme IAIS, Abteilung KD, Schloss Birlinghoven, D-53754 Sankt Augustin,
axel.poigne@iais.fraunhofer.de

Martin Rohde ist Gruppenleiter für das Themenfeld „Datenmanagement und -analyse" im FuE-Bereich Gesundheit und seit 2008 zusätzlich Leiter des Technologieclusters „Intelligentes Datenmanagement" im OFFIS. Er beschäftigt sich mit Konzepten, Verfahren und Technologien für analytische Informationssysteme im Gesundheitswesen.
Kontakt: OFFIS e.V., Escherweg 2, D-26121 Oldenburg, rohde@offis.de

Gerlinde Schreiber studierte Informatik an der Universität Kiel. Nach mehrjähriger Industrietätigkeit bei Siemens in Erlangen wurde sie wissenschaftliche Mitarbeitrin an der Universität Oldenburg, wo sie 1994 bei Prof. Claus und Prof. Olderog promovierte. Nach Lehrtätigkeiten an der TU Clausthal, de Hochschule Harz, der Universität Hildesheim und der Hochschule Bremen wurde sie 2003 Professorin im Internationalen Frauenstudiengang Informatik an der Hochschule Bremen.
Kontakt: Hochschule Bremen, Fakultät Elektrotechnik und Informatik, Internationaler Frauenstudiengang Informatik, D-28199 Bremen, gerlinde.schreiber@hs-bremen.de

Sigrid Schubert hat Physik und Mathematik in Dresden studiert. Von 1972 bis 1979 war sie als Lehrerin und ab 1979 als Hochschulassistentin an der Fakultät für Informatik der TU Chemnitz tätig. Dort promovierte sie 1988. Als Professorin für Didaktik der Informatik lehrte sie seit 1998 an der Universität Dortmund und hat seit 2002 den Lehrstuhl für Didaktik der Informatik und E-Learning an der Universität Siegen inne. Sie war von 1999 bis 2005 Sprecherin des GI-Fachbereichs „Informatik und Ausbildung / Didaktik der Informatik". Seit 1999 ist sie Mitherausgeber der elektronischen Fachzeitschrift „informatica didactica" und seit 2001 „German National Representative in IFIP Technical Committee Education".

Kontakt: Universität Siegen, FB Elektrotechnik und Informatik, Didaktik der Informatik und E-Learning, D-57068 Siegen, sigrid.schubert@uni-siegen.de

Christiane Taras schloss ihr Studium der Softwaretechnik an der Universität Stuttgart 2006 mit Diplom ab. Sie ist Doktorandin am Institut für Visualisierung und Interaktive Systeme (VIS) der Universität Stuttgart. Ihre Forschungsschwerpunkte sind graphische Darstellungen für Sehbehinderte und Blinde, sowie interaktive Grafiken im E-Learning.

Kontakt: Universität Stuttgart, Institut für Visualisierung und Interaktive Systeme (VIS), Universitätsstraße 38, D-70569 Stuttgart, Christiane.Taras@vis.uni-stuttgart.de

Wilfried Thoben ist Bereichsleiter des FuE-Bereichs Gesundheit im OFFIS. Dort beschäftigt er sich mit technologischen Lösungen für die integrierte Gesundheitsversorgung. Weiterhin ist Herr Dr. Thoben seit 2001 Geschäftsführer der Ausgründung OFFIS CARE GmbH und seit 2006 Mitgründer und Vorstand der Ausgründung ICSMED AG.

Kontakt: OFFIS e.V., Escherweg 2, D-26121 Oldenburg, wilfried.thoben@offis.de

Klaus Waldschmidt ist pensionierter Professor für Technische Informatik an der Goethe-Universität Frankfurt am Main. Nach dem Studium der Elektrotechnik und Promotion an der TU Berlin war er mehrere Jahre wissenschaftlicher Rat und Professor an der Universität Dortmund für das Arbeitsgebiet Schaltungen der Datenverarbeitung. Seit 1982 ist er Professor an der Goethe-Universität Frankfurt am Main mit den Schwerpunkten Rechnerarchitektur und Eingebettete Systeme. Er ist Autor und Koautor von über 200 wissenschaftlichen Publikationen und Herausgeber mehrerer Fachbücher und internationaler Konferenzberichte. Klaus Waldschmidt ist Träger der eda-Medaille und Fellow der GI. Seit 2008 ist er Vorsitzender der Konrad-Zuse-Gesellschaft.

Kontakt: Johann Wolfgang Goethe-Universität Frankfurt am Main, Fachbereich Informatik und Mathematik, Institut für Informatik, Robert-Mayer-Straße 11–15, D-60325 Frankfurt am Main, waldsch@ti.informatik.uni-frankfurt.de

Karsten Weicker lehrt seit 2004 als Professor für Praktische Informatik an der Hochschule für Technik, Wirtschaft und Kultur Leipzig. Er hat Informatik an der University of Massachusetts in Amherst und an der Universität Stuttgart studiert und dort auch seine Promotion zu Evolutionären Algorithmen 2003 abgeschlossen. Ein Lehrbuch zu selbigem Thema ist in der zweiten Auflage im Teubner-Verlag erschienen.

Kontakt: Hochschule für Technik, Wirtschaft und Kultur Leipzig, Fakultät Informatik, Mathematik und Naturwissenschaften, Postfach 301166, D-04251 Leipzig, weicker@imn.htwk-leipzig.de

Nicole Weicker hat an der Universität Oldenburg Mathematik studiert und an der Universität Stuttgart 2001 in der Informatik promoviert. Für die Durchführung von Projektgruppen hat sie 1996 gemeinsam mit Prof. Volker Claus und Dr. Wolfgang Reißenberger den Landeslehrpreis Baden-Württemberg erhalten. Im Weiteren hat sie Lehrveranstaltungen an der Universität Leipzig, der Fachhochschule Braunschweig-Wolfenbüttel und der FHTW Berlin gehalten. Seit 2008 vertritt sie eine Professur an der Pädagogischen Hochschule Heidelberg. *Kontakt:* Gottschalkstr. 22, D-04316 Leipzig, nicole@weicker.info

Peter Widmayer lehrt seit 1992 an der ETH Zürich. Er war davor an der Universität Freiburg i.B., an der Universität Karlsruhe, und am IBM T. J. Watson Research Center tätig. Sein Interesse gilt der Algorithmik.
Kontakt: ETH Zürich, Institut f. Theoretische Informatik, CAB H 15, Universitätsstr. 6, CH-8092 Zürich, Schweiz, widmayer@inf.ethz.ch

Michael Wörner schloss sein Studium der Softwaretechnik an der Universität Stuttgart 2007 mit Diplom ab. Er ist Doktorand an der Graduate School of Excellence for advanced Manufacturing Engineering (GSaME) und dem Institut für Visualisierung und Interaktive Systeme (VIS) der Universität Stuttgart. Seine Forschungsschwerpunkte sind Visualisierung, Visual Analytics und das digitale und virtuelle Engineering.
Kontakt: Universität Stuttgart, Institut für Visualisierung und Interaktive Systeme (VIS), Universitätsstraße 38, D-70569 Stuttgart, Michael.Woerner@vis.uni-stuttgart.de

Reinhard Zumkeller ist freier IT-Berater. 1966-71 studierte er Mathematik in Saarbrücken. Anschließend war er in Dortmund 1972-77 Assistent an der neugegründeten Abteilung Informatik; Promotion 1976 über Struktur abstrakter Rechner. Nach zehn Jahren als Software-Ingenieur und Berater in Münchner Softwarehäusern wechselte er 1987 zu Lufthansa, wo er unterschiedliche Managementpositionen innehatte, unter anderem als Personalleiter von Lufthansa Systems. Die letzten sechs Jahre vor seinem Abschied war er Geschäftsführer der Lufthansa Systems Hungária in Budapest.
Kontakt: Isabellastraße 13, D-80798 München, reinhard.zumkeller@z-beratung.com

Bildnachweis

Abb. 1.4 auf Seite 12: Die Abbildung stammt aus dem Buch „Der Computer – mein Lebenswerk" von Konrad Zuse (S. 77 der 2. Auflage von 1986). Mit freundlicher Genehmigung des Springer-Verlages und der Zustimmung von Prof. Dr. Horst Zuse.

Abb. 12.1 auf Seite 135: Die Fotografie entstammt dem Archiv des Bundeswettbewerbs Informatik. Eine freundliche Genehmigung für den Abdruck liegt uns jeweils von Prof. Bernard Levrat und Prof. Otfried Cheong vor.

Abb. 12.2 bis Abb. 12.7: Die Fotografien und Bilder stammen aus dem Archiv des Bundeswettbewerbs Informatik.

Abb. 3.1 auf Seite 29: Die Abbildung stammt aus dem Bericht 321 der Arbeitspapiere der GMD mit dem Titel „Funktions- und Konstruktionsprinzipien der programmgesteuerten mechanischen Rechenmaschine Z1" von Ursula Schweier und Dietmar Saupe aus dem Jahr 1988. Eine freundliche Genehmigung für den Abdruck liegt uns von Frau Schweier-Schmidt vor.

Abb. 3.2 auf Seite 31: Eine freundliche Genehmigung für den Abdruck der Fotografie liegt uns von Prof. Heinz Zemanek vor.

Abb. 3.3 auf Seite 32: Die Titelseite des Nachdrucks von 1961 der Habilitationsschrift „Automatische Rechenplanfertigung bei programmgesteuerten Rechenmaschinen" von Heinz Rutishauser dürfen wir mit freundlicher Genehmigung des Birkhäuser-Verlags in Basel hier reproduzieren.

Abb. 4.2 auf Seite 39: Die Abbildung entstammt dem Buch „Evolutionäre Algorithmen" (2. Auflage) von Karsten Weicker erschienen 2007 im Teubner-Verlag. Mit freundlicher Genehmigung des Verlags.

Sachverzeichnis

Die Stichworte in diesem Index verweisen jeweils auf die erste Seite der für einen Begriff relevanten Beiträge.

MIX
Papier aus verantwortungsvollen Quellen
Paper from responsible sources
FSC® C105338

If you have any concerns about our products,
you can contact us on
ProductSafety@springernature.com

In case Publisher is established outside the EU,
the EU authorized representative is:
**Springer Nature Customer Service Center GmbH
Europaplatz 3, 69115 Heidelberg, Germany**

Printed by Libri Plureos GmbH
in Hamburg, Germany